金融学原理

- 主　编　包屹红　曾　蜜
- 副主编　廖宜静
- 参　编　柴　洪　曹丽萍　刘桂英　永春芳
　　　　　谢志忠　张　健　孙兆东　梁润秀

中国·武汉

内 容 简 介

本书共分为四篇十三章,力图在概括金融学所涉及的各领域基础上,以深入浅出的方法,将深奥枯燥的金融学知识介绍给大家。本书的篇章安排如下。第一篇——范畴,共四章,介绍了金融学的四个基本概念。第二篇——金融机构与市场,共四章,介绍了金融领域的机构和市场运作。第三篇——货币均衡与非均衡,共三章,介绍了货币需求、货币供给,以及需求与供给之间的均衡与失衡问题。第四篇——政策与监管,共两章,介绍了货币政策和金融监管。

图书在版编目(CIP)数据

金融学原理/包屹红,曾蜜主编. —武汉:华中科技大学出版社,2022.1(2025.1重印)
ISBN 978-7-5680-7817-7

Ⅰ.①金… Ⅱ.①包… ②曾… Ⅲ.①金融学-高等学校-教材 Ⅳ.①F830

中国版本图书馆 CIP 数据核字(2022)第 006771 号

金融学原理
Jinrongxue Yuanli

包屹红 曾 蜜 主编

策划编辑:曾 光
责任编辑:史永霞
封面设计:孢 子
责任监印:朱 玢

出版发行:华中科技大学出版社(中国·武汉)   电话:(027)81321913
　　　　　武汉市东湖新技术开发区华工科技园   邮编:430223
录　　排:武汉创易图文工作室
印　　刷:武汉市籍缘印刷厂
开　　本:787mm×1092mm 1/16
印　　张:17.5
字　　数:404千字
版　　次:2025年1月第1版第5次印刷
定　　价:49.00元

本书若有印装质量问题,请向出版社营销中心调换
全国免费服务热线:400-6679-118 竭诚为您服务
版权所有 侵权必究

前 言

本书主要讲授有关金融的理论知识和实践知识。学习本书,读者可以:第一,比较系统地掌握现代货币金融范畴的基本概念、基本原理以及西方国家主要货币银行制度的发展演变,并结合实际了解当前国内外货币金融领域的新问题、新现象和新发展;第二,掌握金融学科的基本架构,既借鉴外国经验,又紧密结合中国国情,使所学知识具有系统性和实用性,为深入学习专业课打下坚实的理论基础;第三,运用所学知识,分析与解决现实金融问题。

本书共分为4篇13章,力图在概括金融学所涉及的各领域基础上,以深入浅出的方法,把深奥枯燥的金融学知识介绍给大家。本书篇章大致划分为:第一篇范畴,共四章,介绍四个金融学的基本概念;第二篇金融机构与市场,共四章,介绍金融领域的机构和市场运作;第三篇货币均衡与非均衡,共三章,介绍货币需求、货币供给以及货币需求与货币供给之间的均衡与失衡问题;第四篇政策与监管,包括两章,介绍货币当局面对货币均衡与非均衡问题应有的政策和货币当局面对机构与市场应有的监管。另外,本书在编写格式上,于每章前配有"教学目的与要求"以方便读者预习,每章后配有"复习思考题"以方便读者巩固和加深理解每章内容,章节中还有拓展知识链接。

本书的特点是强调基础性和理论性,并反映国家的最新金融政策、经济数据,以及最新金融理论的创新和金融业态的变化。内容系统完整,理论与实务并重。所编写内容与我国目前的实际情况有紧密联系,所采用的数据均为最新所搜集的数据,同时对当代国际上有关货币金融理论与实务发展情况做了介绍。

本书适合经济、金融、财政和国际经济与贸易专业师生在教学中使用,金融从业人员和爱好者也可以将本书作为参考书。

包屹红负责全书的编写和定稿工作,曾蜜参与了全书的修改,廖宜静参与了部分章节的编写。同时,柴洪、曹丽萍、刘桂英、永春芳、谢志忠、张健、孙兆东、梁润秀对本书的编写也做出了很大贡献。在此对他们一并表示感谢。

由于时间紧迫及编者水平有限,本书难免有不尽如人意之处,恳请读者批评指正。

编 者
2021 年 12 月

目录

第一篇 范畴

第一章 货币与货币制度 .... (3)
第一节 货币的起源 .... (3)
第二节 货币的形态 .... (6)
第三节 货币的职能 .... (10)
第四节 货币的本质 .... (14)
第五节 货币制度及其构成要素 .... (17)
第六节 我国的货币制度和国际货币制度 .... (25)

第二章 外汇 .... (31)
第一节 外汇与汇率概述 .... (31)
第二节 汇率的决定与影响 .... (35)

第三章 信用 .... (44)
第一节 信用的含义和特征 .... (44)
第二节 信用的产生和发展过程 .... (46)
第三节 现代信用形式 .... (49)

第四章 利息 .... (58)
第一节 利息及其本质 .... (58)
第二节 利率及其种类 .... (59)
第三节 利息的计算 .... (63)
第四节 利率的决定 .... (65)
第五节 利率的作用 .... (69)
第六节 利率市场化改革 .... (71)

第二篇 金融机构与市场

第五章 金融机构体系 .... (79)
第一节 金融机构体系概述 .... (79)
第二节 我国的金融机构体系 .... (81)

1

第三节　互联网金融 ………………………………………………………（94）
第六章　商业银行 ………………………………………………………………（100）
　　第一节　商业银行的产生和发展 …………………………………………（100）
　　第二节　商业银行业务 ……………………………………………………（102）
　　第三节　商业银行的经营与管理 …………………………………………（113）
第七章　中央银行 ………………………………………………………………（119）
　　第一节　中央银行的产生、发展与类型 …………………………………（119）
　　第二节　中央银行的性质与职能 …………………………………………（128）
　　第三节　中央银行独立性 …………………………………………………（133）
　　第四节　中央银行体制下的支付清算 ……………………………………（135）
第八章　金融市场 ………………………………………………………………（144）
　　第一节　金融市场的概述 …………………………………………………（144）
　　第二节　货币市场 …………………………………………………………（149）
　　第三节　资本市场 …………………………………………………………（154）
　　第四节　衍生市场 …………………………………………………………（166）

第三篇　货币均衡与非均衡

第九章　货币需求 ………………………………………………………………（177）
　　第一节　货币需求的含义与分析角度 ……………………………………（177）
　　第二节　货币需求理论的发展 ……………………………………………（178）
　　第三节　我国货币需求分析 ………………………………………………（185）
第十章　货币供给 ………………………………………………………………（188）
　　第一节　货币供给的口径 …………………………………………………（188）
　　第二节　商业银行与货币供给 ……………………………………………（190）
　　第三节　中央银行与货币供应 ……………………………………………（194）
　　第四节　其他经济主体与货币供给 ………………………………………（199）
　　第五节　货币供给的内生性与外生性 ……………………………………（202）
　　第六节　货币供求均衡与社会总供求均衡 ………………………………（205）
第十一章　通货膨胀与通货紧缩 ………………………………………………（211）
　　第一节　通货膨胀概述 ……………………………………………………（211）
　　第二节　通货膨胀的成因 …………………………………………………（214）
　　第三节　通货膨胀的社会经济效应 ………………………………………（219）
　　第四节　通货膨胀的治理对策 ……………………………………………（223）
　　第五节　通货紧缩 …………………………………………………………（226）

第四篇 政策与监管

第十二章 货币政策 ……………………………………………………(233)
 第一节 货币政策工具 ……………………………………………(233)
 第二节 货币政策传导机制 ………………………………………(242)
 第三节 货币政策中介指标 ………………………………………(244)
 第四节 货币政策目标 ……………………………………………(247)
 第五节 财政政策与货币政策的协调配合 ………………………(250)

第十三章 金融监管 ……………………………………………………(257)
 第一节 金融监管概述 ……………………………………………(257)
 第二节 国家对商业银行的监管 …………………………………(260)
 第三节 国家对证券业的监管 ……………………………………(263)
 第四节 国家对保险业的监管 ……………………………………(266)

参考文献 ………………………………………………………………(269)

第一篇
范　　畴

第一章 货币与货币制度

 教学目的与要求

本章介绍货币的有关基本理论、货币的定义和职能、货币制度等方面的知识。学习本章后,要求掌握货币的产生和本质;货币的基本职能;货币的主要形态;货币制度演变;国际货币制度现状。

第一节 货币的起源

货币的存在已有几千年的历史,人们对它的存在也习以为常,但是"货币是怎样产生的"这个问题在漫长的历史中却一直是个谜。

关于货币的起源,不同时代的不同学者有着不同的论述,但现代学者已一致认同:货币起源于交换。根据史料的记载和考古的发掘,在世界各地,交换都经过两个发展阶段:先是物物直接交换阶段,然后是通过媒介的交换阶段。

一、古代关于货币起源的学说

中国古代的货币起源学说主要有两种:先王制币说和司马迁的货币起源说。

先王制币说认为,货币是圣王先贤为解决民间交换困难而创造出来的。《管子·国蓄》中有:"先王为其途之远,其至之难,故托用于其重,以珠玉为上币,以黄金为中币,以刀币为下币。三币握之……先王以守财物,以御民事,而平天下也。""先王"为了进行统治而选定某些难得的、贵重的物品为货币。司马迁的货币起源说认为,货币是用来沟通产品交换的手段。司马迁《史记·平准书》中有:"农工商交易之路通,而龟贝金钱刀布之币行焉。"

西方货币起源说主要有创造发明说、便于交换说、保存财富说。创造发明说认为,货币是由国家或先哲创造出来的。便于交换说认为,货币是为解决直接物物交换的困难而产生的。保存财富说认为,货币是为保存财富而产生的。

亚里士多德在描写了物物交换之后指出,一地的居民有所依赖于别处居民的货物,人们于是从别处输入本地所缺的货物,而抵偿这些收入,他们也得输出自己多余的产品,于是钱币就应运而生了。这种钱币是中介货物,是某种本身既有用又便于携带的货物。

二、马克思论证货币的起源

古代关于货币的起源学说在特定的历史背景下,虽然都存在一定的合理成分,但是均有较大的局限性。马克思以辩证唯物主义和历史唯物主义的观点,运用历史和逻辑相结合的方法,科学完整地阐述了货币的起源。马克思认为,货币是商品经济内在矛盾发展的必然产物,是价值形式发展的必然结果。

商品经济的内在矛盾是私人劳动和社会劳动的矛盾:劳动的私人性质决定了产品归私人所有,可是产品又不是或主要不是供生产者本人消费的,而是供其他社会成员消费的。所以,私人的产品必须纳入社会总产品中进行分配。私人劳动顺利转化为社会劳动,只有通过商品交换才能实现。

商品的价值不能自我表现出来,而只有在与另一种商品交换时,通过另一种商品表现出来,这样,商品交换中价值必然要求价值表现,必须有商品价值的表现形式即价值形式。商品变换发展的过程可以浓缩为价值形式的演化过程。价值形式的发展经历了四个阶段:从简单价值形式开始,经过扩大价值形式、一般价值形式,逐渐发展成货币价值形式。

(一)简单价值形式

在原始社会末期,交换是一件偶然的事情,因此在简单价值形式阶段,一种商品的价值在交换中偶然地、简单地表现在另一种商品上。例如,1只绵羊与2把石斧相交换。显然,这种交换只能看出一种商品和另一种商品价值相等,但还看不出它在质和量上与其他商品的比较价值。总之,简单价值形式是一对商品的交换关系。在这种关系中,一件商品的价值的质和量由另一件商品独立地表现出来。

(二)扩大价值形式

如果1只绵羊不仅可以与2把石斧相交换,还可以与其他很多种商品相交换,就说明1只绵羊价值表现的范围扩大了,这就为商品生产和交换的发展提供了更大的空间。扩大价值形式,体现了价值是无差别的人类劳动的凝结,充分证明了价值量决定商品交换比例的规律,等价形式得到特殊的表现,货币的萌芽已发育成长。但是,价值还没有一个统一的表现,还没有一个能为所有商品生产者所公认的一般等价形式或一般等价物。

(三)一般价值形式

一般价值形式是所有的商品都由一种商品来表现自己的价值的价值形式。各种商品的价值统一地表现在唯一的商品上,这个商品成为一切商品价值的一般等价物。一般等价物的出现,标志着物物直接交换已被以一般等价物为媒介的交换代替。一般等价物具有同货币相类似的作用,即充当商品交换的媒介。生产者只要把自己的产品换成这个一般等价物,就可以用它与自己所需要的任何商品相交换。由于不同地区充当一般等价物的商品在时间上和空间上具有不确定性、不统一性,因此,当商品交换突破地区界限以后,便会给交换带来困难。

(四)货币价值形式

货币价值形式是指一般等价物固定在贵金属上,由贵金属来固定充当商品交换的媒介的价值形式。随着交换的进一步发展,充当一般等价物的商品在一国范围内日趋减少,因为贵金属质地柔软,可分可合,不易磨损,体积小,价值大,便于保存和携带,其自然属性适于充当货币。当所有商品的价值都由货币表现时,这种价值形式就成为货币价值形式。

从价值形态的演化过程可以看出:货币是一个历史的经济范畴,它并不是随人类社会的产生而产生的,而是在人类社会发展到一定阶段,伴随着商品和商品交换的产生与发展而产生的,所以货币的根源在商品本身;货币是商品经济自然发展的产物,而不是人们发明或协商的结果,它是在商品交换长期发展过程中,为适应交换的客观需要而自发地从一般等价物中分离出来的;货币是交换发展的必然产物,是社会劳动与私人劳动矛盾发展的产物,是价值形态和商品生产与交换发展的必然产物。

三、从节约社会交易成本角度论证货币的起源

"物物交换"有以下四个困难。①需求双重一致的偶然。交换双方只有彼此都对对方的商品存在需求,才能完成交换,而这种需求双重一致性是非常偶然的。②商品之间的比价将非常多。两种商品的比价必须使交换双方都满意才能成交,当有 n 种商品时,商品之间的比价延伸至 C_n^2 即 $\frac{n!}{2!(n-2)!}$ 之多。③难以实现"交叉兑换比率"的一致。A 可兑换成 B 且 B 可兑换成 C,但往往并不等于 A 可兑换成 C。④交换同步实现,没有价值储藏,无法进行过去的商品与将来的商品的交换,更无法进行将来的投资与消费。

"物物交换"困难,可能产生如下成本:寻找可能的交易对象时所产生的"寻求成本";将资源(如人力)用于迂回交易的"机会成本";实际进行交换时的"直接成本",如雇人搬运等,必然导致交易成本会较高。

货币的产生有利于简化交换方式,降低交易成本,拓展商品交换的空间;提高经济效率,挖掘生产潜力;促成商品跨时间的交换,使得货币成为连接现在和将来的纽带。

经济行为的演化与交易成本有紧密的联系,表现为:演化的方向总是从交易成本较高的趋向交易成本较低的,即节约是经济生活中最基本的规律。经济制度、经济结构、经济活动方式之所以这样演化而不是那样演化,最终都可以从社会费用、社会成本的节约上找到答案。

物物交易的经济是任何一种商品都可以与另外任何一种商品相交换的经济;货币经济是只有一种特定的商品——货币可以与另外任何一种商品相交换,货币之外的任何一种商品也均可以与货币相交换但彼此之间却不能交换的经济。从"交换"的概念可以自然地引申出一个结论:同一种商品之间,包括货币与货币之间,不存在交换的必要。同时设定:任何两种商品,在货币经济下则是货币与任一种非货币商品,均有一个交易网点,这些交易网点要付出一定的交易成本来实现交换。在这样的定义和设定之下,很容易算出不同经济所需要的交易网点的数量:如以 $C_1, C_2,$ $C_3, \cdots, C_n$ 表示经济中存在的 n 种商品,在物物交易的经济中所需要的交易网点相

当于任何两种商品组合的数量,即

$$C_n^2 = \frac{n!}{2!(n-2)!} = \frac{1}{2}n(n-1)$$

在货币经济中,由于定义了只有货币与非货币商品的交换而无非货币商品之间的交换,所以所需要的交易网点的数量是 $n-1$。比较 $\frac{1}{2}n(n-1)$ 与 $(n-1)$,只有当 n 为 2,即经济中只有两种商品时,两者的值才相等。但当只有两种商品时,就不可能存在物物交易与通过货币交易的区分。当 $n \geqslant 3$,物物交易所需要的交易网点的数量大于通过货币交易所需要的交易网点的数量,且 n 越大,倍数越大,显然两者的社会交易成本有极大差距。因此,仅以交易网点的数量比较,从节约社会交易成本角度来看,货币交易也必然代替物物交易。

第二节 货币的形态

在人类漫长的历史进程中,货币作为一种人们能够共同接受的支付工具,在不同的时期有着不同的形式。货币的形式经历了由低级向高级不断演变的过程,其演变过程遵循着一个规律,即货币形式的变化适应着生产力发展的需要。具体地说,货币形式大致上可以分为实物货币、金属货币、代用货币、信用货币、电子货币等几种。

一、实物货币

实物货币是货币发展的早期形态。实物货币是足值货币,货币的名义价值同它作为特殊商品的内在价值是一致的。在世界范围内,最早充当货币的实物有牲畜、贝壳、粮食、布匹等。在古代欧洲的雅利安民族及古波斯、印度、意大利等地,都有用牛、羊作为货币的记载。埃塞俄比亚曾用盐作为货币。在美洲,最古老的货币有烟草、可可豆等。在太平洋的雅普群岛上,人们曾经用巨大的难以搬动的轮形石块作为货币,在全岛范围内,获得货币的所有者只需要凿上自己的印记即可,无须搬走石块。根据青铜器铭文、考古挖掘和古籍记载,中国最早的货币是贝壳,其单位是朋,一朋等于十贝,以贝作为货币大约在商周时期。迄今为止,汉字中很多与财富有联系的字都带有"贝",如货、财、贸、贵、贱、贫、贷等。日本最早的货币也是贝壳。

早期的实物货币绝大多数都受其本身的限制,不便于保存和携带,而且难以分割,不可能有质地均匀的、统一的价值表现标准,使用的范围不大。因此,随着商品交换的发展,实物形态的货币就逐渐被内在价值稳定、质地均匀、便于携带的金属货币替代。

二、金属货币

(一)金属货币概述

早期作为货币的金属都是贱金属,如铜、铁,后来才逐渐过渡到贵金属金或银。

中国是世界上最早也是最长时期使用铜钱的国家,自商代开始直到20世纪30年代,有2 000多年的历史。在中国自商代到东汉有过黄金作为货币的记载,东南亚地区于公元4世纪也出现了黄金货币,西欧在公元13世纪出现黄金货币,到18—19世纪,黄金货币占主要地位,到20世纪初,世界主要国家的币材均被黄金垄断。中国在西汉年间已出现了用白银作为货币的现象,并自宋代以后与铜并行流通,成为主要的币材,直至20世纪30年代才终止。

世界各国货币发展的历史证明,随着商品交换的发展,作为货币材料的铜、铁等贱金属逐步让位于金、银等贵金属,这是一个普遍规律,因为金、银等贵金属所具有的天然属性最适宜于充当货币商品。贵金属质地均匀,其表现价值的尺度很容易统一;贵金属可以按不同的比例任意分割,分割以后还可以冶炼还原,最适合充当交换媒介;贵金属体积小、价值高、耐腐蚀、便于携带,也符合越来越发展的商品、劳务交易的需要。而在足值货币时代,贵金属还不是生产过程所必需的原材料,充当货币商品也不影响经济的发展。因此,马克思说:"金银天然不是货币,但货币天然是金银。"贵金属货币作为典型的足值货币,在相当长的一段历史时期,在世界大部分地区固定地充当货币商品,成为一种独立发展的货币形态。

(二)铸币

金属货币最初是以块状流通的,每笔交易都需要称重量、鉴定成色,还要按交易额的大小把金属块进行分割等,这给商品交换带来诸多不便。随着商品生产和交换的发展,一些富裕的有名望的商人在货币金属块上打上印记,标明重量和成色,以便于流通。当商品交换进一步发展并突破地方市场的范围后,对于金属块的重量和成色,要求其具有更权威的证明,而最具权威的当然就是国家。

由国家的印记证明其重量和成色的金属块被称为铸币。国家的印记包括形状、图纹、文字等。最初,各国的铸币有各种各样的形状,但是,后来都逐步过渡到圆形,因为圆形最便于携带,并且不易磨损。

(三)中国的铸币

中国最早的铸币是铜铸币。我国的铸币起初有四种形式。一是铜贝,在殷商、西周时期,我国长期使用天然贝作为货币,在春秋战国时期天然贝仍在流通。由于天然贝来源不多,为适应流通的需要,西周晚期以后出现了骨制和铜制的贝。在战国时期,贝大多用铜制成。这种铜贝称为"蚁鼻钱",多为楚国制造,也主要流行于楚国。二是刀币,形状似刀,最初可能以习武用的工具——刀作为交换媒介,后来用铜仿制刀作货币用。西周时期就有仿制的刀,春秋战国时期对其加以改进成为通货。而后为携带方便,减轻其重量,缩小其体积,而又袭用其形制,就成为"刀币"。刀币主要在齐、燕、赵三国流行。齐国刀币形制较大,尖头;燕、赵形制较小,为方头或圆头。三是布币,形似农具中的镈,也称为"铲币",由镈、铲一类农具逐渐演化而成。布币主要在三晋,即韩、赵、魏三国流行。春秋战国时,布币逐渐广泛流行,重要性远在刀币之上。四是圆钱,即圆形钱,中央有一孔,或为方孔,或为圆孔,它出现较晚。

秦国统一六国后,秦始皇于公元前210年颁布了中国最早的货币法,规定在全国范围内通行秦国圆形方孔的圆钱,也就是半两钱。货币的统一,结束了我国古代货币形状各异、重量悬殊的杂乱状态,是我国古代货币史上由杂乱向规范的一次重大演变。秦半两钱确定下来的这种圆形方孔的形制,一直延续到民国初期。公元前113年,汉武帝收回了郡国铸币权,由中央统一铸造五铢钱,五铢钱成为当时唯一的合法货币,从此确定了由中央政府对钱币铸造、发行的统一管理,这是中国古代货币史上由地方铸币向中央铸币的一次重大演变。此后,历代铸币皆由中央直接负责。铸币权收归中央,对稳定各朝的政局和经济发展起到了重要的作用。五铢钱从汉武帝时期起到唐高祖时期流通使用约739年。唐高祖武德四年(621年),李渊决心改革币制,废轻重不一的历代古钱,取"开辟新纪元"之意,统一铸造"开元通宝"钱。"开元通宝"一反秦汉旧制,钱文不书重量,是我国古代货币由文书重量向通宝、元宝的演变。"开元通宝"钱是我国最早的通宝钱。此后我国铜钱不再用钱文标重量,都以通宝、元宝相称,它一直沿用到辛亥革命后的"民国通宝"。

白银作为中国的另一种重要的货币材料,一直是以银两的形式流通的,直到19世纪,当外国银圆大量进入中国时,清朝政府才开始铸造银圆。到1933年4月,国民党政府进行"废两改圆"的币制改革,我国才开始统一实行银铸币本位制度。

金属货币在长期流通过程中不断磨损,但其作为流通手段在流通过程中具有瞬息即逝的特点,使得磨损了的铸币仍然能够流通。由此,不足值的货币开始流通起来,金属货币的形态开始摒弃其实体商品形态,货币的名义价值与实际价值逐渐分离,货币形态也就由足值货币转化为代用货币。

三、代用货币

代用货币是指金属货币的代表物,包括银行券、辅币等。代用货币作为金属货币的价值符号,其本身的内在价值虽然低于名义价值,但由于它可以同金属货币等价兑换,并以此维持其代表地位,仍可以金属货币的名义价值流通。

代用货币是由金属货币向现代信用货币发展的一种中介、过渡的货币形态。一方面,它完全建立在金属货币的基础上,代表金属货币行使货币的基本职能,并能等价兑换成金属货币,因而明显具有金属货币的足值烙印;另一方面,它作为不具有十足价值的价格符号,能和足值货币一样发挥货币的职能,显然体现了一定的信用关系,具有信用货币的特征。

银行券是典型的代用货币,它随着资本主义银行的发展而首先在欧洲出现。银行券作为代用货币,其主要特征如下。

(1)银行券是由银行发行的、可以随时兑换成金属货币的代用货币。

(2)银行券的发行必须具有发行保证,发行保证一般分为黄金保证和信用保证两种。黄金保证体现为银行的黄金准备,信用保证则体现发行银行保证兑现的信用度。银行券有严格的发行准备规定,保证随时兑现,因此,具有较好的稳定性。

(3)早期银行券的发行是分散的,各家商业银行都可凭自己的信誉和能力发行银行券,其前提是必须保证随时可按面额兑付金币、银币。后来,由于市场经济发展统一的要求和国家宏观调控货币的需要,逐渐固定在一国之内由几家大银行发行。自中央银行诞生以后,银行券集中由中央银行发行,这成为中央银行的基本职能之一。

19世纪末20世纪初,在银行券广泛流通的同时,贵金属货币的流通数量日益减少,呈现出现代信用货币终将取代贵金属货币流通的趋势。在第一次世界大战前,只是在战时或经济动荡的非常时期,一些国家才会停止银行券的兑现。第一次世界大战中,世界各国的银行券普遍停止兑现。第一次世界大战后,有的国家曾一度实行有条件兑换金块或兑换外汇的制度。到20世纪20年代末30年代初,世界主要国家的银行券完全成为不兑现的信用货币,现代信用货币终于取代代用货币而成为世界货币舞台上的主角。

四、信用货币

信用货币是以信用作为保证、通过一定信用程序发行的、充当流通手段和支付手段的货币形态,是货币形式的现代形态。信用货币实际上是一种信用工具或债权债务凭证,除纸张和印制费用外,它本身没有内在价值,也不能与贵金属货币按某种比例相兑换。信用货币之所以可以流通和被接受为价值尺度,是因为各社会经济行为主体对它拥有普遍的信任。这种信任一方面来自代用货币的长期信用,使公众在兑换停止之后依然保持对价值符号的货币认知;另一方面来自国家对这一价值符号的收付承诺,不但国家在征税时按面值接受,而且依法禁止任何债权人在索偿时拒收该信用凭证,从而使其成为法偿货币。

在现代经济中,信用货币的发行主体是中央银行。在中央银行体制下,银行信用创造的现金货币、存款货币,由国家赋予无限法偿能力,并强制流通,在尽可能大的范围内作为流通手段和支付手段,承担着货币的职能。这就是现代经济中的信用货币,也是本书的主要研究对象。

五、电子货币

电子货币是信用货币与电脑、现代通信技术相结合的一种最新货币形态,它通过电子计算机运用电子信号对信用货币实施储存、转账、购买和支付,明显比信用货币更快速、方便、安全、节约。美国经济学界把电子货币称为继金属铸币、纸币以后的"第三代货币",而实质上,电子货币是新型的信用货币形式,是高科技的信用货币。目前的电子货币基本上是由各个发行者自行设计、开发的产品,种类比较多,这与纸币取代金属货币后,各类银行券不断兴起的情况相类似。电子货币的发行者既有中央银行,也有一般商业银行,甚至还有非银行的金融机构,在这种情况下,国际货币金融机构和各国货币当局无法在法律上对电子货币进行严格的界定。

随着现代市场经济、科学技术的高速发展和信用制度的日趋完善,电子货币必将取代现金货币,货币形态的发展趋势也将呈现从有形到无形、从现金与转账并存到无现金社会的转变。在人类社会已经迈入21世纪的今天,互联网迅速覆盖全世界,电子商务发展迅猛,作为虚拟银行的网上银行方兴未艾,传统的商业银行也都纷纷上网交易,货币电子化的进程也将空前加速。需要明确的是,电子货币只是一种新型的信用货币,无现金社会完全不等于没有货币的社会,无论是花花绿绿的纸币、存款账户上的阿拉伯数字,还是互联网上的数字化信号,都是信用货币的不同存在形态。

六、数字货币

数字货币可以认为是一种基于节点网络和数字加密算法的虚拟货币。数字货币的核心特征主要体现在三个方面:①由于来自某些开放的算法,数字货币没有发行主体,因此没有任何人或机构能够控制它的发行;②由于算法解的数量确定,所以数字货币的总量固定,这从根本上消除了虚拟货币滥发导致通货膨胀的可能;③由于交易过程需要网络中的各个节点的认可,因此数字货币的交易过程足够安全。

比特币的出现对已有的货币体系提出了一个巨大挑战。虽然它属于广义的虚拟货币,但却与网络企业发行的虚拟货币有着本质区别,因此称它为数字货币。数字货币在发行主体、适用范围、发行数量、储存形式、流通方式、信用保障、交易成本、交易安全等方面与电子货币和虚拟货币有所不同。

数字人民币 DCEP(digital currency electronic payment),即中国版数字货币项目,是中国人民银行研究中的法定数字货币,由中国人民银行发行,由指定运营机构参与运营并向公众兑换,以广义账户体系为基础,与纸钞和硬币等价,并具有价值特征和法偿性的可控匿名的支付工具。关于研究进展,顶层设计、标准制定、功能研发、联调测试等工作已经完成,2020 年 4 月开始内部封闭试点测试。2020 年 8 月 14 日,商务部网站刊发《商务部关于印发全面深化服务贸易创新发展试点总体方案的通知》,通知明确,在京津冀、长三角、粤港澳大湾区及中西部具备条件的试点地区开展数字人民币试点。

第三节　货币的职能

货币的职能是指货币本质所决定的内在的功能。马克思提出了著名的"货币五项职能",即价值尺度、流通手段、储藏手段、支付手段和世界货币。其中价值尺度和流通手段是最基本的职能,储藏手段、支付手段、世界货币三项职能都是从前两项职能中派生出来的。

一、价值尺度

货币的价值尺度职能是指货币衡量和表现其他一切商品的价值的职能。在这里,货币是一种尺度、一种单位,所有的商品和劳务的价值均可通过它来表现和衡量,从而可以方便地进行比较。

货币在执行价值尺度职能时有如下特点。

第一,货币作为商品的价值尺度可以是观念上的货币。货币是商品内在价值的外在表现尺度,货币在执行价值尺度职能时,并不需要将现实的货币放在商品旁边才能完成货币价值尺度职能,而只需要运用长期积累的经验和知识,直接在头脑中就可以完成了。观念上的货币存在的前提条件是货币币值的相对稳定,否则,人们头脑中原有的观念就会失效,从而无法完成或无法精确完成对商品价值的衡量。

第二,必须是足值的货币,这是价值尺度职能存在和发挥正常作用的前提条件。在金属货币流通的条件下,货币是用其实际价值来衡量商品的价值的,单位金属含量必须符合国家法律规定的标准,其名义价值必须与实际价值相等;在信用货币流通的条件下,货币的币值必须稳定,正如一把自身尺度不断变化的尺子无法精确度量物体的长度一样,币值不断变化的货币无法精确衡量商品的价值。

第三,货币将商品的内在价值转化为价格,必须通过价格标准来完成。价格标准是人们所规定的货币单位及其等分。这是一种为统一计价方式而做出的技术性的规定。首先是确定一个基本的货币单位,然后对这个货币单位进行等分,这样通过货币单位的累计就可以精确衡量商品的价值量了。在我国的价格标准中,"元"是基本单位,"角""分"是对基本单位的进一步等分。计价方式是十进制的累计,于是可以用这些基本单位及其等分精确地为商品标价。最初的价格标准的单位与实物单位一致,如牲畜用"头"。后来价格标准与重量标准一致,如我国古代的贵金属称量制,其贵金属货币单位与重量单位完全一致,秦汉时期的货币单位为"半两""五铢"。价格标准与重量单位的这种联系随着货币制度的演变而不断变化,最后完全分离。如我国历史上的银两制在经过废两改元以后变成了银币制,每一银圆含纯银为六钱四分八厘,货币单位名称为"元"。再如英镑,早期的一英镑含一磅纯银,实行金本位制以后,按 1∶15 的金银比价,一英镑只含 1/15 磅黄金。现代信用货币的价格标准中只对单位的名称进行规定,并不规定单位货币的贵金属含量。

二、流通手段

货币的流通手段职能是指货币在商品流通过程中充当商品交换的媒介、完成商品交换的职能。这也是货币最基本、最重要的职能之一。

作为流通手段的货币有如下特点。

第一,必须是现实的货币。货币作为流通手段在商品交换时体现着等价交换的原则,必须一手交钱,一手交货,必须是现实的货币。

第二,可以是不足值的货币,因而可以用价值符号来代替。这是因为货币作为交换媒介不断地从一个商品所有者手中转移到另一个商品所有者手中,货币在商品所有者手中所发生作用的时间是非常短暂的,人们关心的只是货币能否换回与自己交换出去的商品等值的商品,而货币本身是否足值并不重要。货币作为流通手段的这一特点使货币符号代替足值货币流通成为可能。

第三,货币流通是为商品流通服务的。在货币产生之前,人们之间的交换采取的是物物交换的方式,即商品所有者拿着自己的商品去寻找持有自己所需商品的所有者进行交换。在这样一种交换形式中，买、卖是在同一过程中完成的。有了货币，商品交换的过程变成了买、卖两个过程：一是出卖的过程，二是购买的过程。一个商品所有者的买，就是另一个商品所有者的卖，这样一个连续不断的过程就是商品流通。而货币在商品流通过程中从一个所有者手中转到另一个所有者手中的运动就是货币流通。货币流通是由商品流通引起的，没有商品流通就没有货币流通，而货币流通是为商品流通服务的，尤其在现代经济中，货币流通对促进和扩大商品流通有着重要的意义。

第四，使得货币沉淀和商品积压成为可能。由于货币作为流通手段，将商品交换分割成买和卖两个独立的环节，当卖了商品的人不再购买商品时，时间长了，就会造成货币沉淀和商品积压。而当货币发行被垄断并过量发行时，货币量与商品量的匹配将更难实现，从而使物价的长期波动成为常态。

三、储藏手段

货币的储藏手段职能是指货币退出流通领域，被当作价值的独立形态或生活财富的一般形式保存起来的职能。

按照马克思对货币储藏手段的定义，完全具备这一职能的货币只有金属货币，而且金属货币不能存入银行，只能压入箱底。因为只有这样，货币才能真正退出流通领域。当现实的、足值的金属货币熔化成金属块后先储藏起来，经过一段时期，将金属块铸成铸币再次进入流通领域时，其价值不会流失，这就是货币的储藏手段职能。这时的金属货币能自发调节流通中所需要的货币量。当流通中的货币量太多时，货币相对商品会贬值，这时，人们出于对货币的信心，宁愿持币待购或者长期储藏货币，这样就会使流通中的货币量减少，从而使商品价格回落。反之，当物价下降过多的时候，储藏货币就会进入市场，形成购买力，推动物价上升。这样货币的储藏职能就像水库一样，多则蓄，少则放，使货币流通始终保持均衡，物价也因此保持稳定。

在信用货币流通的条件下，储藏手段无法调节货币流通和物价。一方面，这是因为信用货币是靠国家强制赋予的名义价值流通的，人们的心理预期有别于国家强制。当物价上涨时，人们对信用货币的信赖度下降，不但不会减少购买、增加货币储藏，反而会更加刺激购买的愿望，减少货币储藏，形成更庞大的购买力。另一方面，信用货币的储藏形式主要是存款，而存款本身就是货币，储藏货币只是货币形式的转化，并不减少实际货币量，货币也没有真正退出流通领域。而且商业银行的资产业务可以进行大规模的存款派生，所以存款的储藏方式不仅没有使货币量减少，相反还会使货币量增加。因此，信用货币量无法进行自我调节，也就是无法完成自动均衡，这就需要人为地进行宏观调控了。

四、支付手段

货币的支付手段职能是指货币作为独立的价值形式进行单方面转移的职能。

货币作为支付手段最初是为了适应商品的赊销活动的需要。在偿还赊购货款时,货币已经不再是交换过程的媒介,而是作为补足交换的一个独立的环节,即作为价值的独立运动形态存在,使商品的流通过程结束。随着商品交换的发展,货币支付手段的职能也扩展到商品流通领域之外,在财政收支、信贷收支、工资费用收支、捐赠赔款等支付活动中发挥作用。

货币作为支付手段具有以下特征。

第一,作为支付手段的货币必须是现实的,但可以由价值符号执行。在发达的商品经济中,大宗交易活动都是由支付手段职能来完成货款支付的。即使在小型的商品交易活动中,由于买卖双方采取转账结算的付款方式,往往也是由货币的支付手段职能来完成货款的支付过程。支付手段发挥作用的另一个重要方面就是在国家财政的收入和支出、银行存款的吸收和贷款的发放上,这些都是由货币的支付手段职能发挥作用的。发挥支付手段职能的货币同发挥流通手段的货币一样,也是处于流通过程中的现实的货币。因此,流通中的货币,指的就是流通手段和支付手段的总和。在现实生活中,这二者是无法严格地区分的,因为这两种形式可以互相转化。流通中的每一枚货币,都可以发挥这两种职能。

第二,它是信用关系发展的基础,同时使信用危机成为可能。信用产生的最初形式是实物的借贷,信用关系能发展成为货币的借贷是因为有货币的支付手段职能,无论是商业信用还是银行信用,都需要货币的支付手段职能,因此,货币的支付手段职能是信用关系发展的基础。为什么说货币的支付手段职能同时使信用危机成为可能?这是因为:其一,当货币作为独立的价值形式进行单方面的转移时,不论在赊销活动中还是在其他支付活动中,都没有商品与之同时、同地的相对运动,支付手段可能形成债务锁链,从而导致货币流通和商品流通的不正常;其二,货币具有相对独立的运动能力,在无发行信用保证时,可能引起货币的超量发行。比如中央银行可能为财政赤字而进行财政性发行,商业银行则可能为增加利润而盲目扩大贷款规模等。

五、世界货币

货币的世界货币职能是指货币跨出国境,在国际上发挥一般等价物的功能的职能。货币作为世界货币可以发挥以下三个方面的作用:作为支付手段以平衡国际收支差额;作为购买手段进行国际贸易;作为一般性财富转移手段进行国际财富的转移。金属货币因具有十足的价值,所以可以自动地获得世界货币的职能;而信用货币因其名义价值高于实际价值,是国家强制赋予其流通能力的,越出国境以后,其强制力量失去效力,所以世界上只有少数几个国家的货币具有世界货币的职能,如美元等。这些货币在国际货币体系中起着重要的作用,并广泛地被其他国家用作国际储备和国际购买手段。

信用货币取得世界货币的职能的一般条件是:第一,货币发行国的经济实力比较强大且国际贸易比较发达;第二,这种货币是自由兑换货币,并在国际市场上有比较大的需求量;第三,这种货币币值比较稳定,发行国愿意承担维护和调节该货币币值的义务。

虽然黄金已经不再作为固定的货币形态了,但黄金仍然是国际支付的最后手段。当一国其他的国际购买或支付手段如外汇储备、国际货币基金组织特别提款权及其他储备头寸均已告罄时,黄金就有可能再次承担起国际购买和国际支付的职能。所以,在各国的国家储备中,黄金是重要组成部分。

六、货币五项职能之间的关系

货币各职能之间联系密切,这是货币作为一般等价物的这一特殊商品的本质的统一体现。它们的相互关系表现为以下两点。

第一,价值尺度和流通手段是货币的两项基本职能。这是因为这两项职能满足了商品的最基本要求。商品要求将自身的价值表现出来,从而需要一个共同的、一般的尺度;商品要求交换出去,最终实现自己的价值,这就需要一个社会能普遍接受的媒介。当这两种要求由某一种商品满足时,这种商品就取得了货币的资格。因此,马克思指出:一种商品变成货币,首先是作为价值尺度和流通手段的统一,换句话说,价值尺度和流通手段的统一就是货币。

第二,货币的其他三项职能是货币作为一般等价物在不同环境中本质的表现。货币作为储藏手段是因为货币首先是价值尺度和流通手段,而且随时有可能转化为流通手段,只有这样,人们才有可能愿意储存货币。货币作为支付手段与货币的一般等价物的本质特征直接相联系。货币往往是在商品交易行为之后执行支付手段,此时,货币已经完成计价,即已经作为价值尺度职能发挥作用了。同时,货币的支付手段职能与流通手段职能是可以互相转化的,货币作为世界货币是货币在国际市场上充当一般等价物。

第四节 货币的本质

自从货币产生以后,人们不断探讨它的本质,形成了不同的学说。对货币的本质的讨论也就是对如何给货币下定义的讨论,下面从七个方面展开阐述。

一、货币与"一般等价物"

马克思从劳动价值理论入手,通过分析商品交换的发展进而分析货币的起源,从中抽象出货币的本质,得出货币是固定地充当一般等价物的特殊商品,并能反映一定的生产关系。从马克思关于货币起源的叙述,可以看出马克思关于货币的本质论述:货币是从商品世界中分离出来固定地充当一般等价物的特殊商品,它反映了商品生产者之间的社会关系。

这一定义的局限性很明显。马克思分析的是金属本位制及其以前的货币,那时的货币是实实在在的商品货币,是一种"特殊商品"。在金属本位制崩溃后的不兑现信用货币制度下,货币早已不是特殊商品,货币与存款货币都是信用货币,在这种情况下,"一般等价物"这个定义是否需要有更深一步的理解,是一个仍需要继续认真研究的问题。

二、货币与"社会劳动的核算工具"和"选票"

货币被定义为自发的社会劳动的核算工具。社会劳动之所以需要核算,是因为在社会分工的条件下,每个劳动者只能在某一个部门中从事一种或数种产品的生产,每个劳动者都需要其他劳动者所生产的商品,因而,所有的劳动者组合成一个相互依赖的整体,而每一个商品生产者的这种或那种劳动都应该是社会劳动的构成部分。但是生产资料的私有制又使商品生产者彼此隔离开来,所以每个生产者由个人安排的劳动不一定是或者不完全是社会劳动的构成部分,每个商品生产者的劳动是否具有社会性,在货币存在的条件下只有通过商品与货币的交换来证明。如果商品生产者的商品能够在市场上成功地与货币交换,那么它就是社会劳动;如果商品生产者的商品不能与货币交换,则不是社会劳动的构成部分。不仅如此,通过某种商品与货币的交换,还可以证明这种商品含有的社会劳动量的多少。如果某种商品超过了社会的需要,那么这种商品就会在市场上供过于求,这样,这种商品就只能低价出售,只能换回较少的货币,即说明这种商品含有的社会劳动量比较少。同时,货币还能反映出商品生产者生产商品的个人劳动耗费是高于还是低于社会必要劳动能费。在私有制的条件下,各个生产者的生产条件是不相同的。一些生产者具有比较先进的生产设备、比较优良的生产资料、比较先进的生产技术,而有的生产者生产设备简陋、生产技术落后。前者生产同一种商品所耗费的个人劳动时间会低于社会必要劳动时间,而后者则会超过社会必要劳动时间。这样,前者单位时间生产出来的商品,可能获得较多的货币,而后者只能获得较少的货币。

正是由于货币在交换过程中自发地核算着每一个商品所包含的社会劳动,所以在西方经济学中将其称为"选票"。一个社会生产什么东西,要取决于货币选票;形形色色的消费者对每一件商品是否购买的决定,就是投不投票;愿意出多高的价格来购买,就是投多少票。在这种情况下,有的企业赢利水平高,它就会再投资,扩大生产规模;有的企业亏损,它就要考虑转产,或者考虑更新技术、改进管理。消费者的投票是在市场上自发地、分散地进行的,企业的反应也是各自进行的,虽然在这里没有统一的领导和计划,但可以保证社会的经济秩序,这就是市场调节,而货币选票是市场调节的必要手段。

三、货币与法律

该观点认为:货币乃是法律规定的具有无限法偿能力的事物。所谓无限法偿,即法律保护的无限制偿付能力。取得这种能力的货币,无论每次支付数额多大,无论属于何种性质的支付(如支付货币、工资、税负、租金等),支付的对方均不得拒绝接受。

重要的是,国家法定的货币商品之所以能真正起到货币作用,是因为它们在经济生活中已经是作为货币商品在起作用,如若不然,国家法定也行不通。比如,现在国家法律强行让羊或贝壳作为货币,这显然是不可能的。而且即便是国家发行的不兑现的钞票,其流通虽然受法律的支持和保护,但这种钞票流通的基础如不具备,法律的强制也不能被人们接受。如在恶性通货膨胀的时期,人们宁肯退回到以货易货的物物交换时代,也不愿用货币作为交易的媒介。因此,法律规定并不是货币的本质特征。

四、货币定义的范围与度量

在现代经济生活中,宏观经济政策和宏观经济调控的实质就是对货币的调控。其思路是:货币当局或中央银行对经济生活到底需要多少货币量、现在的货币供应量或货币存量是多少、二者还有多大差距等问题做出思考,然后通过政策工具或手段对货币进行调控,最后实现对整个经济体系的合理干预和调节。在这一过程中,存在货币统计及货币政策操作目标的问题。要处理这些问题,仅有定性的泛泛而谈的货币理论定义显然是不够的,还需要非常具体的分界线。当然,无论分界线如何具体化,也要有一个划分的标准。这个标准通常指的是流动性的大小,即作为流通手段和支付手段的方便程度。按照这一标准,国际货币基金组织粗线条地将货币供应量划分为狭义货币和广义货币两个层次。

五、货币与"普遍可接受性"

按照现代人们对货币的理解,货币被定义为是一种普遍可接受的购买手段,是能清偿债务的支付工具。这一定义建立在现实的经济基础之上,主要含义是:第一,货币是作用于媒介商品交换和支付债务的;第二,货币发挥作用的一个基本前提是"普遍可接受性"。

这种普遍可接受性在金属货币流通的条件下,是由货币是在长期的商品交换中从商品世界分离出来的、固定地充当一般等价物的特殊商品的性质所决定的;是由金属货币本身具有的十足价值所决定的。而在信用货币流通的条件下,货币的普遍可接受性则是由多种因素所决定的,在绝大多数情况下,货币的普遍可接受性由国家权力的强制性决定,国家通过法律的保护,强制信用货币进入流通领域,并保证货币的合法性。除了国家法律的强制之外,还有一些货币的流通依托货币发行者的信誉,比如一些国家由银行所发行的银行券、支票存款货币等。这些货币尽管没有国家法律的强制,但由于发行这些货币的银行具有良好的信誉,所以人们愿意接受并使用这些货币。在现代社会,许多国家的信用货币虽然没有被法律指定为法定货币,但是人们不仅愿意接受它,而且愿意使用它。

从某种意义上说,国家的法定货币并不能完全垄断市场。国家可以强制性地将货币投放到流通当中去,但这些货币最终能否得到人们的接受,取决于货币自身的运动规律。在货币符号流通的条件下，只有当货币发行数量控制在流通领域能够容纳的范围之内的时候，公众才能保持对货币的信任，这种货币才能被广泛接受。所以，从根本上说，货币是否具有广泛地被接受性，关键在于流通领域是否能接受，而不在于是否是国家的法定货币。关于这一点又回到了货币与法律的关系当中。

六、货币与财富

在欧洲封建社会的晚期出现的重商主义认为：财富多寡的唯一标志是拥有金银货币的数量，拥有货币越多，一个国家或个人便越富有，而拥有货币越少，一个国家或个人则越贫穷，国与国之间的经济竞争主要是对金银货币的争夺，谁得到了货币，谁就是胜利者；谁失去了货币，谁就是失败者。这是货币即财富的典型代表。但这种观点是错误的。

的确，货币是财富的综合代表。既然是综合代表，根据简单逻辑推论，拥有货币就是拥有财富；相应的，人们对货币的追求，也就是对财富的追求；人们对待货币的态度，也就是对待财富的态度。其实，这种简单逻辑推论是有问题的，因为货币仅仅是财富的"综合代表"，而不是财富本身——你握有黄金或是美元，它们并不就是汽车、住房，也不是清洁的空气、纯净的饮水，更不等于精神的愉悦、生活的充实和思想的自由，尽管使用黄金或是美元，你可以交换到这些真实财富的一部分。换言之，货币与真实财富之间有着密切的关系，但货币这个"综合代表"与真实财富之间还有一定差距。何况许多财富还是货币无法通过代表、度量和交换可以得到的。

七、货币与生产关系

货币不是物的自然属性，而是代表着一种社会生产关系。马克思说："金银作为货币代表一种社会生产关系，不过采取了一种具有奇特的社会属性的自然物的形式。"马克思从抽象的形式上考察货币的本质，就是首先抛开某一特定社会经济形态下商品货币关系的特殊性，抽象出货币本质的共同性，即货币是商品的一般等价形式。

另外，等价交换是商品经济的一个重要原则，意味着任何人（无论是百万富翁，还是赤贫者）持有相同货币所交换到的商品量是相等的，也就是说，货币面前人人平等。但是平等的背后是人们占有社会资源的不平等。

第五节　货币制度及其构成要素

一、货币制度概述

货币制度简称"币制"，是指一个国家以法律形式确定的货币流通的结构与组织形式。货币制度的宗旨是加强对货币发行和流通的管理，维护货币的信誉，管理金融秩序，促进经济发展。尤其在现代社会中，建立有序、稳定、能为经济发展提供有利的客观经济环境的货币制度已成为建立宏观调控体系的重要内容,并成为世界各国共同追求的目标。

货币制度的发展并不完全与货币本身的发展同步,在古代的实物货币流通阶段几乎没有规范的货币制度。金属货币流通阶段开始对货币的铸造和流通做出了一些具体规定,但在资本主义制度建立之前,自然经济占统治地位,商品经济不发达,存在着币材众多、铸币权分散、货币规格各不相同、成色降低、货币流通混乱等状况,所以货币制度也是分散且混乱的。

随着资本主义生产方式的建立,不规范的货币制度很难适应资本主义国家建立统一的市场体系和稳定的市场环境的要求,于是各国都通过法律程序建立起严格的、统一的和规范的货币制度。到现代信用货币流通阶段,货币制度的宗旨和要求没有变化,但其内容已经有了较大的改变。

二、货币制度的构成要素

货币制度的构成要素包括以下几点。

(一)货币材料和货币单位的确定

规定何种材料为币材,在金属货币时代是非常重要的,因为它决定了哪种金属作为基本货币金属,即作为本位币的铸造材料,因而也就确定了整个货币制度和货币流通的基础。币材的确定是受客观经济规律制约的,绝不是国家机关或主管部门的主观意见可以决定的。一旦原有的币材不能适应生产力水平的发展,经济就会"自动"选择新的材料来取而代之,货币制度实质上只是对客观选择的确定。

历史上曾有许多商品充当过货币材料。实物货币中有贝壳、布帛、珠玉等。金属货币流通阶段的币材比较集中,但在不同的国家和不同的地区也会有所不同,如商品经济不发达的国家一般会选择白银或其他金属作为货币材料,而经济发达的国家就可能选择黄金作为货币材料。另外,在同一国家同一时期,币材也可能不是单一的,有可能出现多种货币材料同时存在的现象。现在世界各国都实行不兑现的信用货币制度,法令中没有规定由何种商品作为币材。这就是说,在传统的货币制度构成要素中关于货币材料的规定的内容现在已不复存在了,这是货币制度的一个重大的变化。

货币单位包含以下两重含义:一是规定货币单位的名称;二是确定单位货币的币值。货币单位的名称,最早与货币商品的自然单位的名称保持一致。在金属称量制下的货币单位与重量单位完全一致,在金属铸币制中货币单位开始与重量单位相分离,而单位货币价值量也就是单位货币的含金量,仍以重量单位表示。如1816年英国的金币法案规定货币单位为镑,每英镑含纯金123.7447格令(约合7.97克)。再如中国北洋政府1914年颁布的《国币条例》规定流通银圆,其名称为圆,每圆含库平白银6钱4分8厘(约合20.977克)。

各国法律规定的本国货币名称,通常都以习惯形成的名称为基础。按照国际惯例,一国货币单位的名称往往就是该国货币的名称,几个国家货币名称一致时,则在前面冠以国名。如法郎是许多国家所共有的货币单位名称,因此就有了法国法郎、瑞士法郎等。单位货币币值的确定在金属货币流通的条件下,就是规定单位货币所含的货币金属的重量。在可兑换货币流通的情况下,货币单位名称与铸币名称相同,单位货币的含金量为可兑换的金属量。在现代信用货币流通的情况下,货币单位名称可能会沿用铸币名称,但不再规定单位货币的贵金属含量,国家对货币的名义价值也不做具体规定,只是在货币发行管理中按经济发行的原则,以商品物资为基础发行货币并通过各种措施保证币值的稳定。

(二)本位币与辅币的铸造与偿付能力的规定

本位币又称为主币,是一个国家法定的作为价格标准的主要货币,是用于计价、结算的基本货币单位,具有无限法偿的能力。在金属本位制条件下,本位币有以下两个特点。

第一,本位币一般多以贵金属作为币材,是足值的货币,可以自由铸造。足值是指货币的名义价值与实际价值相等,也就是法定含金量与实际含金量相等。考虑到铸造技术和金属货币在流通中的磨损问题,国家同时规定了两种价值的最大差距,称为铸币公差。凡是实际含金量低于法定标准超过铸币公差者,禁止进入流通领域。自由铸造是指任何部门和个人均可以将国家规定的铸币材料交给国家广泛设立的铸币机构铸造成本位币,并且可以将流通中的本位币熔化为条块状的贵金属。本位币的自由铸造的意义在于可以保证本位币为足值货币,并且可以自动调节流通中的货币量,进而调节商品流通,调节物价,调节国际收支。

第二,本位币是无限法偿的货币。当任何人在任何地方使用本位币进行购买和支付时,不论数额多少,收款人均不得拒绝接受。

辅币是本位币基本单位以下的小面额货币,主要用于零星支付与找零。由于辅币流通速度快,磨损速度快,储藏能力差,为节约流通成本,辅币多用贱金属铸造,多为不足值货币。同时,国家为了防止私人通过铸造不足值货币牟利而垄断辅币铸造,一般对辅币实行限制铸造措施,公差部分形成铸币收入,成为财政收入的主要来源。根据辅币的特点,国家规定辅币为有限法偿货币,但在使用辅币纳税或者用辅币兑换本位币时不受数量的限制。本位币与辅币同时在市场上流通,二者之间有规定的兑换比例。如英国 1/20 英镑为 1 先令,1/240 英镑为 1 便士,后来才改成 1 英镑等于 100 新便士。

在信用货币流通的条件下,主位币、辅币的铸造与偿付的规定有了很大的变化。现在,绝大多数国家的主币多为纸币,也有少量基本单位的硬币,均为无限法偿货币,由中央银行统一发行。辅币多为不足值硬币,一般也是无限法偿的。信用货币的本位币与辅币之间也按固定比例兑换,大部分国家的本位币与辅币的结构为两档,实行百进制,如 1 美元等于 100 美分,1 卢布等于 100 戈比等。

(三)银行券与纸币发行流通的管理

在金属货币流通的条件下,银行券是一种黄金凭证,是商业银行票据贴现业务活动过程中投入市场的货币符号,需要规定其含金量。银行券的发行必须有黄金保证和信用保证,可兑换银行券的持有者可以在任何时候向发行者或指定商业银行兑换一定数量的黄金。19世纪中叶以后,可兑换银行券逐渐演变成了不可兑换银行券,不可兑换银行券只规定了含金量,发行时不需要黄金保证,也不可以与黄金兑换。各国为了防止通货膨胀,对不可兑换银行券的发行管理非常严格。纸币是由于战争、财政赤字或其他需要而出现的国家强制发行的货币符号,既不需要发行的黄金保证,也不需要规定其含金量。

现代信用货币与黄金不存在任何直接的联系,因此传统的货币制度中的有关银行券的规定已没有实际意义。现代货币制度中一般只规定实行信用货币本位制,信用货币由中央银行垄断发行,国家承担维护币值稳定的义务。

(四)黄金准备制度

金属货币制度中,黄金准备制度的主要目的是建立国家的黄金储备。将黄金集中保存在中央银行或国库,主要用于以下三个方面:作为兑付银行券的准备金;作为流通中的货币量的调节准备金;作为国际支付的准备金。现代的黄金准备制度已经没有前两个方面的用途了,只是形成国家储备中的黄金储备,作为国际支付的最后手段,用于国际购买、国际支付和国际财富转移等。

三、货币制度的类型

货币制度以币材为代表,从币材变化的过程可以看出,货币制度发展主要经历了金属货币本位制和信用货币本位制两个阶段。在金属货币本位制中,又可以划分为三类典型的货币制度,即银本位制、金银复本位制、金本位制。

(一)银本位制

银本位制是指以白银作为货币材料的货币制度。白银作为币材,在世界各国都具有悠久的历史,但银本位制作为一种独立的货币制度存在的时期并不长,实行的范围也不广,主要用于一些商品经济不发达的国家。

银本位制度的缺点主要有以下两点。

(1)白银矿藏的分布较广泛,开采成本比较低,冶炼的技术难度也较小,其产量变动很大,使得白银在市场上供求状况变化很大,从而影响到市场上商品价格的变化,影响商品交易活动的正常进行。

(2)白银的单位价值量小,不利于大宗交易的进行,因而也无法适应日益发达的商品经济发展的要求。

(二)金银复本位制

1.金银复本位制的内容

金银复本位制是指以金和银两种金属同时作为本位币币材的货币制度。它的主要内容有以下四个方面:①金银两种本位币都可以自由铸造;②金银两种本位币都具有无限法偿的能力;③金银两种本位币和金银两种金属都可以自由输出/入;④流通中的辅币可以自由地与金银币兑换。

2. 金银复本位制的类型

在 16 世纪,随着新大陆的发现,墨西哥和秘鲁丰富的银矿和巴西丰富的金矿先后被开采出来。大量的金银从美洲流入欧洲,促进了金银复本位制的实行。金银复本位制有三种具体形式,即平行本位制、双本位制和跛行本位制。

(1)平行本位制。金币和银币按照它们所包含的实际价值进行流通,即金币和银币按市场比价进行交换。例如,英国 1663 年铸造的金基尼和原来流通的银先令并用,二者按它们所含的生金、生银的市场比价进行交换。在平行本位制下,金币和银币之间不规定比价,按照各自所包含的金和银的实际价值流通,市场上出现了以金银表示的商品的双重价格。在这种币制下,金银的比价变动频繁,必然会引起商品双重价格比例的波动,给商品交易带来很多麻烦,使金银不能很好地发挥价值尺度职能。

(2)双本位制。在双本位制下,国家规定金币和银币的比价,两种货币按法定的比价流通。金、银之间的法定比价,被称为"铸造比率",如法国规定 1 金法郎等于 15.5 银法郎。这样做虽然可以避免金银实际价值波动带来的金币和银币交换比例波动的情况,能克服平行本位制下"双重价格"所产生的弊病,但违背了价值规律。

当金银的法定比价与市场比价发生冲突时,市场价比法定价高的货币(良币)就会从流通中退出来,被熔化进入储藏或输出国外;而市场价比法定价低的货币(劣币)则继续留在流通中执行货币职能,并逐渐增加,充斥市场。这就是"劣币驱逐良币"规律,这一现象是 16 世纪英国财政大臣托马斯·格雷欣发现并提出来的,所以这一规律通称"格雷欣法则"。这一规律告诉我们:一个国家在同一时期内只能流通一种货币。如美国在 1791—1861 年法定币制是复本位制。最初,金、银的铸币比率为 1∶15,即每盎司金价为 19.395 美元,每盎司银币为 1.293 美元。但其他主要复本位制国家都采用 1∶15.5 的金银铸币比率。由于这种比率上的差别,作为钱币的白银便将黄金逐出流通之外。因为,任何商人均可将 1 盎司黄金从美国输出到他国,换取 15.5 盎司白银后,再以 15 盎司白银运返美国,换回 1 盎司黄金,从中获取 0.5 盎司的白银。同时,美国在外国购货,以支付黄金较为有利;而外国在美国购货,则以支付白银较有利。因此,金币逐渐外流,复本位变为事实上的银本位。如果将铸造比率改为 1∶16,又会造成相反的局面即黄金实际价值低于其铸币价值,迫使银币外流,复本位制又变成了实际的金本位。总之,出于复本位自身的基本矛盾,实际上无法有效地实行。

(3)跛行本位制。为了解决"劣币驱逐良币"现象,资本主义国家又采用跛行本位制度,即金币和银币都是本位币,但国家规定金币能自由铸造,而银币不能自由铸造,并限制每次支付银币的最高额度,金币和银币按法定比价进行交换。跛行本位制不完全具备复本位制的特征,在这种制度下的银币实际上已成了辅币。严格地讲,跛行本位制已经不是复本位制,而是由复本位制向金本位制过渡的一种形式。

由于金银复本位制是一种不稳定的货币制度,对资本主义经济发展起了阻碍作用,甚至导致货币制度事实上的倒退。为了保证货币制度的稳定性,更好地发挥货币制度对商品经济的促进作用,英国率先实行金本位制。

(三)金本位制

金本位制是以黄金作为货币币材的货币制度。金本位制又包括金铸币本位、金块本位和金汇兑本位三种不同的形态。其中,金铸币本位制是最典型的金本位制。

1. 金铸币本位制

金铸币本位制是国家规定以黄金作为货币金属,以一定重量和成色的金铸币作为本位币的货币制度。英国于1813年首先确立金铸币本位制并一直实行到1925年左右。同时,世界上大多数国家都先后实行过这一制度。

金铸币本位制可以做到三个自由:①金币可以自由铸造,同时,人们也可以自由地将金铸币熔成金块;②价值符号(辅币和银行券)可以自由地按票面面额与等量的黄金相兑换;③黄金可以自由输出/入国境。

金铸币本位制的三个自由可以促成以下两个稳定。

(1)国内通货稳定。金币的自由铸造可以保证流通中的金铸币的数量能够自发地满足流通的需要,从而保证金铸币币值稳定;价值符号(辅币和银行券)可以自由地按票面面额与等量的黄金相兑换,可以保证流通中价值符号的价值稳定。

(2)国际汇率稳定。黄金的自由输出/入国境,会使由不同的黄金含量确定的不同国家之间货币的比价关系趋于稳定。这时的汇率一定会小于铸币平价加黄金的运输价格。

金铸币本位制的两个稳定对资本主义经济的发展曾起了很大的促进作用。具体表现为以下三个促进。

(1)促进了资本主义商品流通的发展。因为在金铸币本位条件下,通货相对稳定,使得商品流通中有了比较稳定的计价、流通手段,增强了人们对通货的信心和发展生产规模的信心。

(2)促进了资本主义信用制度的发展。因为在金铸币本位制的条件下,币值的稳定使债权债务关系相对稳定,不会出现由于币值的不稳而损害债权人或者债务人利益的现象,从而使信用关系和信用制度得到进一步的发展。

(3)促进了国际贸易、国际信贷和国际投资的发展。因为汇率相对稳定,汇率风险相对较小,所以有利于各种经济关系的建立和发展。

随着资本主义内在矛盾的激化,金铸币本位制稳定性的基础条件遭到破坏,再加上信用制度发展、战争、财政赤字等使银行券和纸币开始大量流通,金铸币本位制于20世纪初完成了其历史使命。

2. 金块本位制

20世纪二三十年代,西方资本主义国家开始实行金块本位制。在金块本位制下,黄金只能在有限的范围内流通;金铸币不再自由铸造,也不再投入流通过程中去;银行券和辅币要兑换黄金必须符合一定的条件,即要求兑换的黄金数量达到规定的最低数量,方能兑换金块。如英国在1925年实行金块本位制时宣布,居民若用银行券兑换黄金,其最低起点是1 700英镑。高的兑换起点,等于剥夺了绝大多数人兑换的权利,因而金块本位制又被叫作富人本位制。黄金也不再允许自由地输出/入国境。金块本位制的实行使得流通中的金大大减少,节约了黄金的使用,对缓解一国流通中黄金不足的矛盾起到了一定的作用。金块本位制是西方资本主义国家在第一次世界大战后试图恢复金币本位制未取得成功而采取的变通性的金本位制,实际上是金属本位向纸币本位制过渡的一种形式。

3. 金汇兑本位制

一些国家不具备实行金块本位制的条件,选择了实行金汇兑本位制。金汇兑本位制是指一国的货币与黄金间接兑换的货币制度。在这种货币制度下,一国货币按法律程序规定其含黄金量,但不能直接与黄金兑换,它可以自由地兑换为某一种外币,并且这种外币可以直接兑换为黄金。实行这种货币制度的优点之一在于,实行这种制度的国家其货币准备金可以不是黄金,而是外币债权,而外币债权往往是以国外有价证券或银行存款方式持有的,能够获得一定的利息收入。但这种货币制度缺乏独立性,如果实行金汇兑本位制的国家持有的外币币值波动,或者与之挂钩的国家拒绝兑换黄金,那么,实行金汇兑本位制的国家就会受到损失。所以,实行金汇兑本位制的国家多为一些经济不发达国家,在经济上、政治上往往依附于与之挂钩的国家。

在第一次世界大战之前,殖民地国家如印度、菲律宾等实行这种制度。在第一次世界大战以后,德国、意大利、奥地利、中国、波兰等实行这种制度。第二次世界大战结束前夕,在美国的新罕布什尔州布雷顿森林召开的国际货币会议上确立的"布雷顿森林体系",实际上就是一种全球范围的金汇兑本位制。这一体系规定的各国货币与美元挂钩、美元与黄金挂钩、以美元为中心的货币制度,把各国货币都变成了美国货币的依附。直到1973年,美国宣布美元与黄金脱钩,金汇兑本位制才正式停止。

无论是金块本位制还是金汇兑本位制,都是很不稳定的货币制度,由于没有足够的货币发行准备,货币的价值经常波动。金币本位、金块本位和金汇兑本位都属于金单本位,但金块本位和金汇兑本位是残缺的金单本位。为了能进一步摆脱黄金对商品经济的束缚,随着1929—1933年世界性经济危机的爆发,这种残缺不全的金单本位制很快被摧毁,各国纷纷实行信用货币制度。

(四) 信用货币制度

信用货币制度是指以不兑现的纸币为本位币,本位币不规定含金量,也不可以兑换黄金的一种货币制度。在信用货币制度条件下,各国仍然保持一定数量的黄金储备,但并不是作为货币发行准备,而是将这种黄金储备作为一种特殊商品,在黄金市场上根据当时的价格来出售,获得本国所需要的对某一国进行支付的货币。

信用货币制度取代金属货币制度可以说是货币制度发展史上质的飞跃,它突破了货币的黄金限制,使具有个别使用价值的商品形态的货币形式发展成为无个别使用价值的信用货币,不仅大大地节约了社会流通费用,而且使金属货币本位制度下经常出现的币材匮乏的问题得到了很好的解决。

信用货币制度本身也具有很大的缺陷,主要表现在以下三个方面。

第一,现代信用货币是一种不兑现货币,没有规定的发行保证,其发行的过程缺乏内在的制约机制,很容易出现过量发行,导致通货膨胀。

第二,信用货币不具有自发调节货币流通量的能力,只要流通中的货币量超过需要量的容纳弹性,就会直接表现为币值下降、物价上涨,影响市场的稳定。

第三,信用货币中的存款货币可以通过商业银行的资产业务尤其是贷款业务进行大规模存款派生,而商业银行作为企业,受经济利益的驱使,又往往突破存贷款控制比例导致信用膨胀。

因此,信用货币必须在中央银行垄断发行的基础上,严格遵循经济发行的原则,并时时采取各种货币政策工具对货币流通进行直接或间接的调控,以保证信用货币流通的正常化。

四、地区货币制度与跨国货币制度

在今天的信用货币制度条件下,还出现了地区货币制度和跨国货币制度。它们是对传统货币制度的挑战。

(一)地区货币制度

地区货币制度是指在一个国家范围内存在几种货币制度。比如在中国,在1997年香港、1999年澳门相继回归祖国后,出现了人民币、港币、澳元"一国三币"的特有的货币制度。货币作为一般等价物的独占性、排他性规律,在金银复本位制下表现为价值体系的紊乱和"劣币驱逐良币"的"格雷欣法则"。在纸币本位制下,如果在同一市场上出现两种以上的纸币流通,而当这两种纸币的法定比价和实际比价发生背离时,同样会产生货币的排他和独占现象。而"一国三币"是特定的历史条件下中国人民智慧的创造,它不是三种货币在同一市场上流通,所以,不会产生"良币驱逐劣币"现象。

(二)跨国货币制度

迄今为止,对货币制度的研究都与国家主权不可分割地结合在一起,是研究一个主权国家内的货币制度。人类社会进入20世纪末21世纪初后,随着经济和金融全球化的发展,超国家主权的跨国货币制度开始诞生,欧元是其典型代表。

1999年1月,欧元启用,成为欧共体11个国家唯一的法定货币,各缔约国原有的本国货币流通到2002年6月30日止。欧元由各成员国中央银行组成的超国家欧洲中央银行统一发行,欧洲中央银行制定和执行统一的货币政策和汇率政策,并依据《稳定和增长公约》对各成员国的金融管理进行监督。

欧元的启用可以结束欧盟内部货币动荡的局面,创造一个稳定的货币环境;可以降低投资风险,减少交易成本,扩大资本市场的融资能力。但是欧元作为人类历史上跨国货币制度的创新,在单一货币和新汇率制度运行及跨国中央银行的运作等方面,还存在不少的困难和障碍,有待于在实践进程中逐步加以克服。近几年发生欧债危机就是欧元区面临的巨大挑战。

第六节 我国的货币制度和国际货币制度

一、我国的货币制度

(一)1949年以前我国的货币制度

从鸦片战争到中华人民共和国成立前的很长历史时期中,我国货币制度一直是一种混乱的、分散的、不独立的货币制度。这是由我国当时的政治状况、经济状况决定的。

在西方国家实行金本位制时,我国仍然是银两本位制,银两、铜铸币和银圆同时流通。当时外国银圆大量进入我国,清政府也开始铸造银圆。直到1933年4月,国民党政府进行"废两改圆"的币制改革,我国才开始统一实行银铸币本位制。根据当时币制的规定,所有收付、交易一律改用银圆,并确定以银本位制的"圆"为单位,每单位银圆含纯银23.493 448克。这一次改革在客观上起到了统一货币、发展经济和便利流通的作用。由于当时白银大量外流,国内银根短缺,银本位制很难维持下去,国民党政府在1935年11月废止银本位制,实行法币改革。至此,国内金属铸币流通的时代宣告结束,开始了不兑现的信用货币制度。国民党政府实行的法币制度,对外牌价是根据英镑的汇价来制定的,规定1法币为1先令2.5便士,而且将白银运到英国换成英镑作为准备金。美国为了保证自己的在华利益,采取了停购白银的办法,迫使国民党政府与美国政府签订了《中美白银协定》。根据这个协定,美国恢复收购白银的条件是:中国必须将白银运到美国换成美元作为法币的准备金。国民党政府迫于美国政府的压力,被迫做了补充规定,规定1法币等于0.297 5美元。

在我国的货币流通史上长期存在着严重的通货膨胀,在国民党统治时期,通货膨胀主要发生在法币流通以后。在法币流通的最初阶段,物价上涨并不明显。1938年以后,物价上涨速度大大超过法币发行量的增长速度。从1940年到1945年,法币发行量增加近100倍,同期上海物价上涨8万多倍。抗日战争结束以后,国民党政府进一步推行通货膨胀政策,从1945年到1948年8月,法币发行量增加了1000多倍,币值不断贬值,最后几乎变成了废纸。1948年8月19日,国民党宣布进行币制改革,发行金圆券,以1:3 000 000的比例收兑法币,金圆券发行1年后,又成废纸。1949年7月4日,国民党在广州又发行银圆券,银圆券1元折合金圆券5亿元。但银圆券比金圆券更短命。

(二)人民币制度

早在第一次国内革命战争时期,革命根据地就建立了银行或信用机构,并发行了货币。在第二次国内革命战争时期,中央苏区也发行过货币,以支持战争,发展生产。抗日战争时期,各抗日根据地都发行了自己的货币,其中很多货币也成为解放战争时期各解放区流通的货币。随着革命形势的发展,到1948年,各大解放区的货币有"西北农民银行币""晋察冀边区银行币""北海银行币""华申银行币""东北银行币""关东银行币""长城银行币"等,后来在南方还有"裕民行"和"新陆行"发行的货币。

1948年12月1日,中国人民银行成立,并于当日发行人民币作为全国统一的货币。各解放区已初步归并的货币再与人民币按固定比价流通,最后以人民币取而代之。

人民币发行以后,为了保证人民币占领全国市场,摧毁旧的货币制度,政府采取了一系列措施。第一,彻底肃清国民党政府遗留下来的各种货币,用人民币占领全国市场。当时,政府对金圆券采取了"禁止流通、规定比价、限期兑现、坚决排挤"的方针。第二,禁止外币在中国市场的流通。第三,禁止金银计价流通和私下买卖,由国家统一管理金银购销。

人民币占领全国市场以后,一项极其重要的任务是迅速改变国民党政府遗留下来的恶性通货膨胀的局面。当时采取了加强主要工农业产品的认购和调剂工作,掌握大量的物资,选择有利时机抛售,打击投机资本,平抑物价等措施。同时实行了全国财经工作的统一领导和集中管理,统一了全国财政收支,统一了全国物资调拨,统一了全国的现金管理,统一了信贷、结算和现金的管理制度。经过一系列的努力,财政收支和现金收支迅速好转。1950年4月,出现了财政收支接近平衡的局面,现金开始回笼,物价不再上涨,人民币币值趋于稳定。

由于人民币是在全国恶性通货膨胀的背景下发行的,而且在最初发行的1年多时间里,还是弥补巨额财政赤字的手段,因而仍然带有历史遗留的痕迹,不利于经济建设和人民生活。在票面质量上,纸张质量不一致、票券种类复杂,不易识别,容易损坏和伪造;在票面设计上,文字说明仅有汉文,不利于在少数民族地区流动。为此,国务院于1955年2月20日颁布了发行新的人民币和收回流通中的人民币的命令。从1955年3月1日开始在全国范围内发行新人民币,并以新旧币之比为1∶10 000的比例无限制、无差别地收兑了全部旧币。还同时建立起辅币制度。从1948年到1955年,历时七年时间,比较系统和全面地完善了人民币货币制度,新中国的货币制度基本形成。

二、国际货币制度

国际货币制度,顾名思义,其含义是国际社会对国际货币事务的制度安排。国际货币事务包括许多方面,例如,关于各国货币发行基础的规定、各国货币对外兑换的规定、各国进行货币结算和清算的安排、各国在国际收支问题上的相互协调和合作,等等。因此,国际货币制度就是指各国对货币的兑换、国际收支的调节、国际储备资产的构成等问题共同做出的安排所确定的规则、采取的措施及相应的组织机构形式的总和。有效且稳定的国际货币体系是国际经济极其重要的环节。

在很长时间中,各国政府并不就国际货币事务进行相互协调,而是各自决定和处理属于各自管辖范围内的货币事务,而且也将货币的是否可兑换、货币发行的储备基础、国际收支的调节等看作主权事务,其决策不受外国影响。19世纪中,各国陆续实行的金本位制或银本位制事实上都是各国自行选择的结果,而不是各国相互磋商或协议的产物。可以说,那时的国际货币制度是以各国自行选择和国际惯例为基础的不成文体系。

第二次世界大战结束时,许多国家认识到,对待国际货币事务再也不能采取"放任自流"或"任其发展"的态度了,应当有一个经过各国协商并达成一致协议的规定,以成文形式约定处理国际货币事务的基本原则,并就国际合作事项做出原则性安排,同时设立专门负责国际货币事务的国际性机构(国际货币基金组织(IMF)和世界银行等)。这个国际协议就是"布雷顿森林协定"或"布雷顿森林体系"。这是国际货币制度向国际法、国际协调机制发展的一个重要转折。

20世纪70年代初,国际经济出现一系列重大事件,包括石油危机,美国的国际收支危机和美元危机。当时的美国总统尼克松采取了让国际社会感到吃惊的几项举措,单方面中止了美元与黄金的挂钩关系,并事实上让美元贬值。原以维持国际汇率稳定为宗旨的"布雷顿森林协定"因此遭受重大冲击,许多国家的货币纷纷浮动起来,19世纪30年代曾经出现过的竞相贬值的局面再次浮现。在这个时候,国际社会做出了一些探讨,并达成一些妥协性协议,即"牙买加协议"。例如,尊重各国对货币事务的主权资格,允许一定范围内的汇率浮动,同时强调对国际货币事务的多边协调,并积极推进个例事务上的国际协调。这些协议的基本精神延续至今。但是,20世纪80年代的国际债务危机和20世纪90年代的几次金融危机及2008年的金融危机都对这个"牙买加协议"提出了重大挑战,不同国家提出了不尽相同的改革方案。

(一)布雷顿森林协定

1944年7月1日至22日,在美国新罕布什尔州的布雷顿森林举行了国际货币金融会议,美、英等44个国家出席了这次会议。这次会议通过了"联合国货币金融会议的最后决议书"和"国际货币基金组织协定""国际复兴开发银行协定"两个附属文件,这两个附件总称为"布雷顿森林协定"。这个协定的主要内容是美元与黄金保持固定联系,其他各国货币按其含金量与美元之间定出比价。根据当时1美元的含金量为0.888 671克纯金,确定一盎司黄金等于35美元。这就形成了"双挂钩"的以美元为中心的国际货币体系,即美元与黄金挂钩,其他各国货币与美元挂钩。

以美元为中心的国际货币体系,在一定时期对稳定资本主义世界货币的汇率发挥了重要的作用,从而促进了第二次世界大战后世界贸易的发展和各国经济的发展,当然,它也为建立美国的霸权地位提供了条件。进入20世纪50年代后,随着美国政治、经济地位的下降,西欧、日本等国的经济开始崛起,世界经济的格局开始发生变化,美国对世界经济的垄断和美元的霸权地位开始动摇,美国的外汇收支逆差迅速增加,黄金储备大量外流,到1960年年底出现黄金储备不足以抵补短期外债的情况,从而导致美元危机的爆发。从20世纪60年代到70年代初爆发美元危机达

11次之多。1973年2月,国际金融市场又一次爆发美元危机,掀起抛售美元,抢购德国马克、日元和黄金的风潮,从而导致第二次世界大战后美元的又一次贬值,贬值10%。西方主要国家的货币对美元也都实行浮动。由此,以美元为中心的世界货币体系宣布破产。

(二)牙买加协议

布雷顿森林体系瓦解后,在1976年,IMF通过《牙买加协议》,确认了布雷顿森林体系崩溃后浮动汇率的合法性,继续维持全球多边自由支付原则。虽然美元的国际本位和国际储备货币地位遭到削弱,但其在国际货币体系中的领导地位和国际储备货币职能仍得以延续,IMF原组织机构和职能也得以续存。但是国际货币体系在布雷顿森林体系下的准则与规范却支离破碎。因此,现存国际货币体系被人们戏称为"无体系的体系",规则弱化导致重重矛盾。特别是经济全球化引发金融市场全球化趋势在20世纪90年代进一步加强时,该体系所固有的矛盾日益凸现。

《牙买加协议》的要点如下所述。

1. 浮动汇率合法化

会员国可以自由选择任何汇率制度,可以采取自由浮动或其他形式的固定汇率制度。但会员国的汇率政策应受IMF的监督,并与IMF协商。IMF要求各国在物价稳定的条件下寻求持续的经济增长,稳定国内的经济以促进国际金融的稳定,并尽力缩小汇率的波动幅度,避免通过操纵汇率来阻止国际收支的调整或获取不公平的竞争利益。协议还规定实行浮动汇率制的会员国根据经济条件,应逐步恢复固定汇率制度,在将来世界经济出现稳定局面以后,经IMF总投票权的85%多数票通过,可以恢复稳定的但可调整的汇率制度。这部分条款是将已经实施多年的有管理的浮动汇率制度予以法律上的认可,但同时又强调了IMF在稳定汇率方面的监督和协调作用。

2. 黄金非货币化

废除黄金条款,取消黄金官价,各会员国中央银行可按市价自由进行黄金交易;取消会员国相互之间及会员国与IMF之间须用黄金清算债权债务的规定;IMF所持有的黄金应逐步加以处理,其中1/6(2 500万盎司)按市价出售,以其超过官价(每盎司42.22美元)部分作为援助发展中国家的资金。另外1/6按官价由原缴纳的各会员国买回,其余部分约1亿盎司,根据总投票权的85%做出的决定处理,向市场出售或由各会员国购回。

3. 提高特别提款权(SDR)的国际储备地位

修订特别提款权的有关条款,以使特别提款权逐步取代黄金和美元而成为国际货币制度的主要储备资金,协议规定各会员国之间可以自由进行SDR交易,而不必征得IMF的同意。IMF与会员国之间的交易以SDR代替黄金,IMF一般账户中所持有的资产一律以SDR表示。在IMF一般业务交易中扩大SDR的使用范围,并且尽量扩大SDR的其他业务使用范围。另外,IMF应随时对SDR制度进行监督,适时修改或增减有关规定。

4.扩大对发展中国家的资金融通

以出售黄金所得收益设立"信托基金",以优惠条件向最贫穷的发展中国家提供贷款或援助,以解决它们的国际收支的困难。扩大IMF信贷部分贷款的额度,由占会员国份额的100%增加到145%,并放宽"出口波动补偿贷款"的额度,由占份额的50%提高到75%。

5.增加会员国的基金份额

各会员国对IMF所缴纳的基本份额,由原来的292亿SDR增加到390亿SDR,增加33.6%。各会员国应缴份额所占的比重也有所改变,主要是石油输出国的比重提高一倍,由5%增加到10%,其他发展中国家维持不变,主要西方国家除联邦德国略增以外,都有所降低。

(三)当前国际货币体系的特点及展望

1980年以来,国际社会中自发地出现了以美元为主要国际储备货币和支付手段的倾向,美元的国际货币地位反而得到增强;同时,发展中国家多次遭受汇率危机冲击(均表现为对美元贬值);1990年以来,国际资本流动加快,发展中国家感到遭受汇率危机冲击的可能性进一步增大,汇率危机对国内经济增长的不利冲击作用也增大了。在经济全球化引发金融市场全球化的形势下,现存国际货币体系所固有的矛盾日益凸现。

对于储备货币发行国而言,国内货币政策目标与各国对储备货币的要求经常产生矛盾。货币当局既不能忽视本国货币的国际职能而单纯地考虑国内目标,又无法同时兼顾国内外的不同目标;既可能因抑制本国通胀的需要而无法充分满足全球经济不断增长的需求,又可能因过分刺激国内需求而导致全球流动性泛滥。理论上,特里芬难题仍然存在,即储备货币发行国无法在为世界提供流动性的同时确保币值的稳定。当一国货币成为全世界初级产品定价货币、贸易结算货币和储备货币后,该国对经济失衡的汇率调整是无效的,因为多数国家货币都以该国货币为参照。经济全球化既受益于一种被普遍接受的储备货币,又为发行这种货币的制度缺陷所害。从布雷顿森林体系解体后金融危机屡屡发生且愈演愈烈来看,全世界为现行货币体系付出的代价可能会超出从中获得的收益,不仅储备货币的使用国要付出沉重的代价,发行国也在付出日益增大的代价。危机未必是储备货币发行当局的故意,但却是制度性缺陷的必然。

创造一种与主权国家脱钩、并能保持币值长期稳定的国际储备货币,从而避免主权信用货币作为储备货币的内在缺陷,是国际货币体系改革的理想目标。超主权储备货币的主张虽然由来已久,但至今没有实质性进展。在20世纪40年代,凯恩斯就曾提出采用30种有代表性的商品作为定值基础建立国际货币单位"Bancor"的设想,遗憾的是该方案未能实施,而其后以怀特方案为基础的布雷顿森林体系的崩溃显示凯恩斯的方案可能更有远见。早在布雷顿森林体系的缺陷暴露之初,基金组织就于 1969 年创设了特别提款权,以缓解主权货币作为储备货币的内在风险。遗憾的是由于分配机制和使用范围上的限制,SDR 的作用至今没有能够得到充分发挥。但 SDR 的存在为国际货币体系改革提供了一线希望。超主权储备货币不仅克服了主权信用货币的内在风险,而且为调节全球流动性提供了可能。由一个全球性机构管理的国际储备货币将使全球流动性的创造和调控成为可能,当一国主权货币不再作为全球贸易的尺度和参照基准时,该国汇率政策对失衡的调节效果会大大增强。这些能极大地降低未来危机发生的风险、增强危机处理的能力。

复习思考题

1. 结合你在生活中的体验,说明货币的各种职能及它们之间的相互关系。
2. 简述纸币与信用货币的异同。
3. 请列举三种目前我国使用的电子货币,并说明电子货币的本质。
4. 在一个超市的货架上有 10 万种商品,在易货经济中,根据其他商品来确定一种商品的价值,需要有多少交换比率?当货币被引入后,其交换比率是多少?
5. 货币制度的主要内容有哪些?
6. 规定本位币可以自由铸造和辅币限制铸造有何意义?
7. 为什么说金币本位制是一种相对稳定的货币制度?
8. 简述布雷顿森林体系的基本内容和作用。

第二章 外 汇

教学目的与要求

通过本章的学习,要掌握外汇与汇率的概念、汇率的标价方法、汇率的主要种类,并能对不同的汇率标价方法进行分析;了解汇率理论的最新发展动态及人民币汇率制度及其改革方向。

第一节 外汇与汇率概述

一、外汇的概念

外汇是"国际汇兑"的简称,有动态和静态两种含义。

动态意义上的外汇是指人们将一种货币兑换成另外一种货币,清偿国际债权债务关系的行为。这个意义上的外汇等同于国际结算。

静态意义上的外汇又有广义和狭义之分。

广义的静态外汇是指一切用外币表示的资产。各国政府、各个国际组织视具体情况,出自不同目的,对外汇概念的规定又各有不同。国际货币基金组织对外汇的解释是:外汇是货币当局(中央银行、货币机构、外汇平准基金及财政部)以银行存款、财政部库券、长短期政府债券等形式所持有的在国际收支逆差时可以使用的债权。从这个解释中可以看出,国际货币基金组织认为外汇是用外国货币表示的各种金融债权,同时特别强调其具备国际收支逆差的平衡功能及中央政府的持有性。

狭义的静态外汇是指以外币表示的可用于国际之间结算的支付手段。从这个意义上讲,只有存放在国外银行的外币资金,以及将对银行存款的索取权具体化了的外币票据才构成外汇,其主要包括银行汇票、支票、银行存款等。

二、汇率的概念与标价方法

(一)汇率的概念

汇率是用一国货币表示的另一国货币的比率、比价或价格,又称为汇价、外汇牌价、外汇行市,即外汇的买卖价格,是两国货币的相对比价。

外汇在国际金融市场上是一种可以自由兑换、自由买卖的金融资产,同时也是一种特殊的商品,所以它的价格表示方法也具有特殊性。普通商品的价格是用货币表示的,在一般情况下,人们不会用商品反过来表示货币的价格,而外汇这种特殊商品的价格却是用另一种货币来相对表示的。这里本币和外币都具有表示对方货币价格的功能,所以其价格表示方法具有双向性:既可以用本币表示外币的价格,即我们所说的外汇汇率,也可以用外币表示本币的价格,即我们所说的本币汇率。之所以会有不同的名称,是因为表示的角度不同,本质上并没有区别,具体在经济生活中采用哪一种方法,要视采取哪一种汇率的标价方法而定。

(二)汇率的标价方法

汇率的标价方法是指以一国货币为标准,折算为多少数额的另一国货币的汇率表示方法。

确定两种不同货币之间的比价,先要确定用一个国家的货币作为标准,确定的标准不同,汇率的标价方法也不同。由于两种不同的货币可以相互表示,汇率就有直接标价法和间接标价法两种基本的表示方法。而在20世纪五六十年代以后,由于美元的广泛使用,国际上又开始普遍采用美元标价法。

1. 直接标价法

直接标价法又称为应付标价法、价格标价法,是以一定单位的外国货币作为标准,折算为多少单位的本国货币的汇率表示方法。它是一种以本国货币来表示一定单位外国货币的汇率表示方法。如中国工商银行2011年8月19日公布USD 1为RMB 6.378 3,其实就是将外币看成一种普通商品,然后按照本国普通商品的标价方法进行标价。

在直接标价法下,外币数额固定不变,本币数额随外币币值的升降和两币之间供求关系的变动而变动。如果单位外币兑换的本币数额比以前的多,则说明汇率上升,它标志着外币汇率上升,本币汇率下降;如果单位外币兑换的本币数额比以前的少,说明汇率下降,它标志着外币汇率下降,本币汇率上升。所以在直接标价法下,汇率的升降与外币币值成正比,与本币币值成反比。直接标价法的特点是外币兑换多少本币及外币汇率的升降都一目了然,符合人们正常的思维习惯,因此世界上绝大多数国家都采用直接标价法,我国也采用直接标价法。

2. 间接标价法

间接标价法又称为应收标价法、数量标价法,是以一定单位的本国货币为标准,折算为多少单位的外国货币的汇率表示方法。它是一种以外国货币来表示一定单位的本国货币的汇率表示方法。如2007年1月30日伦敦外汇市场上的GBP1为USD 1.968 5,对于英国人来讲就是间接标价法。

在间接标价法下,汇率变动的特点与直接标价法正好相反,即本币的数额固定不变,外币数额随本币币值的升降和两币之间供求关系的变动而变动。如果单位本币兑换的外币数额比以前的多,则说明汇率上升,标志着本币汇率上升,外币汇率下降。如果单位本币兑换的外币数额比以前的少,说明汇率下降,标志着本币汇率下降,外币汇率上升。所以在间接标价法下,汇率的升降与本币币值成正比,与外币币值成反比。

世界上使用间接标价法的国家并不是很多。能够采用间接标价法的国家,一般都曾经在国际政治经济的历史舞台上辉煌一时。诸如英国一向使用间接标价法,因为英国是最老牌的发达资本主义国家,在金本位制时期和第一次世界大战前后,在国际经济和金融领域一直占据着支配地位,伦敦到今天仍然是国际金融中心,英镑也一直是最主要的国际货币之一,所以英国采用间接标价法。但是欧元出现以后,成为世界上最主要的货币之一,而且欧元区经济实力要强于英国,所以英镑现在对新货币欧元采用直接标价法,而对欧元以外的世界其他货币仍然采用间接标价法。第二次世界大战之后,美国经济实力迅速增强,美元逐渐占据国际支付和国际储备的统治地位。由于世界上绝大多数国家都使用美元进行国际结算,为了便于计价结算,从1978年9月1日起,美国纽约外汇市场也开始改为采用间接标价法,但是对英镑、爱尔兰镑和新出现的欧元,仍然采用直接标价法。

三、汇率的种类

在实际业务中,汇率可以从不同角度划分为许多种类。

(一)从银行买卖外汇的角度划分

(1)买入汇率。买入汇率也叫作买入价或者买价,是指银行买入外汇时所依据的汇率。

(2)卖出汇率。卖出汇率也叫作卖出价或者卖价,是指银行卖出外汇时所依据的汇率。

目前在国际外汇市场上,外汇银行的报价通常采用"双报价"制,也就是同时报出买价和卖价,从数字的排列上看,总是前面的数字较小,后面的数字较大,但是在不同的汇率标价法下,买价与卖价的排列顺序并不是相同的。在直接标价法下,买价在前,卖价在后,如 USD 1＝RMB 6.230 5～6.306 0 这个汇率,对于我们来讲就是直接标价法,6.230 5 是美元的人民币买价,而 6.306 0 就是美元的人民币卖价。而在间接标价法下,卖价在前,买价在后,如 GBP 1＝USD 1.549 9～1.552 9 这个汇率,在英国伦敦外汇市场上,银行卖出美元的汇率是 1.549 9,而银行买入美元的汇率则是 1.552 9。

在国际金融市场上,买价和卖价的差价一般为 0.1%～0.5%,因为外汇银行等从事外汇业务的金融机构都是以营利为目的的,买卖差价就是银行经营外汇业务的正常利润,所以卖价总是要高出买价。但是随着外汇市场的不断发展,交易量的不断增长,汇率的买卖差价越来越小,目前许多西方国家货币的这个差价已经小于 0.1%,如果是银行同业间买卖,这个差距则会更小。

(3)中间汇率。中间汇率又叫作中间价,是买入汇率和卖出汇率的算术平均价,用公式表示为中间汇率＝(买入汇率＋卖出汇率)/2。一般来讲,中间汇率不能用于实际的交易,多公布在报刊、广播和电视等新闻媒体上,用于客户了解外汇市场行情变化,或者预测未来市场变化趋势。

(二)从制定汇率的方法来划分

(1)基础汇率。基础汇率是指各国货币与关键货币的比价。所谓关键货币,是指在国际金融市场上广泛用于计价结算和储备领域、币值相对比较稳定而且可以完全自由兑换的货币。目前作为关键货币的通常是美元,所以各国往往把本国货币对美元的汇率作为基础汇率。人民币基础汇率是由中国人民银行根据前一日银行间外汇市场上形成的美元对人民币的加权平均价。

(2)套算汇率。套算汇率是指通过基础汇率套算出来的汇率。如 USD 1=RMB 6.230 5 和 USD 1=JPY 76.82,通过这两个基础汇率我们就可以计算出 JPY 100=RMB 8.110 5 这个套算汇率。

(三)从外汇交易交割期限长短来划分

(1)即期汇率。即期汇率也叫作现汇汇率,是指买卖即期外汇时所依据的汇率,即外汇买卖成交后,买卖双方在当天或在其后两个营业日内进行交割所使用的汇率。即期汇率是由当场交货时货币的供求关系情况决定的。在外汇市场上挂牌的汇率,除特别标明远期汇率以外,一般均指即期汇率。

(2)远期汇率。远期汇率也叫作期汇汇率,是指在买卖双方签约后,不是马上成交,而是约定在未来一定时期进行交割时所使用的汇率。到了交割日期,由协议双方按预订的汇率、金额进行交割。远期外汇买卖是一种预约性交易,所以远期汇率不是交割时的即期汇率,而是一个约定汇率。这是因为外汇购买者对外汇资金需要的时间不同,这样做可以达到既锁定风险又锁定收益的效果。

(四)按照国际汇率制度不同划分

(1)固定汇率。固定汇率是指一国货币对另一国货币基本固定的汇率,汇率波动幅度很小,由官方来保证汇率的稳定。它主要通行于金本位制和布雷顿森林体系下,目前许多发展中国家仍然实行固定汇率制度。

(2)浮动汇率。浮动汇率是指一国货币当局不规定本国货币对其他货币的官方汇率,也无任何汇率波动幅度的上下限制,完全由外汇市场的供求关系决定的汇率。只有在外汇市场波动过于剧烈时,货币当局才进行适当的干预,以维护本国经济的稳定和发展。布雷顿森林体系解体之后,西方国家普遍采用浮动汇率制。各国的经济情况不尽相同,选择汇率浮动的方式也不同,所以浮动汇率制可以分为自由浮动、管理浮动、联合浮动和钉住汇率制度等。

(五)按照纸币制度下汇率是否剔除通货膨胀因素划分

(1)名义汇率。名义汇率是由官方公布的或在市场上通行的、没有剔除通货膨胀因素的汇率。在纸币制度下,各国都会发生通货膨胀,会导致货币对内贬值,但是对内贬值不会立刻反映在货币的对外价值上,因此这个时期的汇率就是没有剔除通货膨胀因素的名义汇率。名义汇率不能反映两种货币的实际价值,是随外汇市场上外汇供求变动而变动的外汇买卖价格。

(2)实际汇率。实际汇率是在名义汇率基础上剔除了通货膨胀因素的汇率。具体操作方法是在名义汇率基础上,用过去一段时间内两种货币通货膨胀系数来加以修正。由于剔除了货币之间的通货膨胀,因而它更能接近两种货币的实际购买力。

第二节 汇率的决定与影响

一、不同货币制度下汇率的决定

两国之间货币的比价是根据什么确定的呢?要弄清这个问题,我们需要沿着货币制度的历史发展轨迹来加以探讨。因为货币制度不同,货币所具有的价值或者所代表的价值不同,其决定因素也就不同。我们首先来探讨在金币本位制之下汇率是如何决定的。

(一)金币本位制下汇率的决定

在金币本位制下,虽然各国的货币使用的币材都是黄金,黄金的国际价值衡量标准也一致,但是各国铸造的金币在重量和成色上并不一致,因此在国际结算时,应该按照金币当中实际含有的纯金量来进行对比交换。金币中所含有的一定重量和成色的黄金称为含金量。如1英镑的含金量为7.322 4克,1美元的含金量为1.504 656克,两者相比等于4.866 5(7.322 4/1.504 656),即1英镑等于4.866 5美元。两个实行金币本位制度国家货币单位的含金量之比称为铸币平价。铸币平价是金平价的一种表现形式。所谓金平价,就是两种货币含金量或所代表金量的对比。

在金币本位制度下,汇率决定的基础是铸币平价,同时由于供求关系的变动,汇率也会围绕铸币平价上下波动,但是这个波动不是漫无边际的,而是以黄金输送点为其界限。黄金输送点是指在金币本位制下外汇汇率波动引起黄金输出和输入国境的界限,它等于在铸币平价决定的汇率基础之上加(减)运送黄金的费用。这是因为金币本位制下黄金可以自由输出/输入,可以代替货币和外汇汇票等支付手段用于国际的债务清偿。当汇率对结算一方有利时,就可以利用外汇办理国际结算;当汇率对其不利时,就可以不利用外汇,改而采用输出/输入黄金的方法,因此,汇率的波动以黄金输送点作为界限。

在两国间运输黄金是需要种种费用的,主要包括包装费、运费、保险费、检验费和利息等。如在英国和美国之间运送1英镑黄金的费用约为0.03美元。铸币平价4.866 5±0.03,得到汇率变动的上限是4.896 5,也就是黄金输出点;下限是4.836 5,也就是黄金输入点。这就是英镑与美元汇率波动的界限,在正常情况下,汇率的波动不会超越这一界限。

在金币本位制下,汇率被限制在一定的范围内,最高不会超过黄金输出点,最低不会低于黄金输入点。所以,在金币本位制度下,汇率的波动幅度小,具有单一性和稳定性。

(二)金块本位和金汇兑本位制下汇率的决定

在金块本位制下,黄金已经很少直接充当流通手段和支付手段,金块的绝大部分为政府所掌握,其自由输出/入受到了影响。同样在金汇兑本位制下,黄金储备集中在政府手中,在日常生活中,黄金不再具有流通手段的职能,输出/入受到了极大限制。在上述两种货币制度下,汇率由纸币所代表的金量之比决定,称为法定平价。这时,汇率波动的幅度已经不再受制于黄金输送点。因为,黄金输送点存在的必要前提是黄金的自由输出/入,而在金块本位和金汇兑本位制下,由于黄金的输出/入受到了限制,黄金输送点实际上已不复存在。在这两种变形了的金本位制下,虽然决定汇率的基础依然是金平价,但是汇率的波动幅度由政府来规定和维护。政府通过设立外汇平准基金来维护汇率的稳定,当外汇汇率上升时,便出售外汇;当外汇汇率下降时,便买进外汇,以此使外汇的波动局限在允许的幅度内。

(三)信用货币制度下汇率的决定

信用货币制度是在金本位制崩溃以后出现的,金平价(铸币平价和法定平价)也不再成为决定汇率的基础,信用货币所代表的价值量就成了信用货币制度下汇率决定的基础。但是由于各国劳动生产率水平差异、国际经济交往日益频繁、国际金融市场一体化和信息技术革命等因素,信用货币制度下货币汇率的决定不仅受本国经济政策等因素的影响,还会受到其他诸多因素的影响。自世界金本位制瓦解后,各国经济学家纷纷著书立说,探讨信用货币制度下货币汇率的决定,形成了形形色色的汇率决定理论。

19世纪,对汇率决定理论的研究进入了百家争鸣的时代,当时最具影响力的就是国际借贷理论。20世纪以后,汇率决定理论的研究不断取得新的突破,购买力平价理论和利率平价理论等理论分别从不同的角度对汇率决定问题进行了分析。一般把20世纪70年代以前的汇率决定理论归为传统汇率决定理论。

现代汇率决定理论的代表理论是资产市场说,是在20世纪70年代国际资本市场空前发展和国际资本流动大量增加的背景下产生的。同传统的汇率决定理论相比,资产市场说的突出特点是将商品市场、货币市场和证券市场结合起来进行汇率决定的分析。根据国内外资产的可替代程度不同,资产市场说可以分为货币分析法两种和资产组合分析法。

二、汇率的影响

经济因素是影响外汇汇率变动的主要因素,而外汇汇率的变动反过来又会对经济领域产生重大影响。汇率变动对经济的影响主要表现在以下几个方面。

1. 汇率变动对贸易收支的影响

汇率对进出口的影响是最直接的也是最重要的,它一方面会影响进出口企业的成本和利润核算,另一方面会对一国的国际收支差额产生影响。

具体的表现是:当一国货币对外贬值后,如果出口商品的本币价格不变,就会使本国出口商品的外币价格下降从而产生较强的竞争力,出口扩大;如果出口商品的国际价格不变,那么该出口商等值兑换的本币就会比以前增加,刺激出口商的积极性,从而使出口数量增长,所以本币贬值会产生有利于本国商品出口同时抑制外国商品进口的效果。同理,一国货币的对外升值则会有利于本国进口外国商品,不利于本国商品的出口。所以许多发展中国家都把本币对外贬值当作用于调节国际收支逆差的一个有效手段。

2. 汇率变动对资本流动的影响

汇率变动对资本流动既有流向上的影响又有流量上的影响。具体的原理是本币对外贬值后,会使单位外币兑换的本币增加,促使外国资本流入量增加,国内资本流出量减少;本币升值后,则会起到相反的作用。从时间上看,资本在国家间的流动有长期和短期之分。长期的资本流动主要是指国际直接投资、国际证券投资和国际借贷,本币对外贬值对它们的影响不大。短期流动资本大多是国际游资,投机性极强,有利则来,无利则走,流动性也极强,所以它们最容易受汇率变化的影响。如果一国发生突发性的货币贬值,会引发大量资本外逃。

3. 汇率变动对外汇储备的影响

汇率变动主要从价值和数量两个方面对国际储备产生影响。

从价值上看,外汇储备的构成决定了一国外汇储备受影响的幅度。在第二次世界大战之后的布雷顿森林体系时期,美元是各国外汇储备的主要币种,所以美元的币值高低直接影响着各国的外汇储备价值。20世纪70年代初期,美元一再贬值,曾给许多国家尤其是发展中国家的外汇储备造成难以估量的损失。在浮动汇率制度下,外汇储备进入多元化时期,汇率变化对外汇储备的影响也多元化了。首先需要明确一国外汇储备的币种构成,而后区分升值货币和贬值货币,结合不同币种的利率及它们在整个外汇储备体系中的权重计算汇率变化对外汇储备的综合影响。

从数量上看,汇率变化对外汇储备的影响是间接的。一般情况下,本币贬值后会引起资本大量外逃,政府既需要用大量的外汇储备来弥补缺口,又需要为稳定汇市而动用外汇储备进行有效的干预,而这些都会导致一国外汇储备减少。

4. 汇率变动对物价水平的影响

汇率与价格之间的关系非常密切,在信用货币制度下,以物价水平衡量的货币的购买力是决定汇率变化的长期和根本因素,而汇率变动反过来又会影响物价水平。汇率变动对物价水平的影响体现在贸易品和非贸易品两个方面。

汇率变动直接影响贸易品价格。从进口角度看,本币贬值以后,如果进口商品的外币价格不变,那么以本币表示的进口价格将被抬升,会因其使用进口原料加工的商品价格也会被抬高,尤其是对进口需求弹性较低的商品,由于需求不会因为价格上升而减少,所以本币贬值会使得国内生产的同类商品和使用进口原料生产的产品价格上涨,从而带动国内整体物价水平的上涨,最终形成成本推动型通货膨胀。从出口角度看,本币贬值以后,如果本国出口的本币价格不变,那么外币价格就会下降,这会刺激国外市场对本国商品的需求增加。在出口供给弹性较低的情况下,就会使部分内销商品转成外销,导致国内供应不足,物价上涨,从而最终导致需求拉上型通货膨胀。

汇率变动对非贸易品价格的影响是从贸易品上传递过来的。非贸易品基本上可以分成以下三类:第一类是指可以随时随价格变化转化成为出口的国内商品;第二类是指可以随时随价格变化替代进口的国内商品;第三类是指完全不能进入国际市场或者替代进口的商品。本币贬值后,出口量增加,会使第一类商品转化为出口商品,从而导致其供给减少,国内物价上涨;而进口商品由于本币价格被抬高,促使第二类商品价格也水涨船高;出口商利润增加,将促使生产第三类产品的生产企业也随之抬升价格,或者转向生产出口商品,导致第三类商品供应下降,间接导致第三类商品价格上涨。

5. 汇率变动对微观经济主体的影响

这种影响主要表现为在浮动汇率制度下,汇率的频繁变动使涉外的经济主体带来的成本和利润核算的风险加大。例如,如果计价与结算货币上涨,则出口商的应收账款增加,出口收入增加,而进口商的应付账款也增加,进口成本上升;如果计价与结算货币贬值,则情况相反。在国际借贷活动中,计价与结算货币的升值与贬值,对债权人与债务人的利益也会产生类似的影响。在浮动汇率制度下,汇率每时每刻都处于变化之中,而且没有规律可循,这就使涉外企业和国际借贷活动时刻面临汇率变化的风险,所以微观经济主体必须做好外汇风险的预测与防范工作。

6. 汇率变动对国际经济关系的影响

在浮动汇率制度下,汇率的频繁波动不仅影响着各国的对外贸易和国内经济,还影响着国与国之间的经济关系。因为汇率是两国货币的汇兑比率,所以任何一国的货币贬值或者升值,都会对另一国产生影响。如果一国为了片面地扩大本国商品的出口而故意降低本币汇率,甚至进行外汇倾销,必然会导致对方国家的货币汇率上涨,从而产生对出口的抑制作用。这样必将引起对方国家的不满,进而采取报复行动,这样就会陷入竞相贬值的恶性循环当中,从而引发不同利益国家间的分歧和矛盾,加剧国际关系的复杂性。为了建立有效的汇率合作和协调机制,使世界经济更为有序稳步地发展,各国都必须停止这种以邻为壑的行为。

三、人民币汇率制度及其改革

人民币汇率又叫作人民币汇价,是我国法定货币——人民币对外币的比价,是人民币对外价值的体现。长期以来,人民币汇率一直由政府授权的国家外汇管理局统一制定、调整和管理。

(一)人民币汇率制度的发展历史

人民币汇率制度的发展历史主要分成人民币对苏联和东欧国家货币的汇率及

人民币对西方国家货币的汇率两个部分。

1. 人民币对苏联和东欧国家货币的汇率

1949年12月21日，我国与苏联确定了人民币与卢布之间的法定比价，这个比价的确定是通过人民币和卢布各自对美元的比价得到的套算汇率。当时1美元等于21 000元人民币(旧币)，而1美元等于5.3卢布，于是就得到了1卢布等于3 962元人民币的比价。从这个汇价确定以后，苏联两次发行新卢布，并且对人民币不断进行高估，我国也于1955年发行新币，并且也一定程度上存在着对外高估的现象，所以期间汇率变化频繁，一直到1961年，确定为1卢布等于2.22元人民币之后，这一汇率才基本稳定下来。1970年，经过双方协商，确定中苏间、中国与东欧之间、中蒙之间的贸易结算陆续采用瑞士法郎或者美元为计价结算货币。此后，人民币对社会主义国家的汇率停止挂牌。

2. 人民币对西方国家货币的汇率

人民币对西方国家货币的汇率主要是指人民币对美元的汇率，从历史上看，汇率的变动大体可以分为八个阶段。

第一阶段，1949年1月至1950年3月。在这一阶段，我国处于国民经济恢复时期，人民币汇率的特点是人民币汇率不断贬值。1949年1月18日，在天津挂牌1美元为80元人民币(旧币)，之后不断调低，一直到1950年3月份的1美元为42 000元人民币(旧币)。

这一阶段人民币不断调低汇率的原因有以下二个：一是同时期国外价格不断下降，而我国国内由于未能有效控制通货膨胀，导致物价不断上涨；二是当时国家为了恢复和发展国民经济，从政策上制定了"奖出限入，照顾侨汇"的人民币汇率方针，这一政策在当时对我国经济的稳定与发展起到了应有的作用。

第二阶段，1950年3月至1952年底。这一阶段人民币汇率的特点是对外不断升值。从1950年3月13日到1952年12月的1美元为42 000元人民币(旧币)，逐步调到1美元为26 170元人民币(旧币)。

调整的原因主要有以下几点。一是国外价格不断上涨，国内物价稳步下跌。在1950年3月全国贯彻统一财经工作之后，迅速制止了物价的上涨并使之转为下跌。而与此同时，朝鲜内战爆发，美国在国际上大肆抢购战略物资，导致国际市场商品价格迅速上扬。根据物价对比原则，人民币汇率稳步上升。二是我国的汇率政策由"奖出限入"变为"进出口兼顾"。这一时期美元及其他西方国家的主要货币迅速贬值，在这种情况下，我国必须加速进口，否则必将遭受由于西方国家货币贬值所带来的损失。另外，美国和其他西方国家接连宣布一系列对我国的封锁和禁运措施，封锁的范围越来越广，措施越来越严格，迫于形势，我国也必须大力推进必要物资的进口。

第三阶段，1953年1月至1972年底。这一阶段人民币汇率的特点是保持稳定，基本不变。

这一阶段人民币汇率保持不变的原因主要有以下四个：一是我国进入社会主义

经济建设时期,国内物价从基本稳定走向全面稳定;二是计划经济要求人民币汇率稳定,以有利于企业经济核算和各种计划的编制;三是这一时期我国对私商的改造完成,国有经济在对外贸易工作中已经占据主要地位,国营外贸公司按照国家指令性计划开展各项外贸工作,人民币汇率逐步与进出口贸易实际需求相脱节,其调控贸易的必要性大大下降;四是与此同时西方国家普遍参与布雷顿森林体系,其货币汇率保持相对稳定。

第四阶段,1973年至1980年底。这一阶段人民币汇率的特点是经常调整,变动频繁。

1973年3月,布雷顿森林体系解体,西方国家普遍实行浮动汇率制度,从而各国不再公布汇价,中央银行也不再有义务为维持原定汇率而进行干预,汇价由市场供求关系决定,因此汇率经常波动,这就使得人民币汇率也必须相应地经常做出调整。其中仅在1978年人民币对美元的汇率就调整了61次。

第五阶段,1980年至1993年底。这一阶段人民币汇率的变动可以分成两个历史时期:1980年到1984年底和1985年到1993年底。

1980年1月到1984年12月31日这一时期人民币汇率的特点是实行双重汇率,官方牌价与贸易内部结算价并存。为了适应外贸体制改革和发展出口的需要,我国从1981年起采用贸易内部结算价,形成了贸易汇率和非贸易汇率并存的双重汇率制度。双重汇率制度明显地调动了我国出口企业的积极性,国家外汇储备也有所增加,但是这种汇率制度也存在明显的问题,不仅违背了国际货币基金组织的相关规定,而且成为我国外贸企业真正融入国际贸易的一大障碍。

1985年1月到1993年12月31日这一时期人民币汇率的特点是人民币对外不断贬值,并且实行变相的复汇率制度。因为在这个时期,我国外汇市场上官方牌价和外汇调剂价格并存。1987年,我国在沿海各大城市开办外汇调剂中心,而调剂汇率不是由官方制定公布,而是由外汇市场供求关系决定。现实的经济生活中,我国的外汇需求一直存在需求大于供给的现象,结果导致外汇调剂汇率长期高于官方汇率。之所以会这样,一方面是因为我国外汇供求关系长期紧张的结果,另一方面也反映出我国的官方汇率与市场上的实际汇率严重脱节,当时的外汇管理体制已明显不适应经济和外贸发展的需要,必须进行改革。

第六阶段,1994年1月1日至2005年7月21日。这一阶段人民币汇率的特点是单一汇率,人民币汇率稳中有升。

在新的外汇体制下,人民币汇率由过去的双轨制变为以市场供求为基础的、单一的、有管理的浮动汇率制度。按照新的外汇体制的规定,我国建立了银行间外汇市场,改进了汇率形成机制:由国际收支状况决定的外汇市场供求关系成为汇率决定的主要依据,中国人民银行根据银行间外汇调剂市场前一天的汇价,决定人民币对美元的汇率;通过人民币对美元的汇率和国际外汇市场各种可自由兑换货币的汇率,套算人民币对其他各种可自由兑换货币的汇率,该汇率就是当日各外汇指定银行之间及外汇指定银行与客户之间进行外汇与人民币买卖的交易基准汇率。从

1994年4月1日起,各外汇指定银行之间的买卖可以在基准汇率基础上上下浮动0.3%,银行与客户之间的买卖可以上下浮动0.25%,买入价与卖出价之间的差价率不得超过0.5%。与此同时,在新的外汇管理体系下,中国人民银行运用货币政策、外汇政策等经济手段对外汇供求进行调节,目的是保持人民币汇率的相对稳定。

第七阶段,2005年7月21日至2010年6月20日。这一阶段人民币汇率的特点是盯住一篮子货币,人民币汇率先波动升值后有稳有降。

2005年7月21日,中国人民银行开始了第四次人民币汇率形成机制改革:一是实行以市场供求为基础,参考一篮子货币进行调节、有管理的浮动汇率制度,人民币汇率不再盯住单一美元;二是人民币对美元的汇率从当天的8.2765改为8.11,一次性小幅升值2%;三是将银行间一篮子货币对人民币的每日收市价作为翌日买卖中间价,上下波幅0.3%。此后,人民币汇率先慢后快升值。2006年6月26日,人民币对美元汇率破8;2007年,随着中国经济发展,人民币对美元汇率从8升至6.8左右,升值幅度高达15%;2008年,随着突发的国际金融危机,我国适当收窄了人民币波动幅度,此后人民币对美元汇率维持在6.81~6.85,这一时期我国重新盯住美元,导致人民币对欧元、英镑等其他货币大幅升值;2009年,随着美国"量化宽松"的货币政策的出台,美元对欧元及其他新兴市场国家货币发生显著贬值。我国考虑到此前人民币升值和国际金融危机对出口企业打击甚大,因此人民币依然紧盯美元,这就导致人民币对美元基本稳定但对其他主要货币发生贬值。

第八阶段,2010年6月20日至今。在这一阶段,我国重新启动汇率形成机制改革,人民币汇率有升有降。

随着对外开放程度的不断提高,我国主要经济贸易伙伴已呈现明显的多元化态势。同时,资本往来也呈现多样化和多区域特征。因此,2010年6月20日,中国人民银行宣布进一步推进人民币汇率形成机制改革:人民币汇率不进行一次性重估调整,重在坚持以市场供求为基础,参考一篮子货币进行调节;继续按照已公布的外汇市场汇率浮动区间,对人民币汇率浮动进行动态管理和调节。此次汇率改革对外界传递的重要信号就是,让人民币对美元汇率更有弹性,即实现"双向波动"。新的汇率形成机制改革开始后,人民币对美元汇率呈现双向波动的态势,但又有上升的趋势,对美元开始重新升值,并在2010年末加速冲刺至6.5897,全年累计升值3.6%,并在2011年4月29日突破了6.50。在新汇率体制改革开始后,人民币对其他货币也有升有贬:2010年末,人民币对港币汇率中间价较2009年末升值3.5%;人民币对日元汇率中间价贬值9.2%;人民币对欧元汇率中间价升值11.2%;人民币对英镑汇率中间价升值7.4%。

(二)人民币汇率制度改革方向

改革开放以来,我国政府一直致力于外汇管理体制改革。从1979年开始,逐步让人民币贬值,从大约1.5元/美元下降到1994年8.8元/美元,后来实行与美元挂钩的办法,长期稳定在8.27元/美元附近,同时,政府放开了经常项目下的外汇流动,继续保留资本项下的外汇管制,即对以投资为目的的资金流入或流出交易实行审批制度。由于改革开放以后,中国的经常项目和资本项目都长期保持顺差状态,流入资金远大于流出,为了消化流入的资金,政府持续在市场买入美元,卖出本币,以维持人民币汇率的稳定。而买入的美元则逐步堆积成了巨额的外汇储备。2005年7月,政府对人民币汇率形成机制进行重大改革,允许人民币汇率在中间价的±0.3%范围内波动,2007年、2012年和2014年又把汇率变动范围扩大到±0.5%、±1%和±2%。

2015年8月11日调整汇率中间价报价机制。主要内容是做市商参考上日银行间外汇市场收盘汇率,向中国外汇交易中心提供中间价报价,也即参考收盘价决定第二天的中间价。此次改革优化了RMB汇率中间价的形成机制,提升了中间价市场化程度和基准地位。由于中国在推动人民币汇率市场改革的重大成绩,国际货币基金组织(IMF)于2015年12月1日批准人民币加入特别提款权(SDR)。该事件对中国的金融改革和人民币汇率走势产生了重要影响,人民币成为与美元、欧元、英镑和日元并列的第五种SDR篮子货币,对人民币国际化产生了积极影响。

2015年12月11日,中国人民银行推出了"收盘价+篮子货币"新中间价定价机制,中国外汇交易中心同时发布CFETS人民币汇率指数,加大了参考一篮子货币的力度,以更好地保持人民币对一篮子货币汇率基本稳定。2016年2月,中国人民银行首次公开了RMB汇率中间价的报价机制:当日中间价=(前日收盘价+24小时货币篮子稳定的理论中间价)/2。中国人民银行公布该定价机制提高了人民币汇率形成机制的规则性、透明度和市场化水平。2017年2月20日,中国人民银行对人民币中间价定价机制进行了微调,主要有两个方面:第一方面,调整人民币货币篮子数量和权重,CFETS篮子中的货币数量增加至24种;第二方面,缩减一篮子货币汇率的计算时段,参考一揽子货币时间由24小时缩短为15小时。调整的目的是更好反映市场变化和防止日内投机,即"中间价模型和收盘价价差"。

2017年5月26日,中国人民银行在人民币兑美元汇率中间价报价模型中引入逆周期因子,适度对冲市场情绪的顺周期波动,缓解外汇市场可能存在的"羊群效应"。当时的背景是人民币兑美元面临持续的贬值压力。引入逆周期因子有效缓解了市场的顺周期行为,稳定了市场预期。简单来说,逆周期因子有助于RMB单向升/贬值时减缓升/贬值速度和幅度。自从引入逆周期因子,人民币兑美元汇率在2017年的6—9月份中显著升值,人民币贬值压力得到有效缓解。然而,自2017年12月下旬,人民币兑美元不断升值并突破了6.50。面对人民币快速升值的压力,中国人民银行在2018年1月9日再次调整人民币兑美元中间价机制——退出逆周期因子调节。然而,由于受到美国加息和中美贸易战的影响,人民币又持续贬值。于是,中国人民银行在2018年8月24日宣布重启逆周期因子。人民币兑美元汇率中间价报价模型由原来的"收盘价+一篮子货币汇率变化"调整为"收盘价+一篮子货币汇率变化+逆周期因子"。

自2017年7月至2018年7月,中国人民银行每月的外汇占款变化很小,说明央行已经淡出了直接的外汇市场干预。与此同时,美元兑人民币汇率最高达到6.90,最低达到6.27,一年最大波幅10%。

未来,人民币汇率形成机制会越来越市场化,然而,在人民币面临较大较快的升值或贬值压力时,我们仍然能隐约看到中国人民银行的身影。只是,中国人民银行越来越重视价格型调整,而非数量型干预。未来若干年是人民币国际化的重要战略机遇期,而要实现人民币国际化,人民币自由浮动是必经之路。然而,人民币汇率关系到国内外经济、政治等制约与平衡,人民币汇率机制的改革和人民币国际化仍然道阻且长,我们仍然需要坚持人民币汇率制度改革的三项原则——主动性、可控性和渐进性。

最优汇率制度对于一国而言并非一成不变,而应根据形势发展改变和选择。一些金融危机的出现很大程度上都与汇率制度不当有关,这在市场体制不完善的国家特别明显。所以,选择什么样的汇率制度是关乎宏观管理的重大问题。参照中国的汇率制度现状及发展历史,我们认为汇率制度应向以下方向发展。

第一,关于确定中间价和汇率双向波动问题。随着全球经济的日益一体化,为了刺激经济增长,中国在人民币汇率方面需要探索双向浮动。目前,人民币兑美元的中间价计算是从做市商报价加权平均而来的,然而这种计算方式并不完全透明,缺点是对美元依赖过重,也与世界经济的发展趋势不符。所以,后续改革汇率制度的重心应该是怎么样确定中间价机制。

第二,关于参与外汇市场的主体数量问题。从国内的汇率改革发展看,中国正在出台举措加快改革的进程,以期进一步推动人民币的国际化步伐。中国央行也在持续促进汇率的市场化改革,国外有越来越多的国家和地区认可中国,赞成人民币市场化的主体也不断增多,这些都表明,中国在扩大参与主体数量、繁荣外汇市场方面做出了贡献。

第三,关于外汇市场交易品种的丰富问题。当前的交易品种有现钞、现货、合约现货、期货、期权外汇交易,在全球交易品种多样性的背景下,国内的交易品种还是有些偏少和单一。随着中国市场经济体制的健全,在汇率政策的研究方面,最终的核心目标就是确定合理的人民币汇率机制、完善人民币汇率制度、加快人民币国际化进程。

复习思考题

1. 什么是广义外汇和狭义外汇?
2. 汇率有哪几种标价方法?
3. 汇率的主要种类有哪些?
4. 金本位制与纸币制度下汇率的决定有何不同?
5. 试分析人民币升值的原因,并探讨人民币升值对中国经济产生的影响。

第三章 信用

  教学目的与要求

通过本章的学习,要掌握信用的概念、特征和作用;掌握信用的产生和发展过程,并能对高利贷信用和现代资本主义信用的不同特点进行分析;掌握现代信用的主要形式,理解银行信用与商业信用的关系;了解国家信用的最新发展动态。

第一节 信用的含义和特征

一、信用的含义

信用在《辞海》中解释为信任使用。心理学家认为,信任是遵守诺言、实践成约和价值运动的特别形式。社会学家认为,信用是二元主体或多元主体之间,以某种经济生活需要为目的,建立在诚实守信基础上的心理承诺与约期实践相结合的意志和能力。经济学家则认为,信用是以偿还为条件的价值运动的特殊形式,体现一定的债权债务关系。信用与债务是同时发生的,是借贷活动这一事物的两个方面,任何时期内的债务总值总是等于信用总额,因此,信用就是以偿还和付息为条件的价值单方面转移的借贷行为。

二、信用的特征

信用作为一个经济范畴,它具有以下几个基本的经济特征。

(一)信用是以还本付息为前提条件的一种借贷行为

在现实生活中,亲朋好友、邻居之间通常发生的"借物还物""有借有还、再借不难"的这类借贷行为和借贷关系,只要不计利息,那么,它们就不属于信用和信用关系。因为它们只是还本而缺乏"付息"这一关键要素或至要环节,因此不能视为信用。此外,由于经济的或政治的原因,国际金融机构及一些国家政府有时也发放无息贷款,这是一种特殊的信用。因为这种借贷一般是有附加条件的,这种附加条件无论是经济的还是政治的,都是借款方所要付出的一种代价。

(二)信用的本质是一种债权债务关系

无论在实物借贷中还是在货币借贷中,信用总是与债务相伴而生、形影不离的。它以借贷凭证为信用载体,以按期还本付息为信用代价。商品或货币的借入方称为债务人;商品或货币的贷出方称为债权人。债权人将商品或货币借出,称为授信;债务人接受商品或货币,称为受信。在债权人与债务人之间所形成的这种债权债务关系,就是信用关系。债务人遵守承诺,按期还本付息,称为守信;债务人承担的这种在未来某一时间偿还商品或货币的义务,就是债务。

(三)信用是价值运动的特殊形式

信用是以还本付息为条件的价值单方面的运动,是价值运动的一种特殊形式。信用作为一种特殊的价值运动形式,它是通过一系列的借贷、偿还、支付过程来实现的。授信与受信发生的同时,商品或货币的所有权并未发生转移,只是使用权的让渡;借贷行为发生时,并没有发生双向的等价交换,而只是单方面的价值转移。借方在一定时期后按预先承诺还本付息,贷方收回本息,自身价值得到增值。

三、信用的作用

信用是商品经济发展到一定阶段的产物,而信用的出现也大大促进了社会经济的迅速发展。它促进了资本的集中和再分配,节省了流通费用,扩大了社会需求,对经济具有较大的刺激作用。

(一)信用是促进资本集中的有力杠杆

扩大再生产的过程表现为资本集中,而信用是资本集中的有力杠杆。信用可以集中一切分散的、零星的闲置资金。在社会资本总量不变的情况下,信用改变了资本的分配关系,使个别资本转化为社会资本,使个别部门支配社会资本成为可能。巨额资本的集中使生产规模得以在短时间内扩大,使采用新技术成为可能,从而能提高生产力和生产社会化程度。

(二)信用促成了资本再分配和利润率的平均化

利润率平均化规律是市场经济条件下的一条重要规律,它表示市场机制调节着经济的均衡发展。在市场经济条件下,企业经营目标都是追逐利润最大化,而市场竞争的结果使利润率平均化。平均利润率的形成是以资本在各个部门之间的自由转移为条件,通过部门之间的竞争来实现的。然而,各生产部门的生产资本都有其特定的自然形态和用途,这就限制了资本从一个部门转移到另一个部门,阻碍着平均利润率的形成。信用通过它的分配职能来促进资本再分配和利润率平均化。当一种商品求过于供,价格上升,企业利润率提高,而另一种商品供过于求,价格下降,企业利润率降低时,后一类企业的资本就要转移到前一类企业。但由于生产资本固定在一定的自然形态上,资本的转移需要很长时间甚至是不可能,银行便利用其吸收的大量闲置资金进行放贷,货币资本可以投向任何企业。这时资本会迅速涌向利润率高的部门,很少或完全不会流入利润率低的生产部门。信用在生产资本转移过程中起到润滑和中介作用,便利和加速了资本的转移,调节着经济的均衡发展。

(三)信用是节省流通费用、刺激经济增长的重要手段

流通费用主要指与货币流通有关的费用,它是一种必需的非生产性的费用,它

的节约就意味着有更多的资源用于生产。信用能通过以下两种途径达到节省流通费用的目的。

(1)通过信用进行交易,形成债权债务关系,而这种关系具有相互抵消的性质,在最终结算时,只需要进行差额结付,大部分债权债务可以相互冲销。同时,银行提供的技术性业务如转账、划拨、清算等,一纸结算凭证就可以结清债权与债务关系,节省了现金的使用。

(2)信用能加快货币流通速度,使同样数量的货币可以为更大规模的商品流通服务。

当然,在良好信用或适度信度扩大社会需求、刺激经济增长的同时,不良信用或过度信用给经济和社会带来了不良影响,成为构成潜在危机的重要因素。

第二节 信用的产生和发展过程

信用和货币一样,是一个很古老的经济范畴,是商品货币经济发展到一定阶段的产物。信用作为一种借贷行为,其产生、发展同商品货币经济紧密相连。商品货币经济的发展,特别是货币支付手段职能的发展是信用存在和发展的坚实基础。

一、信用的产生

信用产生于商品交换之中,如果没有商品买卖,就不会有赊欠,没有赊欠就谈不上信用。

(一)信用产生的一个前提条件是私有制的出现

人类社会的信用活动起始于原始社会末期,社会生产力的发展,出现了两次社会大分工,即畜牧业与原始农业的分工;手工业与农业的分工。这两次社会大分工促进了商品的生产和交换,加速了原始社会公有制的瓦解和私有制的产生。私有制的出现造成了财富占有的不均和分化,从而出现了贫富差别。这样,贫穷而缺少生产资料和生活资料的家庭,为了维持生活和继续从事生产,不得不告贷于富裕家庭,通过借贷调剂余缺,信用就随之产生了。

(二)实物借贷与货币借贷

人类最早的信用是实物借贷。实物借贷不可避免地会遇到像物物交换时所遇到的重重困难,从而使信用关系难以获得广泛的发展。货币的产生与发展克服了物物交换的困难,并在信用领域里逐渐成为主要的借贷工具。但在自然经济占主导地位的前资本主义社会里,货币借贷一直未能全然排除实物借贷,因此,信用很长一段时间以来一直以实物借贷和货币借贷两种形式存在。只有当资本主义生产关系确立并不断渗透到城乡经济生活的各个角落,商品货币关系在经济生活中无所不在的时候,实物借贷才被货币借贷取代。

货币借贷有一个量的界定,其规模大小不是取决于有多少可供借贷的货币,而是取决于有多少可供借贷的资源。从一个社会来考察,不是有了货币就一定能够借贷。货币借贷只是整个信用活动的表现形式,有没有可供借贷的资源才是整个信用活动的结果或内容。人们取得货币,不外是取得"索取资源的权力"。如果取得的货币不能获得所需的资源——生产要素或生活要素,即有钱买不到东西,那就意味着货币借贷超过了信用对资源的需求。因此,欲保持合理的信用关系,还需掌握好信用的数量界限,避免信用的"强制性"发生,使货币借贷与资源借贷趋于统一,这是整个金融理论自始至终都必须关注的课题。

(三)金融范畴的形成

信用和货币在很古老的时候就有密切的关系,但在发达的资本主义制度形成以前,两者还是各自独立发展的。一方面,货币在经济生活中的广泛运用为信用的发展提供了条件,货币的余缺需要信用进行调节,单一的货币作为借贷的对象使约束信用关系的规则易于形成;而信用关系的发展促进了货币的发展,信用使债权人手中的闲置货币流动起来,使金属货币的不足可由信用货币的创造得到补充,促进了信用货币的出现。另一方面,通过金属货币制度长期独立于信用关系之外可以看出,金属货币制度的发展、不同本位制的更替的主要原因在于制度本身的缺陷,而非不适应信用的发展。因此,信用的发展对货币的运动是独立的。

随着资本主义经济的确立,信用货币的普遍使用,由于信用货币本身就是以信用为基础的,货币借贷又独占了信用领域,这就使信用和货币不可分割地连在了一起。在这种情况下,任何独立于信用活动之外的货币制度已不复存在。相应地,任何信用活动也同时都是货币的运动。信用的扩张意味着货币供给的增加,信用的紧缩意味着货币供给的减少。当货币和信用两者不可分割地联结在一起时,就产生了一个由原来独立的范畴相互渗透所形成的新范畴——金融范畴。当然,金融范畴的形成并不意味着货币和信用两者已不复存在。所以说,现代金融业就是信用关系发展的产物。信用交易大大降低了交易成本,提高了交易效率,扩大了市场规模。现代市场经济是一种建立在千头万绪、错综复杂的信用关系之上的经济。

二、信用的发展过程

(一)高利贷信用

1.高利贷信用的产生

所谓高利贷,就是以高额利息的获取或支付为条件的贷款。它既是生息资本的最古老形态,也是最早的信用形式。

高利贷产生于原始社会末期,发展于奴隶社会,盛行于封建社会,并成为当时占统治地位的信用形态。因为封建社会是典型的自给自足的自然经济或小农经济社会,商品经济极不发达。在小农经济下,个人仍有简单的生产资料,以家庭为生产单位从事简单的劳动,偶遇自然灾害或意外事故,简单再生产和家庭生活就很难正常维持。为了生计,为了支付地租及其他苛捐杂税,他们不得不承受高额利息去求助高利贷,甚至没有计较自身偿还能力的余地。

高利贷最初以实物形式为主,随着商品货币经济的发展,逐渐被货币形式和货币实物混合形式替代。在自然经济占优势、商品经济不发达的地区,高利贷较普遍,而且以实物形式为主;在商品货币经济比较发达的地区,由于现代信用尚不能覆盖,高利贷也很猖獗,而且以小额的货币借贷为主,并经常伴有实物形式或货币实物混合形式的出现。

2.高利贷信用的特点

在前资本主义社会,高利贷信用主要具有以下特点。

(1)高利率。高利贷的放贷利率之高,经常出乎人们的意料,几乎不受任何限制,甚至不受借款人负担能力或偿还能力的限制。只要你愿借,他敢贷,就能成交。正是由于高利贷的高利率,在奴隶社会经常会有"终身为奴"或"世代为奴"之说;在封建社会,更有卖身养父、卖身还债的文献记载。

(2)非生产性。高利率的特性决定了高利贷不可能服务于生产。不难设想,效益再好、回报再高的生产项目贷款,都将无法用其生产所赚来的钱偿付所借的高利贷本息。对于生产者而言,借高利贷无异于自我毁灭。因此,高利贷根本不能适应生产的需要。相反,只有为生存所迫的穷人,才不得不冒险向高利贷告贷;当然,也有统治者或剥削者为了买官晋爵,或为了满足奢侈腐化的生活享乐,向高利贷举债的情况。但无论是穷人还是富人,他们向高利贷告贷的目的都是为了生活,而非生产。

(3)寄生性、保守性和破坏性。高利贷的暴利直接豢养了一批食利阶层,他们寄生于社会的非生产环节,并阻碍高利贷资本向产业资本的转化,对生产具有保守性和破坏性。因为小生产经济是高利贷生存与发展的最好土壤,因此他们极力保护旧有的生产方式,从而维护高利贷生存的社会基础。

(二)现代资本主义信用

1.现代资本主义信用的产生

在封建社会末期,随着自然经济的逐渐解体、小商品生产者的分化及商品货币关系的进一步发展,高利贷成为社会生产力发展的障碍。在资本主义制度即将诞生的前夜,高利贷事实上已经为自己掘下了葬身之所:其一,由于高利贷的残酷剥削,大批的小生产者和部分封建主变得一无所有,产生了大批有人身自由而无生产资料的劳动雇佣者,从而成为确立资本主义生产方式的所需条件之一;其二,高利贷食利者积蓄的大量资财成为确立资本主义生产方式的所需条件之二,即为资本的原始积累提供了一定的物质基础。

虽然高利贷信用的高利率、寄生性加速了资本主义生产方式确立时所需要的这两个条件的形成,但它对生产方式进步的保守性和破坏性,及其经营规模的狭小,决定了高利贷不可能适应以社会化大生产为特征的资本主义生产方式。因此,客观上迫切需要建立起既能汇集社会闲置的货币资金,又能以较适度的利率向资本家提供贷款的现代资本主义信用。现代资本主义信用由此产生了，且其最主要的形式是银行信用。

2. 现代资本主义信用的特点

现代资本主义信用与高利贷信用相比，一定是低利率的、生产性的，当然也可以是消费性的，而且现代资本主义信用作为资本主义商品经济发展的结果，必将继续服务于资本主义商品经济。

到目前为止，现代资本主义信用应该是信用的发展的最高阶段，社会主义信用也不可能是零利率的，社会主义国家不同经济主体之间的资金活动也应是有偿的。

第三节 现代信用形式

信用形式是信用关系表现出来的具体形式。随着商品经济的进一步发展，以及货币流通范围的不断扩大，信用活动日益频繁，信用形式也渐趋多样化。现代信用的形式繁多，可以按照不同的划分标准对信用形式进行分类。这些标准包括期限、地域、信用主体及是否有信用中介参与等。信用以期限为标准可分为中长期信用与短期信用；以地域为标准可分为国内信用和国际信用。信用以信用主体为标准可分为商业信用、银行信用、消费信用、国家信用和国际信用等。其中，商业信用和银行信用是现代市场经济中与企业的经营活动直接联系的最主要的两种形式。信用根据是否有信用中介参与可分为直接信用和间接信用。信用还有许多特殊形式，如民间信用、租赁信用、证券投资信用、保险信用、合作信用，等等。信用形式还在不断发展中，本节重点介绍几种主要的信用形式。

一、商业信用

商业信用是指企业与企业之间相互提供的、与商品交易直接相联系的信用。其主要表现形式有以下两种：一是赊购赊销，二是预付货款。出于赊购赊销和预付货款发生在商业活动过程中，故称为商业信用。

(一) 商业信用的特点

(1) 商业信用必须与商品交易结合在一起，是信用的借贷，同时也是商品的买卖。没有商品交易为基础的信用不是商业信用，企业之间的货币借贷也不属于商业信用的范畴。

(2) 债权人和债务人都是商品生产者或经营者。企业与个人间的赊销预付不是商业信用，而属于消费信用，企业与银行之间、企业与政府之间都不存在商业信用。

(3) 商业信用直接受实际商品供求状况的影响。一般来讲，当实际商品供过于求时，商品供应者为了产品能及时销售出去，会更多地以赊销、分期付款等相对优惠的销售方式卖出产品，或者寻求更多的代理销售商委托代销；当实际商品供不应求时,商品生产者可能会为自己的产品销售提出更有利于自己的条件,如要求预付货款(或定金)。

(4)具有自发性、盲目性、分散性的特点。商业信用赖以生存的自然基础是社会化大生产,只要存在着社会化大生产,商业信用就会以不同的形式自发地表现出来。商业信用的这种自发性必然导致它的盲目性、分散性。

(二)商业信用的作用

(1)对经济的润滑和增长作用。商业信用直接为商品生产和流通服务,保证生产和流通过程的连续顺畅,加速了商品的流通,促进了商品经济的发展;同时,供求双方直接见面,有利于加强企业之间的横向经济联系,协调企业间的关系,促进产需平衡。

(2)调剂企业之间的资金余缺,提高资金使用效益,节约交易费用;是创造信用流通工具的最简单的方式,因而是企业解决流通手段不足的首选方式。

(3)商业信用的合同化(或票据化),使自发的、分散的商业信用有序可循,有利于银行信用参与和支持商业信用,强化市场经济秩序。

(三)商业信用的局限性

虽然商业信用在调节企业之间的资金余缺、提高资金使用效益、节约交易费用、加速商品流通等方面发挥着巨大作用,但它存在着以下五个方面的局限性。

(1)严格的方向性。商业信用是企业之间发生的、与商品交易直接相联系的信用形式,严格受商品流向的限制。赊购赊销是上游向下游提供信用,预付货款是下游向上游提供信用。

(2)产业规模的约束性。商业信用所能提供的商品或资金是以产业资本的规模为基础的。一般来说,产业资本的规模越大,商业信用的规模也就越大;反之,就越小。商业信用的最大作用不外乎产业资本的充分利用,因此它最终无法摆脱产业资本的规模限制。

(3)融资期限的短期性。商业信用提供的主体是工商企业,工商企业的生产和经营要循环往复地进行下去,其资金就不能长期被他人占用,否则,就有可能使生产中断。

(4)信用链条的不稳定性。商业信用是由工商企业相互提供的,可以说,一个经济社会有多少工商企业,就可能有多少个信用关系环节。如果某一环节因债务人经营不善而中断,就有可能导致整个债务链条中断,引发债务危机,甚至会冲击银行信用。

(5)增加了政府宏观调控的难度。商业信用是企业间自发、分散地进行的,国家难以直接控制和掌握它的规模和发展方向,当货币政策当局估计不足时,易造成过多的货币投放,引起信用膨胀,而当货币政策当局估计过高时,易造成货币投放不足,引起通货紧缩。

(四)商业信用的工具——商业票据

商业信用的卖方出售货物向买方收取货款,买方按协议规定的时间、地点、金额开出或承兑一张远期付款的票据给卖方,卖方持有票据,直至到期日再向买方收取现款。当买方开出或承兑的远期付款的票据未到期,卖方需要用钱时,卖方可以持这张未到期票据到二级市场转让出售,以取得融资之便。但由于每张票据金额不统一,转让买卖不方便。

通过票据使商业信用规范化是从西方国家开始的。我国商品货币关系发展比较迟缓,从而导致商业信用的发展不仅比较缓慢,而且不规范。商业信用习惯上不使用规范形式的票据,而是采取"挂账"的办法,即在账簿上记载债权债务关系。1929年,国民政府颁布了票据法,明确规定商业票据是法定的票据之一,这对商业信用的发展有所推动。新中国成立初期,我国经济领域中广泛存在着商业信用。但从第一个五年计划开始,到改革开放前夕,商业信用基本上被取缔。改革开放以来,我国恢复了商业信用,并开始将它运用于推销商品等经济活动之中。但是,我国的商业信用不规范,这在很大程度上阻碍了商业信用的进一步发展。1995年5月,《中华人民共和国票据法》颁布,明确规定了在商业票据开出与使用过程中各当事人的权利与义务,规定了商业票据中必须记录的条款。《中华人民共和国票据法》的实施,对我国商业信用的规范化发展起到了非常重要的作用。

二、银行信用

银行信用指银行或其他金融机构通过货币形式,以存款、放款、贴现等多种业务形式与国民经济各部门所进行的借贷行为。银行信用是在商业信用基础上发展起来的一种更高层次的信用,和商业信用一起构成了经济社会信用体系的主体。

(一)银行信用的特点

(1)广泛性。一般来说,银行是信誉相对最好的信用机构,它的债务凭证具有广泛的接受性,被视为货币充当流通手段和支付手段。因此,银行信用不仅因数量相当大而成为主要的信用形式,而且是其他信用得以正常运行的支柱。同时,银行提供信用的方式多种多样,可以以存款、放款、贴现、有价证券投资等多种业务形式提供,被国民经济各部门广泛接受。

(2)间接性。银行信用的发生是以金融机构为媒介的。金融机构可以运用的资金并不是它的自有资金,而是它的债务,是银行吸收的存款,银行把资金盈余方的资金贷给资金短缺方,银行在此仅充当资金融通的中介,因而其信用具有间接性。

(3)综合性。银行通过业务的开展,与国民经济各部门广泛联系,将国民经济各部门的业务都记录在账册上,可综合反映国民经济的情况。

(4)最强的创造性。其他经济实体要进行货币借贷时,必须一方先获得货币才能提供信用,唯有银行能创造货币提供信用。银行信用的这一特点,使银行处于非常有利的地位。因为创造货币的成本较低,通过创造货币提供信用无异于"无本经营",使银行有可能以较低的成本提供信用。

(5)稳定性。银行和其他金融机构通过信息的规模生产和共享,降低信息成本和交易费用,从而有效地改善信用过程的信息条件,减少借贷双方的信息不对称及由此产生的逆向选择和道德风险问题,其结果是降低了信用风险,增加了信用过程的稳定性。

(6)风险性。银行是银行信用风险的唯一承担者。对于存款人而言,银行信用几乎是无风险信用,在有的国家甚至还建立了存款保险制度;但对于银行而言,借款人的违约风险却是不确定的。银行资产与负债风险的不对称性,决定了银行必须对借款人的资信和赢利能力进行贷前、贷中、贷后的跟踪调查和了解,以便将风险控制在最小范围内。因此,银行信用手续要比商业信用手续更严格、更复杂。

(二)银行信用与商业信用的关系

1. 银行信用克服了商业信用的局限性

由于银行信用的客体是游离于再生产过程之外的货币资金,它可以不受个别企业资金数量的限制,聚集小额的可贷资金满足大额资金借贷的需求;同时可把短期的借贷资本转换为长期的借贷资本,满足对较长时期的货币需求,而不再受资金流转方向的约束。银行信用在规模、范围、期限和资金使用的方向上都大大优于商业信用。

2. 商业信用越来越依赖于银行信用

银行信用的上述特点,使它在整个社会信用体系中处于核心的地位,发挥着主导作用。商业信用也越来越依赖于银行信用,银行的票据贴现、抵押、承兑等业务将分散的商业信用集中统一为银行信用,为商业信用的进一步发展提供了条件。同时,银行在商业票据贴现过程中发行了稳定性强、信誉高、流通性强的银行券,创造了适应全社会经济发展的流通工具。

3. 商业信用是银行信用的有益补充

虽然银行信用打破了商业信用的局限性,并扩大了信用的界限,在整个货币信用领域中居于主导地位,但它不能够完全取代商业信用。因为银行信用是在商业信用广泛发展的基础上产生和发展起来的,商业信用是银行信用乃至整个信用制度发展的基础。商业信用直接与商品生产和流通相联系,直接为再生产服务,企业在购销过程中能够通过商业信用直接融资时,常常不去运用银行信用,因为从银行取得贷款也是去购买原材料,而直接赊购原材料更方便。

三、消费信用

消费信用是对家庭或个人提供的、满足其消费方面所需货币的信用。它是商业信用或银行信用在消费领域的应用。相对于商业信用和银行信用而言,消费信用是一种小额信用形式。

在前资本主义社会,商人向消费者个人以赊销方式出售商品时,就已产生了消费信用。但一直到第二次世界大战结束时,消费信用尚几乎没有什么规模。第二次世界大战后,消费信用在西方国家开始发展起来,尤其是20世纪60年代以来,消费信用才日益盛行。

在现代经济生活中,消费信用主要用于住宅、高档耐用消费品及旅行等方面的支付。按授信方身份的不同,消费信用主要分为由厂商直接提供的消费信用和由银行提供的消费信用两大类。

(一)现代消费信用的形式

具体地讲,现代消费信用主要有如下三种形式。

1. 分期付款

分期付款是最常见的消费信用形式,它是由厂商直接向消费者提供的一种消费信用。分期付款适用于一切家庭耐用消费品,如音响、电视、照相机、摄影机、电脑等家用电器,以及摩托车、小汽车、家具等。当采用分期付款赊购的物件或商品的价格总是高于现金购买的价格时,这个差价就是利息。

2. 信用卡

信用卡是由发卡机构(如银行)与零售商联合起来,对消费者提供的一种"透支"型消费信用。消费者不需要预先存款,也不需要事先缴付保证金,可凭卡在规定的透支额度内向约定商家购买商品或支付劳务,然后定期与银行结账,并还本付息。

根据持卡人信誉等级和还款能力的不同,信用卡分为金卡和普通卡两种。金卡的透支额度较大,而普通卡的透支额度较小。按使用对象不同,信用卡还可分为单位卡和个人卡两种。我国规定,单位卡不得用于10万元以上的商品交易、劳务供应款项的结算。

3. 消费信贷

消费信贷是一种中长期消费信用形式。在大多数情况下,消费信贷都需要消费者以其贷款所购物或其他资产作为贷款抵押。其中,最典型的例子就是住房抵押贷款,也称为住房按揭贷款。

(二)消费信用的优缺点

消费信用的优点很多。就微观个体而言,在没有消费信用的情况下,人们必须花数年的时间来积蓄,以满足他们购置家庭耐用消费品的需要,但自从有了消费信用,人们便可以轻松地花"明天的钱",超前消费、超前享受;在遭遇通货膨胀时,还能避免货币贬值的风险。就宏观经济而言,消费信用极大地刺激了社会的消费欲望和消费需求,可以缓解有限购买力与需求结构的矛盾,扩大了消费品的生产与流通,加速了消费品的更新换代与技术创新,从而有利于调节消费结构、扩大内需、促进经济增长。

消费信用也存在着较大的缺陷或风险。例如,当经济不景气时,失业会不断增长,分期付款者一旦失去工作,他们将不可能再按期支付剩余款项,分期付款可能会突然中止;如果大批的分期付款者都不能按期付款,厂商和银行的经营风险将会骤然增大，经济危机或经济萧条就可能随时爆发，比如 2008 年的金融危机就是一场次级消费信用危机。正因为如此，在有些国家，政府不得不严格规定分期付款或消费贷款的首付比例，以防止消费信用支付危机的发生。

据估计，在西方国家汽车的销售量中，有 1/3 是通过消费信用实现销售的，美国是消费信用最发达的国家。一个国家和地区的消费信用是否存在、是否广泛及规模是否大，主要取决于社会公众的消费习惯、消费心理、消费行为和消费能力，不应由政府用行政手段指令。在改革开放以前，我国基本上没有消费信用，其原因主要是当时我国属于卖方市场，商品供应非常紧张。我国在改革开放之初开始出现小规模的消费信用，如针对某类产品的销售困难，采用赊销办法促销。随着我国经济体制改革的进一步深入，以配合居民住房管理体制改革为主要目的的各种商品房信贷业务逐渐开展起来。近年来，一些耐用消费品（如汽车）的促销也越来越多地采用分期付款、抵押贷款等方式。可以说，在我国宏观调控机制向市场转轨过程中及转轨完成以后，将会较多地借助于消费信用。

四、国家信用

国家信用是指国家及其机构作为债务人或债权人，依据信用原则向社会公众和国外政府举债或向债务国放债的一种信用形式。国家信用又称为公共信用，是一种古老的信用形式，它伴随着国家机器的形成，特别是政府发生财政赤字时，为弥补财政赤字而产生。

（一）国家信用的形式

国家信用包括国内信用和国外信用两种。国内信用是国家以债务人身份向国内居民、企业团体取得的信用，它形成一国的内债。国外信用是国家以债务人身份向国外居民、企业团体和政府取得的信用，它形成一国的外债。国家信用的基本形式有国家公债、国库券、专项债券。目前，世界各国几乎都采用了发行政府债券的形式来筹措资金，向国内发行债券形成内债，向国外发行债券形成外债。

（二）国家信用的特点

国家信用的信用主体是国家；国家债券风险小，流动性高，收益稳定。正是由于国家信用的以上特点，在现代市场经济中，国债不仅是政府筹资的重要手段，而且日益成为居民、企业、政府等各经济主体进行投资的重要工具，发挥着"准货币"的作用。同时，随着国债二级市场的建立和发展，国债市场成为政府利用公开市场业务进行货币政策调控的重要场所和机制，它一方面联系政府、企业、居民进行金融商品的交换，另一方面联系货币市场和资本市场进行金融商品的转换。

（三）国家信用的作用

（1）有利于解决国家财政困难。当国家财政发生季节性和临时性困难及财政赤字时，必然要设法增加收入以资弥补。一般可采取以下三种途径。一是增加税收，但增税有一定限度，过度增加税收会影响企业生产经营的积极性。二是向银行透支。这只有在银行有信贷资金来源的前提下才能进行,否则银行只有发票子,从而有可能引起通货膨胀和物价上涨。三是发行政府债券。发行债券实际上是一种财力的再分配,它有物资保证,一般不会造成货币投放过多。

(2)有利于集中资金保证重点建设。重点建设由国家统一安排,它关系到国民经济整体生产力的布局和生产结构的协调。国家通过发行债券来筹集资金,能保证重点建设的资金需要,保证重点项目及时建成投产,有利于加速国民经济的协调发展。

(3)国家通过信用方式集中资金进行投资,就能引导和带动其他投资主体投资,加速经济的发展。

(四)国债危机

一国的债务规模的大小主要通过国债依存度、国债偿债率和国债负担率等指标来衡量。政府负债应有一个合理的界限,负债过度会造成国家信用的危机。

$$债务依存度=(当年债务收入额÷当年财政支出额)\times 100\%$$
$$国债偿债率=(当年还本付息支出额÷当年财政收入总额)\times 100\%$$
$$国债负担率=(当年国债余额÷当年GDP)\times 100\%$$

2010年2月8日出版的《福布斯》杂志以"全球债务炸弹"为题,对全球债务持续膨胀现象进行了探讨。分析认为,如果各国GDP(国内生产总值)不能以正常的速度保持增长,新旧债务必然压制经济增长,而低增长又让偿还债务陷入难以为继的恶性循环,这会导致美国等一批债务国"走向地狱"。

2010年,发达国家的主权债务危机越演越烈,大有拖累世界经济二次探底的架势。冰岛、希腊、意大利、日本、美国、英国、爱尔兰、西班牙和葡萄牙等都不同程度地深陷主权债务困境而难以自拔。这些国家大部分有两大共同特征,即国债占GDP的比率接近或超过100%、财政赤字占GDP比率接近或超过10%。

五、国际信用

国际信用是一种国际借贷关系。国际信用主要有国际商业信用和国际银行信用两种形式。前者是发生在国与国之间的商品交易过程中,以远期支付方式由卖方提供的信用。后者是银行以货币形态向另一国借款人提供的信用。

国际信用的主要类型包括以下五种。

(1)国际银行信贷。它是一国借款人在国际金融市场上向外国银行借入货币资金的信用。

(2)对外贸易短期信贷。它包括对出口商提供的信贷(如进口商对出口商支付的预付款、经纪人对出口商提供的信贷、银行对出口商提供的信贷);对进口商提供的信贷(如出口商对进口商提供的信贷);银行对进口商提供的信贷(如承兑和放款,包括透支和商品抵押放款)。

(3)出口信贷。这是一种对外贸易中的长期信贷,它的主要形式有以下四种:①卖方信贷,即出口商所在地的专业银行或商业银行对出口商提供的中长期信贷;②买方信贷,即出口方银行直接向进口商或进口商的银行发放贷款,指定货款应用于购买发放贷款国的商品;③福费廷,指在延期付款的大型设备贸易中,出口商把经进口商承兑的、期限在半年以上到五六年的远期汇票无追索权地售予出口商所在地的银行,提前取得货款的一种资金融通形式;④混合信贷,即多种信用方式混合使用的一种资金融通形式。

(4)政府贷款。它是一国政府利用财政资金向另一国政府提供的优惠性贷款。

(5)国际金融组织信贷。它是由全球性或区域性国际金融机构对各国发放的贷款,一般贷款条件较为优惠。

此外,国际信用还包括国际债券、国际股票、国际租赁、补偿贸易等形式。

六、其他信用形式

除上述五种信用形式之外,还存在其他一些信用形式。具体说来,主要包括以下几种。

1. 民间信用

民间信用是指社会公众之间以货币形式提供的信用。它的存在形式主要有直接货币借贷、通过中介人进行的货币借贷、以实物作抵押取得借款的"典当"等。民间信用的主要特点有以下几个:信用的目的既为生产,又为生活;期限较短,规模有限;自发性和分散性较强;风险性较大;利率较高。民间信用存在的基础是商品经济的发展和社会贫富不均,以及金融市场与其他信用形式不发达。民间信用是商业信用与银行信用的补充。

2. 租赁信用

租赁信用是经营者之间以赢利为目的,出租设备和工具,以收取租金的一种信用形式。租赁信用的表现形式有融资租赁、经营租赁和综合租赁。租赁信用以其有利于加速设备更新、减少一次性资金投入、扩大再生产规模、促进科学技术尽快转化为生产力的优势,正被越来越多的企业运用。租赁业因此被称为"未来产业",发展迅速。

3. 证券投资信用

证券投资信用是指经营者以发行证券的形式,向社会筹集资金的一种信用方式。这种信用的主要表现形式是公司及金融机构向社会发行债券、股票和股票配股。证券投资信用的广泛开展要求金融市场的建立和发展。随着现代金融市场的进一步发展,证券投资信用将会越来越受到人们的重视。

复习思考题

1. 信用在经济生活中发挥着怎样的作用?
2. 如何理解道德范畴的信用与经济范畴的信用的区别及其关系?
3. 高利贷信用的利息率为什么会特别高?

4. 银行信用为什么会取代商业信用,成为现代信用的主要形式?

5. 弥补财政赤字的方法有哪些?试加以比较。

6. 消费信用主要有哪些形式?了解一下我国商业银行目前推出的有关消费信用的贷款有哪些类型。大学生助学贷款是一种消费信用吗?

第四章 利　息

 教学目的与要求

理解利息的本质与收益资本化规律，认清利息的来源；熟悉利率的基本类型，构建利率体系的概念；了解利率结构及利率决定理论；掌握市场利率的作用，理解利率市场化的重要性。

第一节　利息及其本质

一、利息的概念

所谓利息，是指在信用关系中借款者支付给贷款者的报酬，是借款者支付给贷款者的超过本金的那一部分金额。对于贷出者来说，利息是他贷出货币而在经济上得到的补偿或报酬；对于借款者来说，利息是他获得资金必须支付的成本。因此，利息是信用存在和发展的必要条件。

早在远古时代，伴随着借贷行为，利息作为一种占有使用权的报酬就出现了。但真正意义上的利息到了资本主义时期才出现。正如马克思指出的："只有资本家分为货币资本家和产业资本家，才使一部分利润转化为利息，一般来说，才创造出利息的范畴；并且，只有这两类资本家之间的竞争，才创造出利息率。"

二、利息的本质

在马克思之前的古典经济学家对利息的探索大多数是从某个侧面来观察的，基本都没有深刻揭示利息的真实来源。到18世纪中期，一些经济学家才开始认识到利息来源于产业资本循环，约瑟夫·马西在其1750年匿名出版的《论决定自然利率的原因》一书中指出：商品所有者对其商品本身拥有所有权，因而对其商品所产生的果实或利润，即必须承担支付利息的义务，因此"取息的合理性，不是取决于借入者是否赚到钱，而是取决于他在适当使用时能够产生利润……并且把由此获得的利润的一部分为原主保留下来"。这种利息来源于利润的思想很快成为主流思想，并反映在亚当·斯密和大卫·李嘉图的理论中。但是，对于利润的本质尚未认识清楚，还仅停留在利润的层面上，没有深刻反映资本主义生产关系的内容。

马克思在古典经济学的基础上，对亚当·斯密和大卫·李嘉图的理论进行了扬弃。他运用劳动价值理论和剩余价值学说，从商品货币关系分析入手，在透彻地分析了借贷资本和产业的资本的关系、资本所有权和使用权的关系、借贷资本家和职能资本家的关系的基础上,科学地解释了利息的本质和来源。他认为,利息表面上来源于利润,反映为资金的价格,实质是剩余价值的转化形式,是借贷资本家与职能资本家共同瓜分工人剩余劳动的方式。由此,就厘清了利息和利率的界限,即利息介于零和利润之间、利率介于零和平均利润率之间。由于竞争的缘故,平均利润率会逐渐下降,利率也会逐渐降低。马克思的利息理论深刻揭示了利息的来源和界限,并在此基础上提出了收益资本化理论,为现代信用与金融市场的运行奠定了坚实的理论基础。

关于利息的本质,经济学各种流派中有众多解释,其中影响较大的还有威廉·配第和洛克的"报酬论"、萨伊的"资本生产力论"、西尼尔的"节欲论"、费雪的"人性不耐"理论、凯恩斯的"流动性偏好论"等。

三、利息成为收益的一般形态

无论学者关于利息的本质的解释如何不同,但是没有一个学者反对利息的支付,而利息历史上也从来都是支付了的。利息作为货币时间价值的外在表现形式,通常被人们看作是收益的一般形态,利息是货币资金所有者理所当然的收入。与此相对应,生产者总是把自己经营所得的利润分为利息与企业主收入两部分,似乎只有扣除利息所余下的利润才是经营所得。于是利息就成为一个尺度,用来衡量投资收益的高低,如果投资回报率低于利息率,则根本不要投资。

利息成为收益的一般形态,可以将任何有收益的事物通过收益与利率的对比倒算出该事物相当于多大的资本金额,这便是收益的资本化。

第二节　利率及其种类

利息率简称"利率",是指一定时期内利息额和本金额的比率。利率是由借贷工具交易所形成的资金的使用价格,不同类型、不同期限的借贷工具交易会形成不同种类的利率,利率体系就是由不同种类的利率构成的一个有机整体。

一、中央银行贴现率与商业银行存贷利率

从交易主体角度来看,利率体系由中央银行的再贴现利率、商业银行的各种存贷款利率和债券市场利率构成。中央银行贴现率是中央银行对商业银行和其他金融机构短期融通资金的基准利率。它在利率体系中占有特殊重要的地位,发挥着核心和主导作用,反映全社会的一般利率水平,体现一个国家在一定时期内的经济政策目标和货币政策方向。基准利率以外的所有利率叫非基准利率。商业银行利率是商业银行及其他存款机构吸收存款和发放贷款时所使用的利率。它在利率体系中发挥基础性作用。

二、年利率、月利率和日利率

从获得利息所需要等待的时间的长短角度来看,利率体系由年利率、月利率和日利率构成。年利率是指按年计算的利率,通常用百分之几表示;月利率是指按月计算的利率,通常用千分之几表示;日利率是指按天计算的利率,通常用万分之几表示。在我国,年利率、月利率、日利率习惯用年息、月息、拆息表示,都用厘作单位,但含义不同。年息的 1 厘是指年利率为 1%;月息的 1 厘是指月利率为 1‰,相当于年利率 1.2%(12×1‰)。拆息的 1 厘是指日利率为 0.1‰,相当于年利率 3.6%(360×0.1‰)。三者换算公式为

$$年利率=12×月利率=360×日利率$$
$$日利率=月利率÷30=年利率÷360$$

三、固定利率和浮动利率

固定利率是指利息率在借贷期内不随借贷资金的供求状况而调整的利率。固定利率的最大特点是利息率不随市场利息率的变化而变化,因而具有简便易行、易于计算借款成本等优点。在借款期限较短或市场利率变化不大的条件下,可采用固定利率。但是,当借款期限较长或市场利率变化较快时,其变化趋势很难预测,借款人或贷款人可能要承担利率变化的风险,因此,对于中长期贷款,借贷双方都不愿采用固定利率,而乐于选择浮动利率。

浮动利率又称为可变利率,是指借贷利率在借贷期内随市场利率的变化而定期调整的利息率。它由借贷双方在规定的时间依照某种市场利率进行调整,一般调整期为半年。调整期限和调整时作为基础的市场利率的选择,由借贷双方在借款时议定。如欧洲货币市场上的浮动利率,调整期限一般为 3~6 个月,调整时作为基础的市场利率大多采用伦敦市场银行间同业拆借市场的同期利率。浮动利率能降低债权人的风险,但因其手续繁杂、计算依据多样而增加了费用开支,故多适用于中长期借贷及国际金融市场。

我国人民币借贷一向实行固定利率。20 世纪 80 年代以来,对某些贷款实行的浮动利率与上述含义不同,它是指银行可在国家统一规定的利率基础上,按一定的幅度酌情浮动的利率。但是,外汇贷款则采用浮动利率计算。

四、市场利率、官定利率和公定利率

市场利率是指在借贷货币市场上由借贷双方通过竞争而形成的利息率,包括借贷双方直接融通资金时商定的利率和在金融市场上买卖各种有价证券时的利率。市场利率是借贷资金供求状况变化的指示器,当资金供给超过需求时,市场利率呈下跌趋势;当资金需求超过供给时,市场利率呈上升趋势。由于影响资金供求状况的因素十分复杂,市场利率的变动非常频繁、灵敏。

官定利率是指一国政府通过中央银行而确定的各种利息率,如中央银行对商业

银行和其他金融机构的再贴现率和再贷款利率。在现代经济中,利息率作为国家调节经济的重要经济杠杆,已不再完全随资金供求状况自由波动,国家通过中央银行确定的利率调节资金供求状况,进而调节市场利率水平。因此,官定利率在整个利率体系中处于主导地位。

公定利率是指由非政府部门的金融行业自律组织确定的利率,如银行业公会等规定的要求会员金融机构实行的利率。它是同业自律管理的手段,对会员银行有约束作用。

五、名义利率和实际利率

在纸币流通的条件下,由于纸币代表的价值量随纸币数量的变化而变化,当流通中的纸币数量超过市场上的货币需要量时,单位纸币实际代表的价值量必然下降,于是就产生了纸币的名义价值与实际价值之分,进而出现了名义利率与实际利率之分。

名义利率是以名义货币表示的利息率,也即我们平时所说的利息率,如我们说存款利率为9%,这个利率就是名义利率。通常,借贷双方在约定名义利率时已经考虑了预期通货膨胀因素,因此名义利率中包含了通胀因素。实际利率是从名义利率中剔除通货膨胀因素以后的真实利率,即

$$实际利率=(1+名义利率)/(1+物价变动率)-1$$

六、一般利率和优惠利率

根据利率是否带有优惠性质,利率可分为一般利率和优惠利率。优惠利率是指银行等金融机构发放贷款时对某些客户收取的比一般贷款利率低的利率。发达国家的商业银行对往来密切、资信等级高的优质客户发放短期贷款时一般采用优惠利率,而对其他一般客户的贷款利率则以优惠利率为基准逐步上升。一国出于经济政策需要,往往对需要重点扶持的特定贷款项目实行优惠利率。优惠利率对推动实现国家的产业政策有一定的作用,但滥用优惠利率会造成很多消极影响。

七、即期利率和远期利率

从借贷交易的交易方式来看,按照资金借贷合约是否立即生效和进行交易,交易可分为即期交易和远期交易,相对应地,其合约约定的利率分别称为即期利率和远期利率。所谓即期利率,是指从目前时点开始计算的未来一定期限的利率。如果目前投资的1元本金在一年末得到1.05元,那就意味着1年期的即期利率为5%[(1.05-1)/1×100%]。所谓远期利率,是指在当前确定的未来两个时点之间的利率水平。如果一份远期协议规定,贷款人同意在一年后向借款人提供一年期的贷款100万元,到期借款人归还106万元,那么这个6%[(106-100)/100×100%]的年利率就是一种远期利率,即一年之后的年利率。远期利率是由一系列即期利率所决定的。

知识链接

《参与国际基准利率改革和健全中国基准利率体系》白皮书

中国人民银行2020年8月31日发布《参与国际基准利率改革和健全中国基准利率体系》白皮书。下面是白皮书的前言:

党的十九届四中全会提出,健全基准利率和市场化利率体系。基准利率作为各类金融产品利率定价的重要参考,是重要的金融市场要素,也是货币政策传导中的核心环节。健全基准利率体系既是建设金融市场的关键,也是深入推进利率市场化改革的重要内容,对于完善货币政策调控和传导机制具有重要意义。

在国际金融市场上,运用最广的基准利率是伦敦银行间同业拆借利率(LIBOR)。2008年国际金融危机以来,各国同业拆借市场有所萎缩,LIBOR报价的参考基础弱化。尤其是在国际金融危机期间爆发多起报价操纵案,严重削弱了LIBOR的市场公信力。此后LIBOR管理机构推出了一系列改革举措,但仍未获得市场广泛认可。2017年英国金融行为监管局(FCA)宣布,2021年底后将不再强制要求报价行报出LIBOR。这意味着届时LIBOR或将退出市场。

为应对LIBOR退出,各主要发达经济体积极推进基准利率改革,目前已基本完成替代基准利率的遴选工作。各经济体选定的新基准利率多为无风险基准利率(RFRs),由各经济体独立发布,均为实际成交利率,仅有单一的隔夜期限,且绝大多数由中央银行管理。例如,美国、英国、欧元区和日本分别选择了有担保隔夜融资利率(SOFR)、英镑隔夜平均指数(SONIA)、欧元短期利率(€STR)和日元无担保隔夜拆借利率(TONA)。

考虑到新的基准利率均只有隔夜单一期限,国际上正在研究构建各期限利率的方法,主要有两种:一是参考实际已生成的隔夜基准利率,计算单利或复利得出各期限利率的后顾法;二是根据相关利率衍生品交易计算各期限利率的前瞻法。目前交易基础更为牢固的后顾法受到较多关注,也有部分机构在研究构建前瞻法计算的期限利率。同时,各方面都在积极推进新基准利率的运用和新旧基准利率的转换。目前衍生品的基准转换方案已基本确定,现货产品中新签合约的基准转换方案也已公布,但存量合约则尚未完全明确。

中国境内一些银行开展了基于LIBOR定价的美元等外币业务,同样面临基准利率转换问题。中国人民银行积极参与国际基准利率改革,指导市场利率定价自律机制成立了专门工作组,主动开展研究。目前已明确境内涉及LIBOR等国际基准利率转换将借鉴国际共识和最佳实践,积极推动新的基准利率运用。根据这一总体思路,中国人民银行指导制定了境内基准转换的路线图和时间表,从参与新基准利率设计运用、推进新签合约基准利率转换、探索存量合约基准转换方案等方面入手,组织开展深入研究,指导相关银行尽早启动基准利率转换的各项准备工作。

与国际相比,中国基准利率体系建设虽整体起步较晚,但在培育基于实际交易的基准利率方面,具有明显的先发优势。自中国建立银行间市场之初,就已培育形成了基于实际交易的债券回购利率等基准利率,具有较好的基准性和公信力,至今已超过20年。经过多年来持续培育,目前中国的基准利率体系建设已取得重要进展,货币市场、债券市场、信贷市场等基本上都已培育了各自的指标性利率。存款类金融机构间的债券回购利率(DR)、国债收益率、贷款市场报价利率(LPR)等在相应金融市场中都发挥了重要的基准作用,为观测市场运行、指导金融产品定价提供了较好参考。

总体看,中国基于实际交易的基准利率运行已久,具有全面、透明、易得的市场交易数据,并且中国人民银行始终高度重视对基准利率的监督管理,这些特征为中国基准利率体系建设奠定了良好的基础,有利于保障各个基准利率具有较强的公信力、权威性和市场认可度。

随着利率市场化改革的深入推进,中国的基准利率体系还需不断健全。对此,中国人民银行做了深入研究,提出了以培育DR为重点、健全中国基准利率和市场化利率体系的思路和方案。下阶段,中国银行间基准利率体系建设的重点在于推动各类基准利率的广泛运用,通过创新和扩大DR在浮息债、浮息同业存单等金融产品中的运用,将其打造为中国货币政策调控和金融市场定价的关键性参考指标。

第三节　利息的计算

一、利息计算的基本方法

利息的计算有两种基本方法,即单利法和复利法。

单利是指按照固定的本金计算利息。其计算公式为

$$I = P \cdot r \cdot n$$
$$S = P(1 + r \cdot n)$$

式中,I 代表利息额;P 代表本金;r 代表利率;n 代表借贷期限;S 为本金和利息之和,即本利和。

复利是指第一期产生利息后,第二期的本金包括本金和第一期产生的利息,一起作为本金计算利息。复利又叫作利滚利。其计算公式为

$$S = P(1 + r)^n$$
$$I = S - P$$

【例1】　本金为10万元,如果年利率是5%,期限1年,则两种方法的计算结果没有区别。

【例2】　本金为10万元,如果年利率是3.5%,期限是3年。

(1)单利计算:

　　　　本息 = 100 000 + 100 000 × 3.5% × 3 = 110 500(元)

(2)复利计算:

　　　　本息 = 100 000 × (1 + 3.5%)³ = 100 000 × 1.108 717 9 = 110 871.79(元)

复利比单利多付 371.79 元。

二、我国金融机构的计息与结息规则

我国金融机构自 2005 年 9 月 21 日开始执行的计息与结息规则如下所述。

(一)人民银行对金融机构的存款计、结息规定

(1)金融机构的法定准备金存款和超额准备金存款按日计息,按季结息,计息期间遇利率调整分段计息,每季度末月的 20 日为结息日。

(2)邮政汇兑资金在人民银行贷方余额执行超额准备金利率,按日计息,按季结息,计息期间遇利率调整分段计息,每季度末月的 20 日为结息日。

(二)金融机构存款的计、结息规定

(1)个人活期存款按季结息,按结息日挂牌活期利率计息,每季末月的 20 日为结息日。未到结息日清户时,按清户日挂牌公告的活期利率计息到清户前一日止。单位活期存款按日计息,按季结息,计息期间遇利率调整分段计息,每季度末月的 20 日为结息日。

(2)以现行的居民储蓄整存整取定期存款的期限档次和利率水平为标准,统一个人存款、单位存款的定期存款期限档次。

(3)除活期存款和定期整存整取存款外,通知存款、协定存款、定活两便、存本取息、零存整取和整存零取等其他存款种类的计、结息规则,由开办业务的金融机构法人(农村信用社以县联社为单位),以不超过人民银行同期限档次存款利率上限为原则,自行制定并提前告知客户。

三、几个与利息计算相关的概念

现值(present value),是指对未来现金流量以恰当的折现率折现后的价值,也称折现值(present discounted value)、贴现值、资本化价值。终值(future value)是把现在的资金折算到未来时点的价值,又称将来值或本利和,是指现在一定量的资金在未来某一时点上的价值。

年金(annuity)是指一定时期内每次等额收付的系列款项,通常用 A 来表示。年金的形式包括保险费、养老金、直线法下计提的折旧、租金、等额分期收款、等额分期付款等,年金具有等额性和连续性特点,但年金的间隔期不一定是一年。按照收付时点和方式的不同,可以将年金分为普通年金、先付年金、递延年金和永续年金等四种。年金现值就是在已知等额收付款金额未来本利、利率(interest)(这里我们默认为年利率)和计息期数 n 时,考虑货币时间价值,计算出的这些收付款到现在的等价票面金额。对应年金的分类,年金现值也可分为普通年金现值、先付年金现值、递延年金现值、永续年金现值。年金终值(final value/amount of the annuity)是从第一期起一定时期内每期期末等额收付款项的复利终值之和。

净现值(net present value,NPV),是指投资方案所产生的现金净流量以资金成

本为贴现率折现之后与原始投资额现值的差额。净现值法就是按净现值大小来评价方案优劣的一种方法。净现值大于零则方案可行,且净现值越大,方案越优,投资效益越好。

第四节 利率的决定

确定合理的利率水平是运用利率杠杆调节经济的关键环节,然而,利率的决定并不是人们单纯的主观行为,必须综合考虑各种因素,遵循客观经济规律的要求。

一、利率决定理论

利率决定理论主要研究利率水平的决定机制,探讨利率变动的原因及利率差异的原因,本书重点介绍几种有代表性的利率决定理论。

(一)实际利率决定理论

19世纪八九十年代,奥地利经济学家庞巴维克(1851—1914)、英国经济学家马歇尔(1842—1924)、瑞典经济学家维克塞尔(1851—1926)和美国经济学家费雪(1867—1947)等人对支配和影响资本供给与需求的因素进行了深入的探讨,终于提出资本的供给来自储蓄、资本的需求来自投资的观点,从而建立了储蓄与投资决定利率的理论。由于这些理论严格遵循着古典经济学重视实际因素的传统,强调非货币的实际因素在利率决定中的作用,被西方经济学者称为实际利率决定理论,也被后人称为古典利率理论。

实际利率决定理论认为,利率取决于储蓄与投资的均衡点。投资是利率的递减函数,即利率提高,投资额下降;利率降低,投资额上升。储蓄是利率的递增函数,即储蓄额与利率呈正相关关系。古典的利率理论可以用图4-1来表示。

图4-1中I曲线是投资曲线,表示投资与利率的线性关系。古典利率理论认为,当投资的边际收益率发生变动时,投资曲线会发生移动。图中,投资曲线由I上升到I'是由于投资的边际收

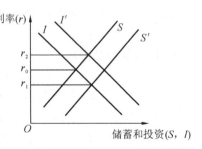

S——边际储蓄倾向;I——边际投资倾向
图4-1 实际利率决定理论

益上升造成的。由于投资边际收益上升,单位投资可以承担较高的利息成本,利率一定时,投资量将增加;反之,当投资的边际收益下降而利率一定时,投资量将减少,否则,增加的投资将产生亏损。

S曲线是储蓄曲线,表示储蓄与利率的线性关系。古典利率理论认为,当边际储蓄倾向发生变动时,储蓄曲线会发生移动,图中,储蓄曲线由S移到S'是由于边际储蓄倾向提高所引起的。由于边际储蓄倾向提高,在收入与利率一定时,储蓄总量增加;相反,若边际储蓄倾向下降,在收入与利率一定时,储蓄总量将减少。市场的均

衡利率是由投资与储蓄两条曲线的相交点决定的,即 $S=I$,并决定了均衡利率 r_0。而当 S 移到 S' 时,新的储蓄曲线 S' 与原投资曲线 I 相交,即 $S'=I$,会决定新的均衡利率 r_1。同样,当 I 移到 I' 时,新的投资曲线 I' 与原储蓄曲线 S 相交,即 $I'=S$,会产生新的均衡利率 r_2。

(二)凯恩斯利率决定理论

和古典利率理论不同,凯恩斯完全抛弃了实际因素对利率水平的影响,其利率决定理论源于货币理论。凯恩斯认为,利率取决于货币供给与货币需求的数量,而货币需求又基本取决于人们的流动性偏好。为此,凯恩斯提出了关于货币需求的流动性偏好理论。他认为,人们对收入有两个抉择:一是在总收入中确定消费与储蓄的比例,即现在消费还是未来消费的选择;二是在储蓄总量确定后,具体储蓄形成的选择,即流动性偏好的选择。假定人们的收入和支出只有两种资产的选择,即人们或者用其收入购买债券,从而获得利息;或者手持现金,从而满足其交易的需求、预防的需求和投机的需求。凯恩斯认为,由于无法准确预测未来,人们宁愿放弃债券投资可能带来的利息收入,也不愿放弃对流动性强的资产——现金的持有,即人们对货币具有流动性偏好。人们进行债券投资可能带来的利息收入,是放弃流动性强的现金资产的报酬。因此,由流动性偏好所形成的货币需求是利息的递减函数。凯恩斯认为,人们持有现金从而满足其交易和预防货币需求的量与利率无关,而与收入正相关。用 L_1 代表交易和预防货币需求,Y 代表总收入,则

$$L_1=L_1(Y)$$

满足投机需要的投机性货币需求是利率的递减函数,而与收入无关。用 L_2 代表投机性货币需求,r 代表利率,则

$$L_2=L_2(r)$$

因此,货币总需求

$$L=L_1+L_2=L_1(Y)+L_2(r)$$

货币供给量 M 由货币当局决定,因此,货币供给曲线是一条与利率无关的垂线;货币需求曲线 $L=L_1+L_2$,是一条向右下方倾斜的曲线,越向右,越与横轴平行。当利率降低到一定程度之后,人们预计有价证券的价格不可能继续上升,因而会持有货币,以免证券价格下跌时遭受损失。这时,人们对货币的需求将趋向于无穷大,这便是凯恩斯利率理论中著名的"流动性陷阱"说。

如图 4-2 所示,货币当局可以根据需要,对货币供给量进行调控,$\overline{M}_1$ 表示货币当局给出的初始货币供给量,$\overline{M}_2$ 是货币供给调整后的货币供应量。货币需求曲线 L 与货币供给曲线 $\overline{M}_1$ 相交于 r_1,r_1 就是货币供求均衡时确定的均衡

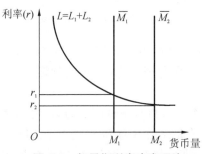

图 4-2 凯恩斯利率决定理论

利率,当货币当局把货币供给量调控到 $\overline{M}_2$ 时,新的均衡利率 r_2 出现。

(三)可贷资金利率决定论

凯恩斯的《就业、利息和货币通论》发表以后,经济学界就其货币利率理论展开了激烈的争论。罗柏森、俄林、勒纳等新古典学派的经济学家认为,利率并不像凯恩斯所说的纯粹是一种货币现象,它并不是由货币的供求所决定的,而是由可贷资金的供求所决定的。可贷资金利率决定论成为现代利率决定理论的一个重要流派,它由新古典学派经济学家罗柏森首创,经俄林等经济学家补充,并由经济学家勒纳综合而形成。

可贷资金利率决定论也被称为新古典利率理论,它是在综合古典利率理论和凯恩斯流动性偏好理论的基础上建立起来的。新古典利率理论认为,市场利率不是简单地由投资与储蓄决定的,也不是仅仅由人们的"流动性偏好"形成的货币需求与中央银行货币供给决定的,而是由可贷资金的供给和需求所决定的。可贷资金的需求包括两个部分,一是投资需求,二是货币储藏的需求。影响市场利率的货币储藏需求不是货币储藏的总额,而是当年货币储藏的增加额。用公式来表示,即

$$LD = I + \Delta M_d$$

式中,LD 为可贷资金的需求;I 为投资;ΔM_d 为货币储藏的增加额。

可贷资金的供给由三部分组成:一是储蓄;二是货币当局新增发的货币;三是商业银行的信用创造。用公式来表示,即

$$LS = S + \Delta M_s$$

式中,LS 为可贷资金的供给;S 为储蓄;ΔM_s 为货币当局的货币增发额和商业银行的信用创造。

可贷资金学说认为,LD 是利率的减函数,LS 是利率的增函数。当可贷资金需求与供给实现均衡时,LD=LS,即

$$I + \Delta M_d = S + \Delta M_s$$

那么均衡利率 r_1 就能确定了,如图 4-3 所示。从图 4-3 也可看出,可贷资金利率决定论与实际利率决定理论的模型相差不大,正因为此,可贷资金利率决定论被称为新古典利率理论。

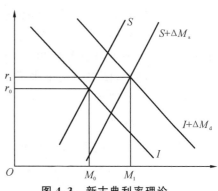

图 4-3 新古典利率理论

二、决定和影响利率变动的因素

决定和影响利率的因素很多,不同经济制度下利率的运行机制也不一样。从现代经济学的角度考察,决定利率水平的因素主要有以下几点。

(一)平均利润率

平均利润率是决定利率总水平的基础性因素。由于利息来源于利润,因而利率

总水平一般应介于零和平均利润率之间。这是因为,当利率高于平均利润率时,资金借贷者将无利可图;当利率低于或等于零时,资金贷出者将无利可图。但是,对于单个企业而言,若它能获得超额利润,则借贷利率可能突破平均利润率。所以,在制定利率时,要考虑企业的中等利润率水平,不能因少数企业利润低而降低利率,也不能按照少数高利润企业的水平而提高利率,而要根据平均利润率制定利率。马克思指出:利息是由利润调节的,但平均利润率是由利润率调节的,不管怎样,必须把平均利润率看成利息的有最后决定作用的最高界限。

(二)资金供求状况

资金供求状况是决定市场利率水平的直接因素。利率是信贷资金的"价格"。在成熟的市场经济条件下,利率水平主要由资金的供求状况决定;其他影响利率水平的非货币因素最终会通过影响货币资金供求关系而作用于市场利率。当市场资金供不应求时,市场利率会面临上升的压力;当市场资金供过于求时,市场利率面临下降的压力。

(三)物价水平

物价水平是制定利率必须考虑的一个因素。物价上涨,货币就会贬值。如果存款利率低于物价上涨幅度,就意味着客户存款的购买力不但没有增加,反而下降了,这就会严重挫伤存款人存款的积极性。如果贷款利率低于通货膨胀率,则意味着银行贷款的实际收益不但没有增加,反而减少了。通货膨胀实际上是一个分配范畴,它对于债权人来说是一种"无形税收",对于债务人来说是一种"补贴"。在物价水平上升后,名义利率就会因通货膨胀的补偿而上升;物价水平下降后,名义利率就会因通货膨胀的下降而下降。因此,当物价上涨出现通货膨胀时,应适当提高名义利率,使实际利率水平不至于太低,更不能为负数;如果物价下跌出现通货紧缩时,可以适当降低名义利率,使实际利率水平不至于太高。所以,利率的变动应与物价的变动保持同向运动的趋势。

(四)风险状况

风险与收益是成正比的,利率水平的高低与贷款人或投资者承担的风险状况是密切相关的。在融资过程中,贷款人或投资者面临多种风险,如违约风险、利率风险、通货膨胀风险、流动性风险等,其中最主要的是违约风险。如果借款人或筹资者的信用水平比较低,则违约风险比较大,在这种情况下,贷款人或投资者通常要求获取更多的利息作为其承担风险的补偿,这意味着借款人或筹资者将不得不出更高的融资成本。国债利率比企业债券利率要低,银行通常对优质客户的贷款实行优惠利率,主要原因是国家和优质客户违约的可能性很小。

利率水平的高低与融资期限的长短一般呈同方向变化,实际上也与风险因素有关,换句话说,贷款或债券的期限是构成风险的重要因素。在其他因素相同的条件下,长期贷款利率高于短期贷款,长期债券的利率高于短期债券,因为融资期限越长,银行(或投资者)收回贷款本息(或投资)的不确定性越大,亦即风险越大。

（五）国家经济政策

无论是发达国家还是发展中国家或转轨经济国家，为协调全社会的整体利益，促进国民经济的快速健康持续发展，国家都要管理或干预经济，通过各种经济政策来体现国家的意志。利率政策是国家整个经济政策的一个组成部分，是国家利用利率杠杆调节经济的具体体现，因此制定利率必须将国家经济政策和经济发展战略作为重要依据。国家在一定时期制定的经济发展战略、速度和方向，决定了资金的需求状况及对资金流向的要求。政府若要实行扩张的经济政策可适当降低利率，反之，则提高利率。为了更好地促进我国经济的快速协调发展，有必要将利率保持在适当的水平上，对一些行业、项目实行优惠利率，在一定时期还可以对不同的行业实行差别利率，以贯彻"区别对待，择优扶植"的原则。

（六）国际利率水平

在开放经济条件下，资本可以自由流动，国际利率对国内利率影响较大。在过去，我国实行比较严格的外汇管制，人民币不能自由兑换外汇，国际金融市场的利率对我国的影响很小。近年来，我国对外开放程度不断提高，对外经济活动越来越频繁，人民币已经实现了经常项目下可自由兑换，国际利率对我国的影响越来越大，所以，在制定人民币存贷款利率时，应当考虑国际金融市场的利率水平，考虑国际借贷及汇率情况。

国际利率水平对国内利率的影响是通过资金在国际的转移实现的。在资本可以自由流动的条件下，当国内利率水平高于国际利率水平时，外国货币资本就会向国内流动，这将增加国内货币市场上的资金量，导致国内利率水平降低；当国内利率水平低于国际利率水平时，不仅外国资本要流出，而且本国资本也会流出，这样会减少国内货币市场上的资金供应，引起国内利率上升。国内外利率水平的差异在引起国际资本流动的同时，必定对国际收支产生影响，进而影响本国通货的对外价值，最终直接影响本国的对外贸易。因此，一国政府在调整国内利率时必须考虑国际利率水平。

此外，经济周期、银行成本、税率、法律规定、国际协议、汇率甚至习惯等都可能对利率水平产生影响。

第五节　利率的作用

利息是利润的一部分，利息率的高低直接决定着利润在货币所有者（资金供给者）和货币使用者（资金需求者）之间的分配比例，利息率越高，货币所有者得到的利润越多，企业收入就越少。正是由于利率具有这种分配功能，调整利率才能调节货币所有者和货币使用者的经济利益，因而对经济活动具有调节作用。调高存款利率，存款者的利息增加，他就可能会减少当期消费，增加当期储蓄；调高贷款利率，借款者要付出的利息增多，可得利润减少，就会减少借款，投资因此缩减。反之亦然。

显而易见，利率的这种调节作用是以资金供给者和资金需求者都关心自身的经济利益为前提条件的。只有各个可以独立决策的经济人都以利润最大化、效益最大化为基本准则,利率的高低直接关系到他们的利益,在利益约束的机制下,利率才会有广泛而突出的调节作用。

利率在经济生活中的作用,主要体现在对储蓄及投资的影响上。其影响程度的大小,取决于储蓄的利率弹性与投资的利率弹性。

一、储蓄的利率弹性

利率对储蓄的影响有两个方面。一是利率提高,储蓄增加的替代效应。它表示人们在利率水平提高的情况下,愿意增加未来消费——储蓄,来替代当前消费。这一效应反映了人们有较强的增加利息收入从而增加财富积累的偏好。二是利率提高,储蓄减少的收入效应。它表示人们在利率水平提高时,希望增加现期消费,从而减少储蓄。这一效应反映了人们在收入水平由于利率提高而提高时,希望进一步改善生活水准的偏好。

一般来说,一个社会中总体上的储蓄利率弹性究竟是大是小,最终取决于上述方向相反的两种作用相互抵消的结果。由于相互抵消,尽管利率的收入效应与替代效应分别来看都很强,但利率的弹性却有可能很低。至于储蓄的利率弹性的方向是正或负,显然也取决于收入效应与替代效应的对比结果。当然,也有例外的情况。例如,如果一个社会的收入水平很低,人们的收入仅够维持温饱或略有剩余,这时再高的利率也难以使储蓄的比例增大。此时,利率对储蓄的替代效应就很小。另外一种情况是虽然收入水平较低,但可供购买的商品有限,且所有的商品都实行限量限价供应,这时,社会也会有一定的消费剩余,即想支用而无法支用的结余,人们称之为"强制储蓄",显然这种"强制储蓄"与利率无关。

以我国为例,1979 年之前,我国居民的货币收入很低,但由于实行限量限价的计划供应方式,居民也有一定的消费剩余,这种剩余在我国多年不存在其他投资渠道的情况下只能表现为储蓄存款。很显然,这是一种"强制储蓄",与当时的利率水平没有多大关系。改革开放之后,我国的计划经济体制逐步被市场经济体制取代,市场物品供应丰富,居民收入增加,但是,观察 20 世纪 90 年代以来中国人民银行多次调整利率后储蓄存款的变化可以发现,储蓄与利率两个指标的相关程度依然较小。如:1990—1991 年连续三次下调利率并未引起储蓄明显下降与消费明显增加;1996—2002 年连续八次下调利率,储蓄非但没有明显下降,反而继续增加,消费也没有明显的增加。另外,段全英(2012)应用 1979—2010 年的数据实证研究发现:我国居民储蓄存款的增长变化与名义利率的变化在大体的波动方向上是比较一致的,因而可以判定名义利率变动对居民储蓄存款的变动大体上存在着一定的正相关性。另外,我们还可以发现,储蓄存款的变动对名义利率变动的反映存在一定的时滞性,往往在利率变动了一定的时间后,储蓄存款才会相应地发生变动,而非紧密相连地反映其影响。居民储蓄的利率弹性是不敏感的,相对而言,名义利率的变动对储蓄存款的影响是正相关的,只是弹性并不是十分敏感,因而,总体来说,储蓄利率是缺乏弹性的。

二、投资的利率弹性

影响投资变动的基本因素有两个：一是利率；二是资本边际效益即预期利润率。前者体现为投资的成本，后者体现为投资的收益。因此，利率变化对投资所起的作用，取决于企业对资本边际效益与市场利率的比较。如果资本边际效益大于市场利率，可以诱使企业增加投资；反之则会减少投资。当然，同样幅度的利率变化及利率与资本边际效益的比对不同企业投资的影响程度是不同的。比如，在劳动力成本——工资不随利率下降而降低的情况下，对劳动密集型企业的投资，其利率弹性就小些；对资本密集型企业的投资，其利率弹性就会大些。另外，期限较长的固定资产投资的利率弹性大些，存货投资的利率弹性较复杂。由于存货的增减主要取决于产品销售及其他成本，利息成本只是影响因素之一，只有较大幅度的利率变化，才能引致存货投资量的明显变化。

以上分析仅就一般市场经济环境而言。就我国而言，改革开放前，企业受制于计划的直接管理，企业投资的规模基本与利率无关。改革开放之后，尽管商品价格、商品生产与流通的集中计划管理色彩逐渐淡化，但到目前为止，完善的市场经济机制仍在形成过程之中，企业尤其是国有企业的现代企业运行机制还没有全部建立，这不能不影响我国投资利率的弹性。

第六节　利率市场化改革

一、利率管制与利率市场化

利率管理体制通常有两种较为常见的类型，即利率管制和利率市场化。利率市场化是相对于利率管制而言的，利率管制是指政府部门对利率水平的变化设置的一个最高限度（一般是对金融机构吸收存款的利率）和一个最低限度（一般是指贷款利率），利率只能在限定的范围内浮动或者不允许浮动，它是国家或政府出于特定目的，将资金利率压低到市场均衡利率之下的一种政策措施。各国的发展历程表明，许多国家都曾经选择或者正采取利率管制政策，试图借此达到促进经济增长的目的。利率管制在一定程度上支持了经济的高速增长。

但从20世纪70年代开始，各国利率管制的弊端逐渐显现：利率管制不仅会导致利息负担与收益扭曲，还会导致信贷配给制，从而降低金融部门对经济发展的推动作用，使商业银行经营效率下降。20世纪80年代以来，利率市场化开始成为世界性潮流，如美国和日本分别于1986年和1994年全面实现了利率市场化。许多发展中国家也掀起了利率市场化的高潮。在我国，随着市场经济的不断发展、金融体制改革的不断深入及与国际市场的逐步接轨，原有利率管制的弊端开始显现，利率管制会导致利率的双轨现象，造成了经济的低效和失衡，经济的低效和失衡反过来又制约了经济的进一步发展。利率管制逐步成为我国经济和金融改革中的"瓶颈"。要保持经济持续、健康的发展,就必须改善投资结构,提高投资效率,进行利率市场化改革就成为一种必然。

二、利率市场化的内容

一般而言,利率市场化包括两个方面:一是商业银行的存贷款利率市场化;二是中央银行通过间接调控的方式影响市场利率。

(一)商业银行存贷款利率市场化

在市场利率制度下,商业银行集利率的制定者和执行者于一身。

就存款利率的确定而言,商业银行的存款利率应完全由银行自主决定,实行盯住同业拆借利率上下浮动的办法。商业银行结合本行在当地市场占有的位置和竞争优势,根据每天本行的资产负债期限结构的匹配情况、成本结构和风险结构,分析本行的资金需求,确定在同业拆借利率基础上的浮动幅度,调整制定本行存款各期限档次的具体利率水平。一般大额、长期存款利率水平接近同业拆借利率水平或相同,特殊时期还高于拆借利率;小额、短期存款利率水平低于同业拆借利率水平。

从贷款利率的确定方面来看,商业银行的各项贷款利率应在中央银行规定的上下限内,围绕基础利率浮动。商业银行确定浮动幅度,一般根据同业拆借利率的变化趋势、贷款质量、期限、风险、所投行业的发展前景及与客户的信用关系因素确定。

(二)中央银行间接调控利率

在市场利率制度下,中央银行不是直接管理商业银行的所有利率,而是实行间接调控政策,由商业银行自主决定本行的利率。但是为了防止比较大的商业银行利用垄断地位而破坏市场利率有序、均衡地运行,中央银行应保留对存款利率上限、基础贷款利率或最优惠贷款利率的窗口指导权。同时,中央银行通过再贷款、再贴现、公开市场操作等业务间接调控货币市场资金供求的方式,调控同业拆借利率,并由此影响商业银行的存贷款利率。

三、我国的利率市场化

(一)我国利率管理体制的几个阶段

自新中国成立到现在,我国的利率管理体制属于利率管制型,这种管制型的利率管理体制可以分为两种:1949—1978年间实行高度集中的利率管理体制和自1978年至今的有限浮动利率管理体制。1978年至今,管制型的利率管理体制的发展又可分为前期的调整利率水平和结构、改革利率生成机制和利率市场化快速推进等三个阶段。

1. 调整利率水平和结构阶段(1978—1993年)

经过近15年的改革,基本改变了负利率和零利差的现象,偏低的利率水平逐步得到纠正,利率期限档次和种类得到合理设定,利率水平和利率结构得到了不同程度的改善,银行部门的利益逐步得到重视。

2. 改革利率生成机制阶段(1993—1996年)

利率改革的主要任务是不断通过扩大利率浮动范围,放松对利率的管制,促使利率水平在调整市场行为中发挥作用,以逐步建立一个有效宏观调控的利率管理体制。在此期间,我国的利率管理权限仍然是高度集中的。

3. 利率市场化快速推进阶段(1996年至今)

从1996年开始,中央银行才在利率市场化方面进行了一些根本性的尝试和探索,推出一些新的举措。其目的在于建立一种由中央银行引导市场利率的新型体制,实现利率管理由直接调控向间接调控的过渡。尽管部分金融市场的利率市场化程度大大提高,但利率市场化改革的进程还远未结束。

(二)我国利率市场化的具体做法

改革开放以来,我国即致力于金融改革,改善金融生态环境,特别是在20世纪90年代后,改革进程进一步加快。1993年《关于建立社会主义市场经济体制改革若干问题的决定》和《国务院关于金融体制改革的决定》最先明确利率市场化改革的基本设想。1995年《中国人民银行关于"九五"时期深化利率改革的方案》初步提出利率市场化改革的基本思路:先外币,后本币;先贷款,后存款;先长期、大额,后短期、小额。从1996年开始,中国人民银行开展了大规模的利率市场化改革。

1996年:1996年6月1日,中国人民银行放开了银行间同业拆借利率,此举被视为利率市场化的突破口。

1997年:1997年6月银行间债券回购利率放开。1998年8月,国家开发银行在银行间债券市场首次进行了市场化发债,1999年10月,国债发行也开始采用市场招标形式,从而实现了银行间市场利率、国债和政策性金融债发行利率的市场化。

1998年:中国人民银行改革了贴现利率生成机制,贴现利率和转贴现利率在再贴现利率的基础上加点生成,在不超过同期贷款利率(含浮动)的前提下由商业银行自定。

1998年、1999年:中国人民银行连续三次扩大金融机构贷款利率浮动幅度。

1999年:1999年10月,中国人民银行批准中资商业银行法人对中资保险(放心保)公司法人试办由双方协商确定利率的大额定期存款(最低起存金额3 000万元,期限在5年以上不含5年),进行了存款利率改革的初步尝试。2003年11月,商业银行、农村信用社可以开办邮政储蓄协议存款(最低起存金额3 000万元,期限降为3年以上不含3年)。

2000年:2000年9月,放开外币贷款利率和300万美元(含300万)以上的大额外币存款利率;300万美元以下的小额外币存款利率仍由中国人民银行统一管理。2002年3月,中国人民银行统一了中、外资金融机构外币利率管理政策,实现中、外资金融机构在外币利率政策上的公平待遇。2003年7月,放开了英镑、瑞士法郎和加拿大元的外币小额存款利率管理,由商业银行自主确定。2003年11月,对美元、日元、港币、欧元小额存款利率实行上限管理。

2004年:2004年1月1日,中国人民银行再次扩大金融机构贷款利率浮动区间。商业银行、城市信用社贷款利率浮动区间扩大到[0.9,1.7],农村信用社贷款利率浮动区间扩大到[0.9,2],贷款利率浮动区间不再根据企业所有制性质、规模大小分别制定。

2004年10月,贷款上浮取消封顶,下浮的幅度为基准利率的0.9倍,还没有完全放开。与此同时,允许银行的存款利率下浮,下不设底。

2006年:2006年8月,贷款利率浮动范围扩大至基准利率的0.85倍。

2008年5月:汶川特大地震发生后,为支持灾后重建,中国人民银行于当年10月进一步提升了金融机构住房抵押贷款的自主定价权,将商业性个人住房贷款利率下限扩大到基准利率的0.7倍。

2012年:2012年6月,中国人民银行进一步扩大利率浮动区间。存款利率浮动区间的上限调整为基准利率的1.1倍;贷款利率浮动区间的下限调整为基准利率的0.8倍。7月,再次将贷款利率浮动区间的下限调整为基准利率的0.7倍。

2013年:2013年7月,进一步推进利率市场化改革,自2013年7月20日起全面放开金融机构贷款利率管制,取消金融机构贷款利率为基准利率0.7倍的下限,由金融机构根据商业原则自主确定贷款利率水平,并取消票据贴现利率管制,改变贴现利率在再贴现利率基础上加点确定的方式,由金融机构自主确定。

2014年11月,将金融机构存款利率浮动区间的上限由存款基准利率的1.1倍调整为1.2倍。

2015年10月24日,中国人民银行对商业银行和农村合作金融机构等不再设置存款利率浮动上限。放开存款利率上限才真正触及了中国金融体制的根本环节,这标志着历经近20年的利率市场化改革终于形式上基本完成。

综上所述,我国的利率市场化改革是从货币市场起步的,其中二级市场先于一级市场;存款利率改革先放开大额、长期存款利率,对一般存款利率实行严格管制;贷款利率逐步扩大浮动幅度;外币利率改革先于本币利率改革;在改革进程中,注意保持改革进程与商业银行自我约束能力和中央银行对利率的宏观控制能力相适应。

 知识链接

贷款市场报价利率

贷款市场报价利率(loan prime rate,LPR)是由具有代表性的报价行,根据本行对最优质客户的贷款利率,以公开市场操作利率(主要指中期借贷便利利率)加点形成的方式报价,由中国人民银行授权全国银行间同业拆借中心计算并公布的基础性的贷款参考利率,各金融机构应主要参考LPR进行贷款定价。现行的LPR包括1年期和5年期以上两个品种。LPR市场化程度较高,能够充分反映信贷市场资金供求情况。使用LPR进行贷款定价,可以促进形成市场化的贷款利率,提高市场利率向信贷利率的传导效率。2020年8月12日,工行、建行、农行、中行和邮储五家国有大行同时发布公告,将于 8 月 25 日起对批量转换范围内的个人住房贷款,按照相关规则统一调整为 LPR(贷款市场报价利率)定价方式。2021 年 4 月 20 日,贷款市场报价利率一年期 3.85%,五年期以上为 4.65%。

中国人民银行宣布,从 2013 年 10 月 25 日起建立 LPR 集中报价和发布机制。2019 年 8 月 17 日,中国人民银行发布改革完善贷款市场报价利率形成机制公告,在报价原则、形成方式、期限品种、报价行、报价频率和运用要求等六个方面对 LPR 进行改革,同时将贷款基础利率中文名更改为贷款市场报价利率,英文名 LPR 保持不变。

2019 年 8 月 17 日,中国人民银行有关负责人就完善贷款市场报价利率形成机制答记者问:

(1)为什么要完善贷款市场报价利率(LPR)形成机制?

答:经过多年来利率市场化改革持续推进,目前我国的贷款利率上、下限已经放开,但仍保留存贷款基准利率,存在贷款基准利率和市场利率并存的"利率双轨"问题。银行发放贷款时大多仍参照贷款基准利率定价,特别是个别银行通过协同行为以贷款基准利率的一定倍数(如 0.9 倍)设定隐性下限,对市场利率向实体经济传导形成了阻碍,是市场利率下行明显但实体经济感受不足的一个重要原因,这是当前利率市场化改革迫切需要解决的核心问题。这次改革的主要措施是完善贷款市场报价利率(LPR)形成机制,提高 LPR 的市场化程度,发挥好 LPR 对贷款利率的引导作用,促进贷款利率"两轨合一轨",提高利率传导效率,推动降低实体经济融资成本。

(2)新的 LPR 是如何形成的?

答:新的 LPR 由各报价行于每月 20 日(遇节假日顺延)9 时前,以 0.05 个百分点为步长,向全国银行间同业拆借中心提交报价,全国银行间同业拆借中心按去掉最高和最低报价后算术平均,向 0.05% 的整数倍就近取整计算得出 LPR,于当日 9 时 30 分公布,公众可在全国银行间同业拆借中心和中国人民银行网站查询。与原有的 LPR 形成机制相比,新的 LPR 主要有以下几点变化:

一是报价方式改为按照公开市场操作利率加点形成。原有的 LPR 多参考贷款基准利率进行报价,市场化程度不高,未能及时反映市场利率变动情况。改革后各报价行在公开市场操作利率的基础上加点报价,市场化、灵活性特征将更加明显。其中,公开市场操作利率主要指中期借贷便利利率,中期借贷便利期限以 1 年期为主,反映了银行平均的边际资金成本,加点幅度则主要取决于各行自身资金成本、市场供求、风险溢价等因素。

二是在原有的 1 年期一个期限品种基础上,增加 5 年期以上的期限品种,为银行发放住房抵押贷款等长期贷款的利率定价提供参考,也便于未来存量长期浮动利率贷款合同定价基准向 LPR 转换的平稳过渡。

三是报价行范围代表性增强,在原有的 10 家全国性银行基础上增加城市商业银行、农村商业银行、外资银行和民营银行各 2 家,扩大到 18 家。新增加的报价行都是在同类型银行中贷款市场影响力较大、贷款定价能力较强、服务小微企业效果较好的中小银行,能够有效增强 LPR 的代表性。

四是报价频率由原来的每日报价改为每月报价一次,这样可以提高报价行的重视程度,有利于提升 LPR 的报价质量。2019 年 8 月 19 日原机制下的 LPR 停报一天,8 月 20 日将首次发布新的 LPR。

(3)完善 LPR 形成机制能否降低实际利率?

答:通过改革完善 LPR 形成机制,可以起到运用市场化改革办法推动降低贷款实际利率的效果。一是前期市场利率整体下行幅度较大,LPR 形成机制完善后,将对市场利率的下降予以更多反映。二是新的 LPR 市场化程度更高,银行难以再协同设定贷款利率的隐性下限,打破隐性下限可促使贷款利率下行。监管部门和市场利率定价自律机制将对银行进行监督,企业可以举报银行协同设定贷款利率隐性下限的行为。三是明确要求各银行在新发放的贷款中主要参考 LPR 定价,并在浮动利率贷款合同中采用 LPR 作为定价基准。为确保平稳过渡,存量贷款仍按原合同约定执行。四是中国人民银行将把银行的 LPR 应用情况及贷款利率竞争行为纳入宏观审慎评估(MPA),督促各银行运用 LPR 定价。

复习思考题

1. 利息的本质是什么?
2. 利息的计算方法有哪些?
3. 什么是利率体系?利率种类有哪些划分方法?
4. 决定和影响利率水平的因素有哪些?
5. 简述几种有代表性的利率决定理论的基本内容,并用图加以说明。
6. 利率的功能有哪些?
7. 发达国家利率自由化有哪些经验教训?我国利率市场化改革经历了哪几个阶段?

第二篇

金融机构与市场

第五章 金融机构体系

 教学目的与要求

了解金融机构体系的功能和现阶段我国金融机构体系的构成;掌握西方国家专业银行的特点和西方国家金融机构的发展趋势;思考我国农村金融机构现状和国有四大商业银行的改革现状。

第一节 金融机构体系概述

一、金融机构的概念与类型

(一)金融机构的概念

金融机构有狭义和广义之分。狭义的金融机构仅指那些通过参与或服务金融市场交易而获取收益的金融企业;广义的金融机构不仅包括所有从事金融活动的组织,还包括金融市场的监管者,如中央银行和专职监管部门。本书采用的是广义的金融机构概念。

(二)金融机构的类型

按照不同的标准,金融机构可划分为不同的类型。

按照在金融体系中的职能作用及业务性质,金融机构分为金融管理机构和一般金融机构。

按照主营业务特征及创造货币、创造交换媒介和支付手段的能力,金融机构分为银行金融机构和非银行金融机构。银行金融机构一般以存款、放款、汇兑结算等传统银行业务为主要内容,如商业银行、中央银行和一些专业银行;非银行金融机构则是一个庞杂的体系,包括保险、证券、信托、租赁、投资等。投资银行是西方有些国家对证券公司的叫法,它虽然也被冠以银行的名字,但是一般并不经营存、放、汇业务,而是专注于证券及资本市场的重组、并购等业务。

按照是否能够接受公众存款,金融机构可划分为存款性金融结构和非存款性金融机构。存款性金融机构主要通过存款形式向公众举债而获得其资金来源,如商业银行、储蓄贷款协会、合作储蓄银行和信用合作社等;非存款性金融机构则不得吸收公众的储蓄存款。

按照是否承担国家政策性融资业务,金融机构可划分为政策性金融机构和非政策性金融机构。政策性金融机构是指由政府投资创办、按照政府意图从事金融活动的机构;非政策性金融机构则不承担国家的政策性融资任务。

按照经营活动的领域,金融机构可划分为间接金融机构和直接金融机构。两者之间最明显的区别是:间接金融机构通过发行以自己为债务人的融资工具来筹集资金,然后以各种资产业务分配这些资金;而直接金融机构在融资过程中,一般不发行以自己为债务人的融资工具,只是协助筹资者将发行的融资工具销售给投资者,完成投资目标。商业银行是最典型的间接金融机构。

二、西方国家的金融机构体系

(一)西方国家的金融机构体系概述

为适应高度发达的市场经济的要求,西方国家都各有一个规模庞大、分工精细的金融体系,从其种类繁多、形式各异的金融机构概略地看,西方国家主要呈现众多银行与非银行金融机构并存的格局。就全部银行机构的组成来看,西方国家的银行主要可分为中央银行、存款货币银行和各式各样的专业银行三大类;国际货币基金组织将能够创造货币的金融中介机构统称为存款货币银行。西方国家的存款货币银行是指从个人和机构手中吸收存款和发放贷款的银行,主要指商业银行或存款银行。我国的存款货币银行包括国有商业银行、政策性银行中的中国农业发展银行、其他商业银行、信用合作社及财务公司等金融机构。至于非银行金融机构,其构成比较庞杂,包括保险公司、投资公司、信用合作组织、基金组织、租赁公司、证券机构等。西方国家的金融机构与目前我国的金融机构大致相似,而其专业银行与我国的专业银行却有很大的区别。在西方国家,专业银行是指专门经营指定范围的金融业务和提供专门性金融服务的银行,其主要特点有三个:一是专门性,专业银行体现了社会分工的发展,其服务对象通常是某一特定的地区、部门或专业领域,并具有一定的垄断性;二是政策性,专业银行的设置往往体现了政府支持和鼓励某一地区、部门或领域发展的政策导向,尤其是开发银行和进出口银行等专业银行的贷款,具有明显的优惠性,如含有政府贴息和保险,借款期限和还款期限较长等;三是行政性,专业银行的建立往往有官方背景,有的专业银行本身就是国家银行或代理国家银行。

(二)西方国家的金融机构的全能型趋势

就西方国家最初的划分银行与非银行金融机构的标准来看,银行类的金融机构主要从事存款、放款、汇兑业务的经营,如不少西方国家的商业银行和某些专业银行,而大多数的非银行金融机构,初始并不经营存款等业务。各国对不同金融机构的业务经营所施加的限制性管理是不同的。在德国、瑞士等实行全能型银行制度的国家,几乎无所限制,银行可以经营包括存贷业务和证券业务在内的各种金融业务;而在美国和英国等国,则以长短期信用业务分离,一般银行业务与信托业务、证券业务分离为特点。随着市场竞争的加剧、技术进步及新技术在金融业的广泛运用,各种金融机构的业务出现了交叉和重叠。原有金融机构之间的差异日趋缩小,相互间的界限越来越模糊,形成了目前由专业化经营向多元化、综合性经营转变的趋势。

第二节 我国的金融机构体系

我国的金融机构始于唐代。在新中国成立以前的漫长岁月里,金融业发展缓慢;新中国成立后到 1978 年,与高度集中的计划经济体制相适应,全国金融机构单一,基本上走上了中国人民银行大一统的道路,中国人民银行实际上成为我国唯一的银行,垄断了几乎所有的金融业务,它既是金融机构行政管理机关,又是具体经营银行业务的金融机构。改革开放使我国金融业走上了蓬勃发展的道路,经过 30 年的改革和发展,我国形成了以中国人民银行为中央银行,以大型股份制商业银行为主体,政策性金融机构、中小型股份制商业银行、其他非银行金融机构并存、分工协作的金融体系。

我国的金融机构体系大致可以用图 5-1 表示。

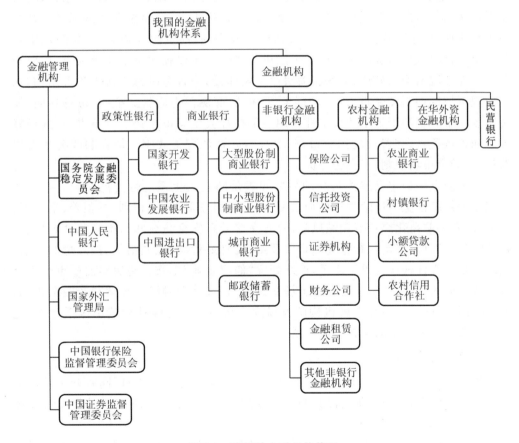

图 5-1 我国的金融机构体系

一、金融管理机构

(一)国务院金融稳定发展委员会

国务院金融稳定发展委员会于 2017 年 7 月 14 日至 15 日,在北京召开的全国金融工作会议上宣布设立,旨在加强金融监管协调、补齐监管短板。2017 年 11 月,经党中央、国务院批准,国务院金融稳定发展委员会成立,并召开了第一次全体会议。

设立国务院金融稳定发展委员会,是为了强化人民银行宏观审慎管理和系统性风险防范职责,强化金融监管部门监管职责,确保金融安全与稳定发展。

国务院金融稳定发展委员会在做好金融工作时要把握好以下重要原则:第一,回归本源,服从服务于经济社会发展。金融要把为实体经济服务作为出发点和落脚点,全面提升服务效率和水平,把更多金融资源配置到经济社会发展的重点领域和薄弱环节,更好满足人民群众和实体经济多样化的金融需求。第二,优化结构,完善金融市场、金融机构、金融产品体系。要坚持质量优先,引导金融业发展同经济社会发展相协调,促进融资便利化、降低实体经济成本、提高资源配置效率、保障风险可控。第三,强化监管,提高防范化解金融风险能力。要以强化金融监管为重点,以防范系统性金融风险为底线,加快相关法律法规建设,完善金融机构法人治理结构,加强宏观审慎管理制度建设,加强功能监管,更加重视行为监管。第四,市场导向,发挥市场在金融资源配置中的决定性作用。坚持社会主义市场经济改革方向,处理好政府和市场关系,完善市场约束机制,提高金融资源配置效率。加强和改善政府宏观调控,健全市场规则,强化纪律性。

国务院金融稳定发展委员会的主要职责是防止发生系统性金融风险。把主动防范化解系统性金融风险放在更加重要的位置,科学防范,早识别、早预警、早发现、早处置,着力防范化解重点领域风险,着力完善金融安全防线和风险应急处置机制。推动经济去杠杆,坚定执行稳健的货币政策,处理好稳增长、调结构、控总量的关系。把国有企业降杠杆作为重中之重,抓好处置"僵尸企业"工作。坚决整治严重干扰金融市场秩序的行为,严格规范金融市场交易行为,规范金融综合经营和产融结合,加强互联网金融监管,强化金融机构防范风险主体责任。加强社会信用体系建设,建立健全符合我国国情的金融法治体系。

(二)中国人民银行

我国的中央银行——中国人民银行成立于 1948 年 12 月 1 日,同时开始发行全国统一的人民币,成为中华人民共和国成立后的中央银行,1949 年 2 月将总行设在北京。

1949—1978 年,我国基本上实行的是"大一统"模式的金融体系,中国人民银行一身兼二任,既是金融监管者又是经营者,对普通的工商企业从事信贷业务。

1978 年后,伴随着改革开放政策,中国人民银行开始逐渐剥离普通的存贷业务。1983 年 9 月,国务院决定中国人民银行专门行使中央银行的职能,不再对企业、个人直接办理存贷业务。1984年1月,中国工商银行正式成立。自此,中国人民银行剥离了所有面向社会公众和企业的普通存贷业务,我国正式实行中央银行体制。

为了更好地履行自身职责,中国人民银行在全国设立了众多的分支机构,并设立了一些为之服务的直属企事业单位,如印制总公司、清算中心、中国外汇交易中心等。1998年之前,中国人民银行总行下属的分支机构是按照行政区域划分的,每一个省市都设立相应的中国人民银行分支行,但是,在这种组织结构下,各分支机构的业务容易受到相应行政部门的干预,中央银行的独立性受到很大影响。因此,为了避免行政干预,使中国人民银行独立行使货币政策,1998年,按照中央金融工作会议的部署,中国人民银行进行管理体制改革,撤销了省级分行,并按照各个省的经济联系密切程度,在全国设9个大区分行,以及北京和重庆2个直属营业部。

1995年3月18日,第八届全国人民代表大会第三次会议通过了《中华人民共和国中国人民银行法》(以下简称《中国人民银行法》),就中国人民银行的设立、职能等以立法形式做出了界定。

(三)国家外汇管理局

国家外汇管理局是中国人民银行代管的国务院直属局,为副部级国家局,它代表国家行使外汇管理职能。国家外汇管理局的主要职责有九项:①设计、推行符合国际惯例的国际收支统计体系,拟定并组织实施国际收支统计申报制度,负责国际收支统计数据的采集,编制国际收支平衡表;②分析外汇收支和国际收支状况,提出维护国际收支平衡的政策建议,研究人民币在资本项目下的可兑换性;③拟定外汇市场的管理办法,监督管理外汇市场的运作秩序,培育和发展外汇市场,分析和预测外汇市场的供需形势,向中国人民银行提供制定汇率政策的建议和依据;④制定经常项目汇兑管理办法,依法监督经常项目的汇兑行为,规范境内外外汇账户管理;⑤依法监督管理资本项目下的交易和外汇的汇入、汇出及兑付;⑥按规定经营管理国家外汇储备;⑦起草外汇行政管理规章,依法检查境内机构执行外汇管理法规的情况,处罚违法违规行为;⑧参与有关国际金融活动;⑨承办国务院和中国人民银行交办的其他事项。

(四)中国证券监督管理委员会

1992年10月,国务院证券委员会(简称国务院证券委)和中国证券监督管理委员会(简称中国证监会)成立,标志着中国证券市场统一监管体制开始形成。国务院证券委是国家对证券市场进行统一宏观管理的主管机构。中国证监会是国务院证券委的监管执行机构,依照法律法规对证券市场进行监管。

国务院证券委和中国证监会成立以后,其职权范围随着市场的发展逐步扩展。1993年11月,国务院决定,将期货市场的试点工作交由国务院证券委负责,由中国证监会具体执行。1995年3月,国务院正式批准《中国证券监督管理委员会机构编制方案》,确定中国证监会为国务院直属副部级事业单位,是国务院证券委的监管执行机构,依照法律法规的规定,对证券期货市场进行监管。1997年8月,国务院决定,将上海、深圳证券交易所统一划归中国证监会监管,同时,在上海和深圳两市设立中国证监会证券监管专员办公室;同年11月,中央召开全国金融工作会议,决定对全国证券管理体制进行改革,理顺证券监管体制,对地方证券监管部门实行垂直领导,并将原由中国人民银行监管的证券经营机构划归中国证监会统一监管。1998年4月,根据国务院机构改革方案,将国务院证券委与中国证监会合并组成国务院直属正部级事业单位。经过这些改革,中国证监会的职能明显加强,集中统一的全国证券监管体制基本形成。1998年9月,国务院批准了《中国证券监督管理委员会职能配置、内设机构和人员编制规定》,进一步明确了中国证监会作为国务院直属事业单位,是全国证券期货市场的主管部门,进一步强化和明确了中国证监会的职能。

中国证监会的基本职能包括以下五项。①建立统一的证券期货监管体系,按规定对证券期货监管机构实行垂直管理。②加强对证券期货业的监管,强化对证券期货交易所、上市公司、证券期货经营机构、证券投资基金管理公司、证券期货投资咨询机构和从事证券期货中介业务的其他机构的监管,提高信息披露质量。③加强对证券期货市场金融风险的防范和化解工作。④负责组织拟订有关证券市场的法律、法规草案,研究制定有关证券市场的方针、政策和规章;制定证券市场发展规划和年度计划;指导、协调、监督和检查各地区、各有关部门与证券市场有关的事项;对期货市场试点工作进行指导、规划和协调。⑤统一监管证券业。

(五)中国银行保险监督管理委员会

中国银行保险监督管理委员会(英文名称:China Banking and Insurance Regulatory Commission,简称:中国银保监会或银保监会)成立于2018年,是国务院直属事业单位,为正部级。其主要职责是依照法律法规统一监督管理银行业和保险业,维护银行业和保险业合法、稳健运行,防范和化解金融风险,保护金融消费者合法权益,维护金融稳定。

2018年4月8日,中国银行保险监督管理委员会正式挂牌。2020年6月,中国银保监会发布《中国银保监会行政处罚办法》,自2020年8月1日起施行。

金融是现代经济的核心,必须高度重视防控金融风险、保障国家金融安全。为深化金融监管体制改革,解决现行体制存在的监管职责不清晰、交叉监管和监管空白等问题,强化综合监管,优化监管资源配置,更好统筹系统重要性金融机构监管,逐步建立符合现代金融特点、统筹协调监管、有力有效的现代金融监管框架,守住不发生系统性金融风险的底线,国务院机构改革方案提出,将中国银行业监督管理委员会和中国保险监督管理委员会的职责整合,组建中国银行保险监督管理委员会,作为国务院直属事业单位。

2018年11月14日,中国银行保险监督管理委员会职能配置发布如下:

(1)依法依规对全国银行业和保险业实行统一监督管理,维护银行业和保险业合法、稳健运行,对派出机构实行垂直领导。

(2)对银行业和保险业改革开放和监管有效性开展系统性研究。参与拟订金融业改革发展战略规划,参与起草银行业和保险业重要法律法规草案以及审慎监管和金融消费者保护基本制度。起草银行业和保险业其他法律法规草案,提出制定和修改建议。

(3)依据审慎监管和金融消费者保护基本制度,制定银行业和保险业审慎监管与行为监管规则。制定小额贷款公司、融资性担保公司、典当行、融资租赁公司、商业保理公司、地方资产管理公司等其他类型机构的经营规则和监管规则。制定网络借贷信息中介机构业务活动的监管制度。

(4)依法依规对银行业和保险业机构及其业务范围实行准入管理,审查高级管理人员任职资格。制定银行业和保险业从业人员行为管理规范。

(5)对银行业和保险业机构的公司治理、风险管理、内部控制、资本充足状况、偿付能力、经营行为和信息披露等实施监管。

(6)对银行业和保险业机构实行现场检查与非现场监管,开展风险与合规评估,保护金融消费者合法权益,依法查处违法违规行为。

(7)负责统一编制全国银行业和保险业监管数据报表,按照国家有关规定予以发布,履行金融业综合统计相关工作职责。

(8)建立银行业和保险业风险监控、评价和预警体系,跟踪分析、监测、预测银行业和保险业运行状况。

(9)会同有关部门提出存款类金融机构和保险业机构紧急风险处置的意见和建议并组织实施。

(10)依法依规打击非法金融活动,负责非法集资的认定、查处和取缔以及相关组织协调工作。

(11)根据职责分工,负责指导和监督地方金融监管部门相关业务工作。

(12)参加银行业和保险业国际组织与国际监管规则制定,开展银行业和保险业的对外交流与国际合作事务。

(13)负责国有重点银行业金融机构监事会的日常管理工作。

(14)完成党中央、国务院交办的其他任务。

(15)职能转变。围绕国家金融工作的指导方针和任务,进一步明确职能定位,强化监管职责,加强微观审慎监管、行为监管与金融消费者保护,守住不发生系统性金融风险的底线。按照简政放权要求,逐步减少并依法规范事前审批,加强事中事后监管,优化金融服务,向派出机构适当转移监管和服务职能,推动银行业和保险业机构业务和服务下沉,更好地发挥金融服务实体经济功能。

依照法律法规统一监督管理银行业和保险业,维护银行业和保险业合法、稳健运行,防范和化解金融风险,保护金融消费者合法权益,维护金融稳定。2018年5月14日,商务部办公厅发布通知,已将制定融资租赁公司、商业保理公司、典当行业务经营和监管规则职责划给中国银行保险监督管理委员会,自4月20日起,有关职责由银保监会履行。

二、金融机构

(一)政策性银行

政策性银行,一般是指由政府设立,以贯彻国家产业政策、区域发展政策为目的,不以赢利为目标的金融机构。经济发展过程中常常存在一些商业银行从盈亏角度考虑不愿融资的领域,或者其资金实力难以达到的领域,而这些领域通常是那些对国民经济发展和社会稳定具有重要意义,且投资规模大、周期长、经济效益低的项目,如农业开发项目、重要基础设施建设项目等。各国政府会实行各种鼓励措施来扶持这些项目,通常所采用的办法是成立专门针对这些项目进行融资的政策性银行。

政策性银行一般具有如下特征:①资本金一般来源于政府;②不以赢利为目的,实行自主经营、保本微利;③具有特定的服务领域;④一般不设立分支机构,其业务由当地的商业银行代理。

1994年,为了配合四大国有专业银行向商业银行的转变,我国组建了政策性银行,即国家开发银行、中国进出口银行和中国农业发展银行。

1. 国家开发银行

国家开发银行于1994年3月17日正式成立,总行设在北京。其主要任务是:按照国家法律、法规和方针、政策,筹集和引导境内外资金,向国家基础设施、基础产业和支柱产业的大众基本建设和技术改造等政策项目及其配套工程发放贷款;从资金来源上对固定资产投资总量进行控制和调节,优化投资结构,提高投资效率。

2. 中国进出口银行

中国进出口银行于1994年7月1日成立,总行设在北京。其主要任务是:执行国家产业政策和外贸政策,为扩大机电产品和成套设备等资本性货物的出口提供政策性金融支持。

3. 中国农业发展银行

中国农业发展银行于1994年11月18日成立,总行设在北京。其主要任务是:按照国家法律、法规和方针、政策,以国家信用为基础,筹集农业政策性信贷资金,承担国家规定的农业政策性金融服务,代理财政性支农资金的拨付,为农业和农村经济发展服务。

(二)商业银行

商业银行是以经营存贷款、办理转账结算为主要业务,以赢利为主要经营目标的金融企业。我国商业银行采取分支行制,即法律允许商业银行在全国范围或一定区域内设立分支行。我国的商业银行体系包括四家大型股份制商业银行和一些规模不等的其他商业银行,如交通银行等。此外,我国的商业银行体系还包括1998年以来由城市合作银行改建的一大批城市商业银行和中国邮政储蓄银行。

1. 四家大型股份制商业银行

四家大型股份制商业银行即中国工商银行、中国农业银行、中国建设银行和中国银行。它们无论在人员、机构网点上,还是在资产规模及市场占有份额上,均在我国整个金融领域处于举足轻重的地位,在世界上的大银行排序中也处于前列。

目前的四家大型股份制商业银行分别由原四大国有专业银行演变而来。改革开放之前,中国银行和中国农业银行事实上都是中国人民银行的下属部门。改革开放之后,伴随着中国人民银行中央银行职能的确立,1979年,中国银行从中国人民银行中分离出来,中国人民建设银行从财政部分离出来,同年,恢复了中国农业银行,1984年1月,中国工商银行成立。这就是最初的四大国有专业银行,它们分别以各自的服务领域为主,从事商业银行业务。

四大国有专业银行除了从事正常的商业银行业务之外,还从事政策性银行业务,由于政策性业务和自身的经营业务不分,四大国有专业银行在经营过程中存在着负盈不负亏的现象。因此,1994年,我国把政策性业务从国有专业银行中剥离出来,成立了三家政策性银行,从而开始了四大国有专业银行向国有独资商业银行的转变。

为深化金融体制改革,建立良好的公司治理结构,转换经营机制,使四大国有独资商业银行成为具有国际竞争力的现代化股份制商业银行,我国从20世纪90年代后期开始进行了一系列改革措施。比如,要实现向股份制商业银行的转变,我国四大国有独资商业银行面临着资本金不足和坏账率过高两大问题。一方面,为了解决资本金不足的问题,1998年财政部发行2700亿特种国债,补充四大国有独资商业银行资本金;1999年成立了华融、长城、东方、信达四家金融资产管理公司,共剥离不良资产1.4万亿元。2004年初,国务院又以450亿美元外汇储备注入中国银行和中国建设银行以补充资本金,使这两家试点银行达到上市要求。另一方面,为了从根本上杜绝新的不良资产产生,2001—2002年,在世界银行的援助下,我国聘请德勤会计师事务所提供咨询服务,提出了法人治理理念,对四大国有商业银行进行法人治理结构改革。

在完成股份制改造的一系列工作后,中国建设银行于2005年10月在香港成功上市;中国银行分别于2006年6月和7月在香港H股市场和境内A股市场成功上市;中国工商银行于2006年10月27日在内地和香港同时成功上市,共发行股票价值217亿美元;2010年7月,中国农业银行在上海、香港两地挂牌上市,成功创造了截至2010年全球资本市场最大规模的首次公开募股,标志着农业银行改革发展进入了崭新时期。

2. 中小型股份制商业银行

20世纪80年代中期,中国经济体制改革全面展开,不断深化,原有的专业化银行体系已不能适应走向市场化的经济体制的需要,改革势在必行。1986年,交通银行采取股份制的产权形式重组,成为新中国第一家股份制商业银行。重组后的交通银行承担起中国金融改革试验田的艰巨任务,之后,股份制商业银行在全国纷纷成立。

目前,除交通银行外,中小型股份制商业银行还有中信银行、中国光大银行、华夏银行、中国民生银行、广东发展银行、深圳发展银行、招商银行、兴业银行、上海浦东发展银行、恒丰银行、浙商银行、渤海银行等。这些中小型股份制商业银行中大部分已经上市,有的已有外资参股,它们都有着较快的发展速度。

3. 城市商业银行

目前,我国的大部分城市商业银行是由城市信用合作社演变而来的。城市信用合作社作为城市集体金融组织,它是为城市集体企业、个体工商户和城市居民服务的金融企业,是实行独立核算、自主经营、自负盈亏、民主管理的经济实体。其经营的主要业务有:办理城市集体企业和个体工商户的存款、贷款、汇款业务;办理城市个人储蓄存款业务;代办保险及其他代收代付业务,以及中国人民银行批准的其他业务等。

实践中,由于绝大部分的城市信用合作社从一开始,其合作性质就不明确,自1998年起逐步改组为地方性商业银行。目前,南京银行、北京银行和宁波银行等城市商业银行已经上市,成为区域性的股份制商业银行。

4. 邮政储蓄银行

邮政储蓄银行,是指与人民生活紧密联系的邮政机构,在办理各类邮件投递和汇兑等业务的同时,办理以个人为主要对象的储蓄存款业务。

改革开放以来,随着国民经济的不断发展,城乡居民收入不断增加,储蓄事业日益受到重视。为了更加有效地利用遍及全国城乡的邮政机构的现有基础设施,并充分发挥其网点多、面广、相关业务密切联系和四通八达的电信网络等优势,1986年2月在全国开办了邮政储蓄业务。按照规定,邮政储蓄存款是中国人民银行的信贷资金来源,吸收后全部缴存中国人民银行统一使用。此外,随着邮政储蓄业务的发展,部分邮政储蓄网点还经办国债发行和兑付的代理业务及保险的代理业务等。2007年3月6日,经政府相关部门批准,邮政储蓄更名为中国邮政储蓄银行。新成立的中国邮政储蓄银行按照《中华人民共和国商业银行法》的要求,可以全面办理商业银行业务。

(三)非银行金融机构

1. 保险公司

保险公司是以经营保险业务为主的经济组织,具有其他金融机构不可替代的重要作用。它之所以被列入金融体系,是由于其经办保险业务的大量保险收入主要用于各项金融投资。而运用保险资金进行金融投资的收益又可积累更为雄厚的保险基金,促进保险事业的发展。在宏观上,保险公司也具有四大重要功能:一是承担国家财政后备范围以外的损失补偿;二是聚集资金,支持经济发展;三是增强对人类生命财产的安全保障;四是为社会再生产的各个环节提供经济保障,防止因某个环节的突然断裂而破坏整个社会经济的平稳运行。保险公司的业务范围分为两大类:一是财产保险业务,具体包括财产损失保险、责任保险、信用保险等业务;二是人身保险业务,具体包括人寿保险、健康保险、意外伤害保险等业务。根据我国保险法的规定,同一保险人不得同时兼营上述两类保险业务。现行规定,保险公司的资金运用,除用于理赔给付外,其余可用于银行存款、买卖政府债券、金融债券、投资股票、投资不动产,还可用来投资各类基金、同业拆借、黄金外汇等。

目前,国内已形成8家保险集团控股公司、173家中外保险公司、7家再保险公司、9家保险资产管理公司的多样化格局。其中,有大型航母型国有保险龙头企业,如国有中保集团下属的中国人寿保险公司和中国人民保险公司;有全国性经营的股份制保险企业,如平安保险公司和太平洋保险公司;也有规模较小的股份制保险企业,如新华人寿、华泰财产和大众保险等。除了1992年在上海成立的美国友邦保险公司在上海的个人寿险市场中占据了重要的市场份额外,其余外资保险机构所占据的市场份额还比较小。目前,外资保险公司占据的单独市场份额低于1%,总体市场份额不到5%。

关于我国保险业经营情况,中国银行保险监督管理委员会会每月更新,通过中国银行保险监督管理委员会的官网可以详细了解。

2.信托投资公司

信托投资公司是以受托人身份经营信托投资业务的金融机构。按照《中华人民共和国信托法》,信托是指委托人基于对受托人的信任,将其财产权委托给受托人,由受托人按委托人的意愿以自己的名义,为受益人的利益或者特定目的,进行管理或者处分的行为,即"受人之托,代人理财"。

我国的信托制度已有近百年的历史,经历过几次大起大落,曾一度处于停滞状态。1979年10月4日,我国第一家信托投资公司——中国国际信托投资公司经国务院批准成立,此后,从中央银行到各专业银行及行业主管部门、地方政府纷纷成立了各种形式的信托投资公司,到1988年达到最高峰时共有800多家。这些信托投资公司在增加资金流量,挖掘资金潜力,为经济部门提供金融服务等方面发挥了一定的作用。但由于缺乏法律规范和管理经验,自1995年起,中银信托、中创、中农信、广国投等国有信托企业纷纷关闭破产,到1999年中国人民银行对信托业进行整顿时仅剩下329家。中国人民银行自1999年开始对信托业进行第五次整顿,到2002年3月,经过历时3年多的整顿,原有的329家信托投资公司中仅有80多家得到保留,其他公司或是改变企业性质,或是被撤并。2002年10月1日,我国第一部信托法开始实施,标志着我国通过立法确立了信托制度。

目前,我国信托投资公司的业务主要有以下四类。①信托投资业务。这类业务按资金来源可分为自筹资金投资和委托资金投资。自筹资金投资是指信托投资公司运用自有资金和组织的信托存款,以及发行公司股票、债券筹集的资金,直接向企业或项目进行投资。委托资金投资则是信托投资公司接受委托单位的资金,对投资项目的资金使用负责监督管理,以及办理投资项目的收益处理等。②代理业务,即代理保管、代理托收、代理有价证券的发行和买卖、信用担保等。③租赁业务,主要经营融资性租赁。④咨询业务,包括资信咨询、项目可行性咨询、投资咨询和金融咨询等。进入20世纪90年代以来,信托投资公司大多数集中力量开拓证券业务,与证券公司展开竞争。1998年11月,中国人民银行提出,信托投资公司要按"信托为本、分业管理、规模经营、严格监督"的原则进行整顿,以解决信托投资公司的分散性和业务重心的证券化问题。

3. 证券机构

证券是指经政府有关部门批准发行和流通的股票、债券、基金、存托凭证和有价证券等。证券机构是指从事证券业务的机构,包括证券公司、证券交易所、证券登记结算公司、证券投资咨询公司、基金管理公司及证券评估公司等。

证券公司又称为证券商,是经中国人民银行批准成立的非银行金融机构。其主要业务范围一般有:代理证券发行业务;代理买卖和自营买卖已上市的各类有价证券;代理证券还本付息和红利的支付;证券的代保管和签证;接受委托代收证券本息和红利;接受委托办理证券的登记和过户;证券抵押贷款;证券投资咨询业务等。

证券交易所是依据国家有关法律,经政府证券主管机关批准设立的集中进行证券交易的有形场所。我国有四个证券交易所,即上海证券交易所、深圳证券交易所、香港交易所和台湾证券交易所。证券交易所分为公司制和会员制两种,我国的上海证券交易所和深圳证券交易所都是会员制。证券交易所的职责包括:创造公开、公平的市场环境,提供便利条件,从而保证股票交易的正常运行;提供股票交易的场所和设施;制定证券交易所的业务规则;审核批准股票的上市申请;组织、监督股票交易活动;提供和管理证券交易所的股票交易信息,等等。

2001年3月30日,中国证券登记结算有限责任公司成立,2001年9月原上海证券交易所和深圳证券交易所所属的证券登记结算公司重组为中国证券登记结算有限责任公司的上海分公司和深圳分公司,2001年10月1日起,中国证券登记结算有限责任公司承接了原隶属于上海和深圳交易所的全部登记结算业务。这标志着全国集中、统一的证券登记结算体制的组织构架已经基本形成。

4. 财务公司

我国的财务公司都是由企业集团内部集资组建的,其宗旨和任务是为本企业集团内部各企业筹集和融通资金,促进其技术改造和技术进步。企业集团财务公司是我国企业体制改革和金融体制改革的产物。为了增强国有大中型企业的活力,盘活企业内部资金,增强企业集团的融资能力,支持企业集团的发展,促进产业结构和产品结构的调整,以及探索具有中国特色的产业资本与金融资本相结合的道路,于1987年批准成立了我国第一家企业集团财务公司——东风汽车工业集团财务公司。此后,根据国务院1991年71号文件的决定,一些大型企业集团也相继建立了财务公司,例如:中国石化财务有限责任公司、中国航空集团财务有限责任公司、中国电力财务有限责任公司、三峡财务有限责任公司、中国华能财务有限责任公司、宝钢集团财务有限责任公司、中冶集团财务有限责任公司、一汽财务有限责任公司、上海汽车集团财务有限责任公司等。

财务公司的业务包括存款、贷款、结算、票据贴现、融资性租赁、投资及代理发行有价证券等。从规范的角度来看,财务公司是为集团内部成员提供金融服务,其业务范围、主要资金来源与资金运用都应限定在集团内部,而不能和其他金融机构一样到社会上寻求生存空间。1996年9月,中国人民银行颁布了《企业集团财务公司管理暂行办法》,以规范财务公司的相关业务和管理制度。财务公司在业务上受中国人民银行领导、管理、监督和稽核,在行政上隶属于各企业集团,是实行自主经营、自负盈亏的独立企业法人。

5. 金融租赁公司

租赁公司分为经营性租赁公司和融资性租赁公司,融资性租赁公司又称为金融租赁公司。金融租赁是所有权与使用权相分离的一种新的经济活动方式,具有融资、透支、促销和管理的功能。1981年,中国国际信托投资公司组建了东方国际租赁有限公司和中国租赁有限公司。经过近20年的发展,到2000年,经外经贸部审批成立的中外合资租赁公司已有42家,经中国人民银行审批成立的金融租赁公司有15家,再加上近200家兼营融资租赁业务的非银行金融机构,金融租赁业已形成了一个遍布全国、沟通海内外的业务网络。

2000年7月25日,中国人民银行颁布了《金融租赁公司管理办法》(以下简称《办法》),从根本上确立了金融租赁公司的法律地位。该《办法》规定:金融租赁公司的最低注册资本金为人民币5亿元、经营外汇业务的金融租赁公司应另有不低于5 000万美元的外汇资本金;经中国人民银行批准,金融租赁公司可设立分支机构,可以吸收外资入股,但不得吸收自然人为公司股东(采取股份有限公司组织形式并经批准上市的除外);金融租赁公司的业务范围包括有价证券投资、金融机构股权投资、经中国人民银行批准发行金融债券等;金融租赁公司经营租赁业务或提供其他服务收取租金或手续费。《办法》还对金融租赁公司的资产负债比例做出具体规定:资本总额不得低于风险资产总额的10%;对同一承租人的融资余额不得超过金融租赁公司资本总额的15%;对承租人提供的流动资金贷款不得超过租赁合同额的60%;长期投资总额不得高于资本总额的30%;租赁资产比重不得低于总资产的60%。《办法》对金融租赁公司的融资和担保方面的规定较为宽松,规定拆入资金余额不得超过资本总额的100%;对外担保余额不得超过资本总额的200%。

6. 典当行

典当行是主要以财物作为质押而有偿有期借贷融资,具有浓厚商业色彩的金融经营机构,是中国乃至世界历史上最为古老的非银行性质的金融机构,也是现代银行业的雏形。

(四)农村金融机构

由于农村金融市场与城市金融市场分割,城市资金不能有效地流入农村,实现工业反哺农业,农村资金却反而流向城市,造成农业、农村的发展和农民福利改善的严重滞后。而且,传统金融机构一般以农村经济实体为服务对象,导致对龙头企业的信贷供应存在过度竞争现象,而对农民家庭的信贷供应则严重不足。服务于农村的主要正规金融机构是农村信用合作社,在一些比较发达的地区,农村信用合作社已改制为农村商业银行。近年来,我国还出现了一些新型的农村金融机构,比如村镇银行、小额贷款公司等,这些新型的农村金融机构能部分缓解农村金融供给不足的问题,但是农村金融的供给小于需求的问题依然存在。

1. 农村信用合作社

农村信用合作社是根据经济发展要求,按照方便群体、便于管理、保证安全性的原则,在县以下农村按区域(一般主要是按乡)设立的农村金融机构。此外,一般的县建有县联社,以对本县农村信用合作社进行管理和服务为宗旨。

农村信用合作社作为农村集体金融组织,其特点集中体现在由农民入股、由社员民主管理、主要为入股社员服务三个方面。其主要业务活动是经营农村个人储蓄,以及农户、个体经济户的存款、贷款和结算等。在上述活动中,基本要求是贯彻自主经营、独立核算、自负盈亏、自担风险的原则。

普遍建立于20世纪50年代的农村信用合作社,在其几十年的发展中,一度是作为国家银行的基层机构存在的,并由农业银行管理,相当大程度上丧失了它原来应有的合作制性质。1996年下半年对其进行改革:一是农村信用合作社与农业银行脱离行政隶属关系,农业银行不再领导、管理农村信用合作社,而由县联社负责农村信用合作社的业务管理;二是按照合作制原则重新规范农村信用合作社,使其绝大部分恢复为合作制性质,还其在股权设置、民主管理、服务对象、财务管理及运行机制上的合作制面貌。

然而,1996年对农村信用合作社进行的改革是不成功的。2003年7月2日,国务院下发了《深化农村信用社改革试点方案》,新一轮深化农村信用社改革试点工作启动。这次改革明确指出,应把农村信用社逐步办成由农民、农村工商户和各类经济组织入股,为农民、农业和农村服务的社区性地方金融机构,并积极探索和分类实施股份制、股份合作制、合作制等各种产权制度。

2. 农村商业银行

农村商业银行是由辖区内农民、农村工商户、企业法人和其他经济组织共同入股组成的股份制的地方性金融机构。在经济比较发达、城乡一体化程度较高的地区,"三农"的概念已经发生很大的变化,农业比重很低,有些只占5%以下,作为信用社服务对象的农民,虽然身份没有变化,但大都已不再从事以传统种养耕作为主的农业生产和劳动,对支农服务的要求较少,信用社实际也已经实行商业化经营。对这些地区的信用社,可以实行股份制改造,组建农村商业银行。

3. 村镇银行

村镇银行是指经中国银行业监督管理委员会依据有关法律、法规批准,由境内外金融机构、境内非金融机构企业法人、境内自然人出资,在农村地区设立的农村金融机构,主要为当地农民、农业和农村经济发展提供金融服务的银行业金融机构。

村镇银行可经营吸收公众存款,发放短期、中期和长期贷款,办理国内结算,办理票据承兑与贴现,从事同业拆借,从事银行卡业务,代理发行、代理兑付、承销政府债券,代理收付款项和代理保险业务,以及经银行业监督管理机构批准的其他业务。

按照国家有关规定,村镇银行还可代理政策性银行、商业银行和保险公司、证券公司等金融机构的业务。

2006年12月22日,中国银行业监督管理委员会公布了《关于调整放宽农村地区银行业金融机构准入政策更好支持社会主义新农村建设的若干意见》,在准入资本范围、注册资本限额、投资人资格、业务准入、高级管理人员准入资格、行政审批、公司治理等方面均有所突破,调低注册资本,取消营运资金限制;在县(市)设立的村镇银行,其注册资本不得低于人民币300万元,在乡(镇)设立的村镇银行,其注册资本不得低于人民币100万元。

4. 小额贷款公司

小额贷款公司是由自然人、企业法人与其他社会组织投资设立,不吸收公众存款,经营小额贷款业务的有限责任公司或股份有限公司,在坚持为农民、农业和农村经济发展服务的原则下自主选择贷款对象。小额贷款公司发放贷款应坚持"小额、分散"的原则,鼓励小额贷款公司面向农户和微型企业提供信贷服务,着力扩大客户数量和服务覆盖面。同一借款人的贷款余额不得超过小额贷款公司资本净额的5%,在此标准内,可以参考小额贷款公司所在地经济状况和人均GDP水平,制定最高贷款额度限制。

(五)在华外资金融机构

1979年,首家外资金融机构在我国设立代表处。1981年,我国政府允许外资银行在深圳等5个经济特区设立营业性机构,从事外汇金融业务,并逐步扩大到沿海开放城市和所有中心城市。经过多年的发展,在华外资金融机构的数量和业务规模不断扩大,已成为我国金融体系中一支重要力量,是我国引进外资的一条重要渠道。

我国金融业的改革与对外开放是一个不断发展、完善的渐进过程。多年来,我国银行业始终遵循审慎原则,有计划、有步骤,分层次、分阶段地对外开放。我国对外资金融机构的引入主要采取三种形式:一是允许其在我国设立代表机构,二是允许其设立业务分支机构;三是允许其与我国金融机构设立中外合资金融机构。截至2006年12月,我国银行业全面开放,取消所有地域限制,取消人民币业务客户对象限制,允许外资银行对我国企业办理人民币业务,允许其对所有我国客户提供服务。

我国加入世界贸易组织后,外资金融机构在华业务范围和客户基础逐渐扩大,在我国金融市场上运用的新产品和新技术随之增加。中资金融机构被迫与外资金融机构展开全方位的竞争,促使中资金融机构采取切实措施解决当前存在的各种问题,改善金融企业产权结构和治理结构,转换经营机制,建立审慎会计制度,提高经营效率和服务水平。

(六)民营银行

当前学术界对民营银行的定义大致可分为产权结构论、资产结构论和治理结构论三种。产权结构论认为由民间资本控股的就是民营银行;资产结构论认为民营银行是主要为民营企业提供资金支持和服务的银行;治理结构论则认为凡是采用市场化运作的银行就是民营银行。这三个定义都是从一个侧面罗列了民营银行的特征,但未能对民营银行的本质特征形成全面的认识。

民营银行的资本金主要来自民间,其对利润最大化有着更为强烈的追求,如果没有健全的监管机制进行有效监管,民营银行往往会因风险问题而陷入失败。民企办银行的很重要动机就是希望为企业搭建一个资金平台,为企业融资提供便利。一旦关联企业出现问题,贷款无法偿还,民营银行就会面临巨大风险。

建立民营银行主要是为了打破中国商业银行业单一国有垄断,实现金融机构多元化。与国有银行相比,民营银行具有两个十分重要的特征:一是自主性,民营银行的经营管理权,包括人事管理等不受任何政府部门的干涉和控制,完全由银行自主决定;二是私营性,即民营银行的产权结构主要以非公有制经济成分为主,并以此最大限度地防止政府干预行为的发生。

民营银行作为金融市场的重要组成部分,民营金融机构特殊的产权结构和经营形式决定了其具有机制活、效率高、专业性强等一系列优点,因此。民营银行是中国国有金融体制的重要补充。民营金融机构的建立必然会促进金融市场的公平竞争,促进国有金融企业的改革。建立一些具有国际先进水平的民营金融机构将有助于金融业参与国际竞争,缓和加入世界贸易组织后外资对国内金融业的冲击。

2014年1月6日,银监会召开2014年全国银行业监管工作电视电话会议,部署全年工作。下午,银监会官方网站发布的新闻稿透露,备受关注的民营银行将在2014年试点先行,首批试点3~5家,实行有限牌照。会议提出了2014年银行业监管工作的四项重点:深入推进银行业改革开放、切实防范和化解金融风险隐患、努力提升金融服务水平、加强党的领导和队伍建设。2014年7月25日,银监会主席尚福林在银监会2014年上半年全国银行业监督管理工作会议上披露,银监会已正式批准三家民营银行的筹建申请。这三家民营银行分别是:腾讯、百业源、立业为主发起人,在广东省深圳市设立深圳前海微众银行;正泰、华峰为主发起人,在浙江省温州市设立温州民商银行;华北、麦购为主发起人,在天津市设立天津金城银行。获批的三家民营银行在发起人、经营方向上略有变化。2015年5月27日从中国银监会获悉,浙江网商银行各项准备工作就绪,并获浙江银监局正式批复开业。至此,我国首批试点的5家民营银行全部拿到"通行证"。天津金城银行、深圳微众银行、上海华瑞银行、温州民商银行和浙江网商银行是我国首批试点的民营银行。截至2020年5月,全国已有19家民营银行开业运营。

第三节 互联网金融

互联网金融是在充分利用大数据和云计算的基础上,将互联网技术和金融功能有机结合,在开放的互联网平台上形成的功能化金融业态及其服务体系,包括金融市场、服务、组织、产品体系以及互联网金融监管体系等,这些体系以网络平台为基础,具有普惠、平台、信息和碎片金融等不同于传统金融的金融模式。

一、互联网金融的特点

与传统金融相比,互联网金融让金融服务成本更低、范围更广,服务更加人性化,让金融业大步向前,但也存在一些问题。

互联网金融的主要特点如下:

(1)成本低。互联网金融模式下,资金供求双方可以通过网络平台自行完成信息甄别、匹配、定价和交易,这样打破了时间空间的壁垒,不仅能够节约费用、缩短时间,还能够在网上直接了解平台推出的产品,从而有效降低费用成本,实现了无传统中介、无交易成本、无垄断利润。一方面,金融机构可以避免开设营业网点的资金投入和运营成本;另一方面,消费者可以在开放透明的平台上快速找到适合自己的金融产品,削弱了信息不对称程度,更省时省力。

(2)效率高。互联网金融业务主要由计算机处理,操作流程完全标准化,客户不需要排队等候,业务处理速度更快,用户体验更好。如阿里小贷依托电商积累的信用数据库,经过数据挖掘和分析,引入风险分析和资信调查模型,商户从申请贷款到发放只需要几秒钟,日均可以完成贷款1万笔,成为真正的"信贷工厂"。

(3)发展快。依托于大数据和电子商务的发展,互联网金融得到了快速增长。以余额宝为例,余额宝上线18天,累计用户数达到250多万,累计转入资金达到66亿元。2017年一季度规模首次突破1万亿元,随后一直保持在万亿元以上,最高峰时规模一度达到1.69万亿元(2018年一季度末),被认为是"国民理财神器"。

(4)管理弱。一是风控弱。互联网金融还没有接入人民银行征信系统,也不存在信用信息共享机制,不具备类似银行的风控、合规和清收机制,容易发生各类风险问题,已有众贷网、网赢天下等P2P网贷平台宣布破产或停止服务。二是监管弱。互联网金融在中国处于起步阶段,还没有监管和法律约束,缺乏准入门槛和行业规范,整个行业面临诸多政策和法律风险。

(5)风险大。一是信用风险大。现阶段中国信用体系尚不完善,互联网金融的相关法律还有待配套,互联网金融违约成本较低,容易诱发恶意骗贷、卷款跑路等风险问题。特别是P2P网贷平台由于准入门槛低和缺乏监管,成为不法分子从事非法集资和诈骗等犯罪活动的温床。二是网络安全风险大。中国互联网安全问题突出,网络金融犯罪问题不容忽视。一旦遭遇黑客攻击,互联网金融的正常运作会受到影响,危及消费者的资金安全和个人信息安全。

(6)覆盖广。在几乎人人都可以使用手机、电脑上网的背景下,以往客户只能在白天、只能在同城交易的情形不复存在,取而代之的是可以随时随地进行交易,并且在互联网上,各种需求方和供应方都可以寻找自己所需求的另一方,这样一来,覆盖面便极为宽广。

二、互联网金融的发展阶段

目前我国互联网金融的发展进程主要分为以下五个阶段:

第一阶段,时间为 2005 年以前。互联网金融企业主要在为商业银行等金融机构提供技术服务,互联网金融企业规模不大。但随着阿里巴巴等企业开始应用互联网电子商务模式,这种模式的诞生,预示着互联网金融时代的到来。

第二阶段,时间为 2005—2012 年。此时互联网金融从单纯提供技术支持逐步深入业务领域,2007 年第一家 P2P 网贷平台的出现,标志着互联网金融进入一个新发展阶段。

第三阶段,时间为 2013—2015 年。2013 年被称为"互联网金融元年",P2P 网贷平台规模飞速增长,大量互联网金融融资平台成立,这一时期,国内首家互联网保险公司、互联网银行批准成立。互联网金融企业逐步走向独立,可以完整地为客户提供更加完善的金融服务。

第四阶段,时间为 2015—2017 年。这段时间互联网金融属于发展、风险与监管并存的阶段。很多互联网金融平台发生了风险事件和跑路案件,校园贷问题引起了社会的广泛关注。总成交量超过 740 亿元的"e 租宝"融资平台出现问题被警方调查。恶性风险事件频发是这一阶段的主要特征。

第五阶段,时间为 2018 年至今。政府加强了对互联网金融企业的监管,很多整治方案和通知相继出台。随着国家金融监管趋严,这一阶段互联网金融环境也开始趋好。国家对互联网金融企业的监管内容主要有:明确网贷平台必须在地方金融监管部门备案登记,网贷平台的资金存管只能选择一家存管银行。为了降低资金风险,禁止网贷平台夸大宣传投资的安全性和收益性,限制网贷平台的资金存管账户开立子账户,成立了互联网金融自律管理机构"中国互联网金融协会",规范了行业管理。

三、互联网金融的发展模式

当前互联网+金融格局,由传统金融机构和非金融机构组成。传统金融机构主要为传统金融业务的互联网创新以及电商化创新、APP 软件等创新;非金融机构则主要是指利用互联网技术进行金融运作的电商企业、(P2P)模式的网络借贷平台、众筹模式的网络投资平台、挖财类(模式)的手机理财 APP(理财宝类),以及第三方支付平台等。

(一)众筹

众筹即大众筹资或群众筹资,是指用团购预购的形式,向网友募集项目资金的模式。众筹的本意是利用互联网和 SNS 传播的特性,让创业企业、艺术家或其他个人对公众展示它们的创意及项目,争取大家的关注和支持,进而获得所需要的资金援助。众筹平台的运作模式大同小异——需要资金的个人或团队将项目策划交给众筹平台,经过相关审核后,便可以在平台的网站上建立属于自己的页面,用来向公众介绍项目情况。

(二)P2P 网贷

P2P(peer-to-peer lending),即点对点信贷。P2P 网贷是指通过第三方互联网平台进行资金借、贷双方的匹配,需要借贷的人群可以通过网站平台寻找到有出借能力并且愿意基于一定条件出借的人群,帮助贷款人通过和其他贷款人一起分担一笔借款额度来分散风险,也帮助借款人在充分比较的信息中选择有吸引力的利率条件。P2P 有两种运营模式。第一种是纯线上模式,其特点是资金借贷活动都通过线上进行,不结合线下的审核。通常这些企业采取的审核借款人资质的措施有视频认证、查看银行流水账单、身份认证等。第二种是线上线下结合的模式,借款人在线上提交借款申请后,平台通过所在城市的代理商采取入户调查的方式审核借款人的资信、还款能力等情况。

(三)第三方支付

第三方支付(third-party payment)狭义上是指具备一定实力和信誉保障的非银行机构,借助通信、计算机和信息安全技术,采用与各大银行签约的方式,在用户与银行支付结算系统间建立连接的电子支付模式。根据央行 2010 年在《非金融机构支付服务管理办法》中给出的非金融机构支付服务的定义,从广义上讲第三方支付是指非金融机构作为收、付款人的支付中介所提供的网络支付、预付卡、银行卡收单以及中国人民银行确定的其他支付服务。第三方支付已不仅仅局限于最初的互联网支付,而是成为线上线下全面覆盖,应用场景更为丰富的综合支付工具。

(四)大数据金融

大数据金融是指集合海量非结构化数据,通过对其进行实时分析,可以为互联网金融机构提供客户全方位信息,通过分析和挖掘客户的交易和消费信息掌握客户的消费习惯,并准确预测客户行为,使金融机构和金融服务平台在营销和风险控制方面有的放矢。

基于大数据的金融服务平台主要指拥有海量数据的电子商务企业开展的金融服务。大数据的关键是从大量数据中快速获取有用信息的能力,或者是从大数据资产中快速变现利用的能力。因此,大数据的信息处理往往以云计算为基础。

(五)信息化金融机构

所谓信息化金融机构,是指通过采用信息技术,对传统运营流程进行改造或重构,实现经营、管理全面电子化的银行、证券和保险等金融机构。金融信息化是金融业发展趋势之一,而信息化金融机构则是金融创新的产物。从金融整个行业来看,银行的信息化建设一直处于业内领先水平,不仅具有国际领先的金融信息技术平台,建成了由自助银行、电话银行、手机银行和网上银行构成的电子银行立体服务体系,而且以信息化的大手笔——数据集中工程在业内独领风骚,其除了基于互联网的创新金融服务之外,还形成了"门户""网银、金融产品超市、电商"的一拖三的金融电商创新服务模式。

(六)金融门户

互联网金融(ITFIN)门户是指利用互联网进行金融产品的销售以及为金融产品销售提供第三方服务的平台。它的核心就是"搜索比价"的模式,采用金融产品垂直比价的方式,将各家金融机构的产品放在平台上,用户通过对比挑选合适的金融产品。互联网金融门户多元化创新发展,形成了提供高端理财投资服务和理财产品的第三方理财机构,提供保险产品咨询、比价、购买服务的保险门户网站等。这种模式不存在太多政策风险,因为其平台既不负责金融产品的实际销售,也不承担任何不良的风险,同时资金也完全不通过中间平台。

四、中国互联网金融的意义与监管现状

中国金融业的改革是全球瞩目的大事,尤其是利率市场化、汇率市场化和金融管制的放松。而全球主要经济体每一次重要的体制变革,往往伴随着重大的金融创新。中国的金融改革,正值互联网金融潮流兴起,在传统金融部门和互联网金融的推动下,中国的金融效率、交易结构,甚至整体金融架构都将发生深刻变革。

从政府不断出台的金融、财税改革政策中不难看出,惠及扶持中小微企业发展已然成为主旋律,占中国企业总数98%以上的中小微企业之于中国经济发展的重要性可见一斑。而从互联网金融这种轻应用、碎片化、及时性理财的属性来看,相比传统金融机构和渠道而言,则更易受到中小微企业的青睐,也更符合其发展模式和刚性需求。

当前,在POS创富理财领域,以往不被重视的大量中小微企业的需求,正被拥有大量数据信息和数据分析处理能力的第三方支付机构深度聚焦着。随着移动支付产品推出,这种更便携、更智慧、更具针对性的支付体验必将广泛惠及中小微商户。业内专家认为,支付创新企业将金融支付彻底带入"基层",也预示着中小微企业将成为互联网金融发展中最大的赢家,这对于中国经济可持续健康稳定发展也将有着重要且深远的意义。

2015年7月18日央行等十部委联合发布的《关于促进互联网金融健康发展的指导意见》,被认为是互联网金融行业"基本法",从监管层面充分肯定了互联网金融的发展,给互联网金融制订了一个明确的边界和身份;2016年10月13日,国务院办公厅公布《互联网金融风险专项整治工作实施方案》;2018年10月10日,由中国人民银行、中国银行保险监督管理委员会、中国证券监督管理委员会制定的《互联网金融从业机构反洗钱和反恐怖融资管理办法(试行)》文件出台并公布。有专家认为,互联网金融行业已度过早期粗放发展阶段,正在法律框架下走向健康发展的轨道。

知识链接

金融科技与科技金融有何区别?

随着互联网金融行业的发展逐渐回归理性,互联网金融的转型与升级成为行业聚焦的热点。与此同时,我来数科等线上金融平台意识到,发展金融科技将是互联网金融行业数字化转型当中的重要驱动和关键支撑力,并将促进我国金融行业发展进入一个全新的时代。

在金融科技发展如火如荼的当下,常常会有人将金融科技与科技金融这两个词汇相混淆。那么,金融科技和科技金融是一个概念吗?金融科技与科技金融到底有何区别呢?

金融科技,就是业内所说的Fintech,是由一群通过科技,让金融服务更高效的企业构成的一个经济产业。Fintech公司通常是那些尝试绕过现存金融体系,而直接触达用户的初创企业,它们挑战着那些较少依赖于软件的传统机构。简而言之,金融科技可理解为:利用包括人工智能、征信、区块链、云计算、大数据、移动互联等前沿科技手段,服务于金融效率提升的产业。

科技金融是指建立从实验研究、中试到生产的全过程、多元化和差异性的科技创新融资模式,鼓励和引导金融机构参与产学研合作创新。在依法合规、风险可控的前提下,支持符合创新特点的结构性、复合性金融产品开发,加大对企业创新活动的金融支持力度。目前这是对国内科技金融最权威的表述,即科技金融落脚于金融,利用金融创新,高效、可控地服务于科技创新创业的金融业态和金融产品。

总体来看,金融科技的落脚点是科技,具备为金融业务提供科技服务的基础设施属性;科技金融的落脚点是金融,即服务于科技创新的金融业态、服务、产品,是金融服务于实体经济的典型代表。另外,发展金融科技的目标在于利用科技的手段提高金融的整体效率,而发展科技金融的目标在于以金融服务的创新来作用于实体经济,推动科技创新创业。

复习思考题

1. 西方国家专业银行的特点是什么?
2. 我国金融机构可以划分为哪些类型?
3. 试述现阶段我国金融机构体系的构成。
4. 试述我国原四大国有独资商业银行的改革现状。
5. 试述我国农村金融机构的现状。

第六章 商业银行

 教学目的与要求

了解商业银行的产生和发展历程;掌握商业银行的负债业务;掌握商业银行的资产业务;掌握商业银行的中间业务和表外业务;掌握商业银行的经营管理原则,了解商业银行的经营管理理论。

商业银行是最重要、最典型的存款货币银行,其产生和发展的历史背景、经营业务及管理模式在存款货币银行中最具代表性。

第一节 商业银行的产生和发展

一、商业银行的产生

在古代的东方和西方,都曾先后有货币兑换和银钱业的发展。

在西欧,很早就有关于古代银钱业的记载,如公元前 2000 年的古巴比伦寺庙、公元前 500 年的古希腊神庙已有经营金银、发放贷款、收取利息的活动。公元前 400 年的雅典、公元前 200 年的罗马帝国,也有这类银钱业的活动。古代早期的金融活动家通常聚集在寺庙的周围,为各国的朝拜者兑换当地的货币,或者替他们保管货币。除了货币的兑换和保管之外,他们还为往来的客商提供异地支付服务。银钱业主和货币兑换商通过从事货币的兑换、保管及异地支付业务,积聚了大量的货币。由于所有存款人不会同时提取他们所托管的货币,银钱业主只需将所收存款的一部分留在自己手中,以备日常的提款需要,其余的则可以贷放出去,收取利息。为了获得更多的资金,发放更多的贷款,货币兑换商便从原来被动接受顾客委托保管货币,转而变为通过降低保管费或者不收保管费,到后来给委托保管货币的客户一定的好处而积极主动地揽取货币保管业务,此时,货币保管业务便演变成存款业务了。同时,货币兑换商根据经验,改变了以前实行全额准备以防客户兑现提款的做法,实行部分准备金制度,其余所吸收的存款则用于贷款取息。此时,货币兑换商也就演变成为集存款、贷款和汇兑、支付、结算业务于一身的早期银行家了。

虽然关于中国古代高利贷的记载颇多,但关于银钱业的记载则较晚。较早记载银钱业的是南北朝时期的寺庙典当业。有关这方面的大量记载始于唐代,有经营典质业的质库,有保管钱财的柜房,有打制金钱饰物和经营金银买卖的金银铺。至于汇兑业务,不仅有商人经营,更主要的是由官府经营,此外,还有专门放债收息的官府机构。经过宋、元、明、清,随着钱庄、银号、票号的先后兴起,我国的银钱业得到了长足发展,但由于封建社会的长期停滞,中国古老的银钱业一直未能实现向现代银行业的演变。所以,对于商业银行的兴起和发展,还得从西方进行考察。

二、商业银行的发展

中世纪,欧洲各国国际贸易集中于地中海沿岸各国,意大利处于中心地位。在此期间,意大利的威尼斯和其他几个城市出现了从事存款、贷款和汇兑业务的机构。但是它们的贷款大部分是借给政府的,并具有高利贷的性质。商人很难从它们那里获得贷款,即使获得贷款,也会因为要支付高额利息而使自己的经营无利可图。为了摆脱高利贷的束缚,威尼斯和热那亚的商人曾经创设过信用合作社。16世纪,西欧开始进入资本主义时期。一般公认1580年成立的威尼斯银行是世界上最早的、真正意义上的银行。此后,相继出现的有米兰银行(1593年)、阿姆斯特丹银行(1609年)、汉堡银行(1619年)、纽伦堡银行(1621年)等。这些银行最初只接受商人存款并为他们办理转账结算,后来才开始办理贷款业务,但它们所经营的仍然是那些有高利可图并且主要是以政府为对象的贷款业务,这显然不能适应资本主义工商企业的发展需要。

银行业的扩张是随着古希腊和古罗马的古典文明向北欧和西欧渗透而进行的。但是,中世纪时,银行却遭到宗教的抵制,主要是因为银行在向穷人贷款时使用了高利率。当中世纪即将结束而欧洲的文艺复兴开始时,存款和贷款的对象大多是富人,从而在一定程度上减轻了宗教对银行的压力。

随着15—17世纪新的陆路商品交易路线的开辟和航海技术的进步,世界商业中心逐渐由地中海向银行业成为领先行业的欧洲和不列颠群岛转移。在这一时期,工业革命已经开始萌芽,而这正需要发育成熟的金融系统,特别是社会化大生产需要全球贸易的扩张来吸收工业产出,因此迫切需要新的支付和信贷方法,而能够满足这些需要的银行借此机遇得到了飞速的发展。在英国则出现了由金匠业等演变为银行业的过程。1653年,英国建立了资本主义制度,英国的工业和商业都有了较大的发展。工业和商业的发展需要有可以提供大量资金融通的专门机构与之相适应。金匠业在原来为统治者提供融资服务、经营债券、办理贴现等业务的基础上,又以自己的信誉做担保,开具代替金属条块的信用票据,并得到了人们的广泛接受,信用票据具有流通价值,至此,更具近代意义的银行便产生了。

1694年,为了与高利贷做斗争,以满足新生的资产阶级发展工业和商业的需要,在英国政府的支持下,私人性质的股份制银行——英格兰银行诞生了。英格兰银行成立伊始,向工商企业发放低利率(利率为5%~6%)的贷款,支持工业和商业的发展。英格兰银行是历史上第一家股份制银行,也是现代银行业产生的象征。18世纪末到19世纪初,各资本主义国家纷纷建立起规模巨大的股份制银行。

第二节　商业银行业务

为了了解商业银行的经营活动,首先要了解商业银行的资产负债表。资产负债表是银行的主要会计报表之一,它反映商业银行总的资金来源和资金运用情况。表 6-1 是某年我国四家大型股份制商业银行人民币资产负债表(占总额的百分比)。

表 6-1　我国四家大型股份制商业银行人民币资产负债表(占总额的百分比)

资金运用		资金来源	
一、现金资产	21	一、各项存款	84.099 6
1.库存现金	0.619	(一)	33.9
2.中央银行存款	17.52	1.活期存款	20
3.存放同业资金	2.86	2.定期存款	11
4.在途资金	0.001	3.保证金存款	2.9
二、各项贷款	55	(二)个人存款	44.3
(一)境内贷款	54.999	1.储蓄存款	43
1.短期贷款	15.7	2.结构性存款	1.3
2.中长期贷款	38.2	二、其他贷款	5.899 6
3.票据融资	1.099	三、金融债券	0.1
(二)境外贷款	0.001	四、向中央银行借款	0.000 4
三、有价证券	23	五、同业拆借	5.8
四、固定资产	1	六、所有者权益	10
资金运用总计	100	资金来源总计	100

资料来源:根据中国人民银行网站相关数据整理。

资产负债表包括资产、负债和所有者权益(银行资本或股东权益)三大类项目,三者之间满足下列关系:

$$资产=负债+所有者权益$$

商业银行通过负债业务取得资金,再利用这些资金提供资产业务。银行的资产业务的收益率应高于负债业务的成本,两者的差额形成银行的利润。因此,可以通过考察商业银行的资产负债表的三大类项目来分析商业银行的负债业务和资产业务。因为并非所有的银行业务都能在资产负债表中得到反映,所以还需要单独考察不能在商业银行资产负债表中反映的中间业务和表外业务。

一、负债业务

(一)存款

1.单位存款

(1)单位活期存款。单位活期存款常简称为活期存款,是指客户不需要预先通知,可随时提取或支付的存款。开立这种存款账户是为了通过银行进行各种支付结算,银行和客户之间没有明确的时间约定。该账户中的款项主要通过支票、本票、汇票、电话转账等多种手段用于支付和交易。

(2) 单位定期存款。单位定期存款常简称为定期存款,是客户与银行约定存款期限,将暂时闲置的资金存入银行,在存款到期支取时,银行按存入日约定的利率计付利息的一种存款。凡符合开立人民币单位活期存款账户条件的企事业单位、机关、部队、社会团体和个体经济户等均可开立人民币单位定期存款账户,可办理本、外币定期存款业务。

(3) 保证金存款。保证金存款是金融机构为客户出具具有结算功能的信用工具,或提供资金融通后,按约履行相关义务,而与其约定将一定数量的资金存入特定账户所形成的存款类别。在客户违约后,商业银行有权直接扣划该账户中的存款,以最大限度地减少银行损失。保证金存款按照保证金担保的对象不同,可分为银行承兑汇票保证金、信用证保证金、黄金交易保证金、远期结售汇保证金四类。

2. 个人存款

(1) 储蓄存款。储蓄存款指为居民个人积蓄货币资产和获取利息而设定的一种存款。储蓄存款基本上可分为活期储蓄存款和定期储蓄存款两种。活期储蓄存款是完全不同于活期存款的:活期存款可以开支票,而活期储蓄存款不可以开支票;活期储蓄存款虽然可以随时支取,但取款凭证——存折不能流通转让,也不能透支。定期储蓄存款也不同于定期存款:它们适应的客户不同,但相同的期限档次利率是相同的;定期储蓄存款还可以以整存整取、零存整取、整存零取、存本取息等形式进行。储蓄存款的利息成本较低,而且很稳定,是银行最主要的资金来源。

(2) 结构性存款。结构性存款是指结合了固定收益证券和金融衍生产品,且其收益率与产品中规定的国际市场上的利率、汇率、证券或者金融衍生产品等挂钩的组合存款,也可称为收益增值产品。它是运用利率、汇率产品与传统的存款业务相结合的一种创新存款。该产品适合于对收益要求较高,对外汇汇率及利率走势有一定认识,并有能力承担一定风险的客户。在结构性存款发展初期,银行只能对等值 300 万美元以上的大额外汇存款提供这种产品。从 2004 年初开始,小额外汇结构性存款在我国流行起来,它们的名称各异,例如,中行的"汇聚宝"、工行的"汇财宝"、建行的"汇得利"都属于外汇结构性存款。

(二) 其他负债业务

1. 向中央银行借款

商业银行为满足资金需求,还可以从中央银行借款。商业银行向中央银行借款主要有两种形式,即再贴现和再贷款。在商业票据业务开展较好的国家,商业银行向中央银行借款以再贴现为主;在商业票据业务发展迟缓的国家则以再贷款为主。

再贷款以短期为主,采取的形式多为以政府债券或商业票据为担保的抵押贷款。在通常情况下,商业银行向中央银行的借款只能用于调剂法定准备金头寸、补充储备和应急调整资产,商业银行不得将借入的款项用于发放贷款和其他套利活动。再贴现则是指中央银行以买进商业银行已贴现票据的方式向商业银行提供资金。商业银行通过再贴现业务借入的资金一般为短期资金,如美联储规定商业票据不得超过 90 天,有关农产品交易的票据不得超过 9 个月。而我国规定商业票据的期限最长不得超过 6 个月。

2. 同业拆借

同业拆借是金融机构(主要是商业银行)之间的短期资金借贷行为,主要用于支持日常性的资金周转。目前,同业拆借是商业银行解决短期余缺、调剂法定准备金金头寸、融通资金的重要渠道。

银行同业拆借的期限较短,最长不超过 1 年。同业拆借分为隔夜拆借(即 1 个营业日)、7 个营业日拆借、1 个月拆借、3 个月拆借、9 个月拆借,甚至 1 年拆借,以 3 个月以内的拆借居多。

3. 回购协议

回购协议是资金的需求者在出售金融证券时向金融证券(以国债为主)的购买方承诺在指定日期以约定价格再购回这些金融证券的协议。回购协议实际上是以获得的现金为抵押的金融证券借贷,从本质上看,回购协议是一种质押贷款协议。

商业银行普遍采用回购协议借入资金的原因主要有:第一,回购协议可以充分利用金融市场,是银行调节准备金的灵活工具;第二,有些国家不要求对政府债券担保的回购协议资金持有法定存款准备金,从而可以大大降低融资成本;第三,这种融资方式的期限灵活,比较安全,其期限短则 1 天,长可至几个月,而且有证券作为抵押。

4. 国际货币市场借款

各国的商业银行,尤其是大的商业银行,在国际货币市场上广泛地通过办理定期存款、发行大额定期存单、出售商业票据、银行承兑票据及发行债券等方式筹集资金。国际货币市场借款尽管有利于商业银行获得资金,但是同时容易遭受外部金融风险的冲击。

5. 其他借款方式

商业银行还可以通过发行商业票据、金融债券等方式借入资金,通过控股公司发行的商业票据主要用于自身短期周转。

二、资产业务

存款货币银行的资产业务是指将通过负债业务所聚集的货币资金加以运用的业务,是取得收益的主要途径。对于所聚集的资金,除了必须保留一部分现金资产,以应付客户提存外,其余部分主要以贷款和证券投资等方式加以运用。

(一)现金资产

现金资产是指商业银行随时可以用来应付日常提存现金的资产,是银行资产业务中最富流动性的部分。商业银行持有现金资产的主要原因是必须要保持合理的流动性,以应付存款提取及贷款需求。现金资产一般包括银行库存现金、在中央银行的存款、存放同业资金和在途资金四个部分。银行库存现金是指商业银行保存在金库中的现金,主要用于应付客户提取现金和银行本身的日常零星开支。在中央银行的存款是商业银行存放在中央银行的资金,即存款准备金。缴存存款准备金是为了使银行备有足够的资金以应付存款人的提取,避免流动性不足而产生流动性危机,导致银行破产。在中央银行的存款由两个部分构成:一是法定存款准备金;二是超额准备金。法定存款准备金是商业银行按照法定准备金率向中央银行缴存的存款准备金,在正常情况下一般不得动用,只有超额准备金才是商业银行的可用资金。存放同业资金是指商业银行存放在代理行和相关银行的存款。在其他银行保持存款是为了便于银行在同业之间开展代理业务和结算收付。存放同业的存款具有活期存款的性质,可以随时支用,因此可以视同银行的现金资产。在途资金也称为托收未达款,是指在本行通过对方银行向外地付款单位或个人收取的票据。在途资金在收妥之前,是一笔他行占用的资金,由于通常在途时间较短,收妥后即成为存放同业资金,将其也视同银行的现金资产。

(二)贷款

贷款一直是商业银行传统资产业务中的核心业务。与证券投资等运用方式相比,贷款的潜在风险和潜在赢利在金融资产组合中是最高的。从银行经营管理的需要出发,可以对银行贷款按照不同的标准进行分类,而不同的分类方法,对银行业务经营与管理又具有不同的意义。

1. 按贷款是否有抵押品分

按贷款是否有抵押品,贷款可分为信用贷款和抵押贷款。

信用贷款是指以借款人的信用发放的贷款,借款人不需要提供担保。信用贷款的特征就是借款人无须提供抵押品或第三方担保,仅凭自己的信用就能取得贷款,并以借款人信用程度作为还款保证。信用贷款是我国银行过去长期以来的主要放款方式。由于这种贷款方式风险较大,银行通常收取较高的利息,并且要对借款人的经济效益、经营管理水平、发展前景等情况进行详细的考察,以降低风险。例如:我国的贷款通则要求贷款的企业客户信用等级至少在 AA-(含)级以上的,经国有商业银行省级分行审批可以发放信用贷款;经营收入核算利润总额近 3 年持续增长,资产负债率控制在 60% 的良好值范围,现金流量充足、稳定;企业承诺不以其有效经营资产向他人设定抵(质)押或对外提供保证,或在办理抵(质)押等及对外提供保证之前征得贷款银行同意;企业经营管理规范,无逃废债、欠息等不良信用记录。

抵押贷款是指借款者以一定的抵押品作为物品保证向银行取得的贷款,贷款到期,借款者必须如数归还,否则银行有权处理其抵押品,以此作为一种补偿。根据抵押品的范围,目前实行的抵押贷款大致可以分为六类:①存货抵押,又称为商品抵押,工商企业用商品、原材料、在制品和制成品抵押,向银行申请贷款;②客账抵押,客户把应收账款作为担保取得短期贷款;③证券抵押,以各种有价证券如股票、汇票、期票、存单、债券等作为抵押取得短期贷款;④设备抵押,以机械设备、车辆、船舶等作为担保向银行取得定期贷款;⑤不动产抵押,即客户以土地、房屋等不动产抵押,取得贷款;⑥人寿保险单抵押,在保险金请求权上设立抵押权,以人寿保险合同的退保金为限额,将保险单作为抵押物,对被保险人发放贷款。

2. 按贷款的用途分

按贷款的用途,贷款可分为工商业贷款、农业贷款、消费贷款。

工商业贷款主要用于工业企业固定资产投资、流动资产的资金需求,以及商业企业商品流转的资金需求。工商业贷款是商业银行最主要的贷款种类。工商业贷款一般可分为三类:①短期流动资金贷款,又称为季节性流动资金贷款,属于短期放款,用于支持工商企业对一般流动资金的临时需要或季节性需要;②长期流动资金贷款,属于中期放款,主要用于工商企业长期流动资本的周转需要;③项目贷款,属于长期贷款,通常用于风险大、成本高的建设项目,贷款数额巨大。

农业贷款是针对农业生产和农民生活的需要,提供给从事农业生产的企业和个人的贷款。在现代农业中,随着农工一体化的发展,许多国家把为农业生产前生产资料供应、生产后农产品加工和运销等提供的贷款也归入农业贷款。农业贷款项目多种多样,如生产资料的购置,农田水利基本建设,农村公共设施建设,农产品加工、储藏、运销,以及农民生活,等等。

消费贷款是商业银行以消费者信用为基础,对消费者个人发放的贷款,主要用于购置耐用消费品,如汽车、房屋,或者支付其他费用。

3. 按贷款期限分

按贷款期限,贷款可分为短期贷款、中期贷款和长期贷款。

短期贷款是贷款期限在1年以内的贷款;中期贷款是贷款期限在1年以上(不含1年)、5年以下(含5年)的贷款;长期贷款是指贷款期限在5年以上(不含5年)的贷款。

4. 按贷款的偿还方式分

按贷款的偿还方式,贷款可分为一次性偿还贷款和分期偿还贷款。

一次性偿还贷款是在贷款到期日一次性还清贷款本金,其利息可以分期支付或一次性支付的贷款。

分期偿还贷款是借款人按规定的期限分次、等额偿还本金和利息的贷款。

(三)证券投资

证券投资是商业银行以其资金在金融市场上购买各种有价证券的业务活动。证券投资是商业银行资产业务的重要组成部分,投资的目的是增加收益和资产的流动性,通过资产多元化和证券投资组合的多样化,有效地分散风险。目前,商业银行投资的证券主要是国库券、中长期国债、公司债券等,大多数国家银行法仍不允许商业银行直接从事股票投资。但自20世纪80年代中后期以来,许多国家先后放松管制,对商业银行经营证券投资的范围有所放宽。自1999年,美国通过《金融服务现代化法案》以后,其商业银行从事证券投资业务的范围、对象不再受限制,但是,从控制风险的角度出发,商业银行投资的对象仍以各类债券为主。我国的商业银行的证券投资业务也是以各类债券为主。

(四)其他资产业务

其他资产业务是商业银行自己拥有的固定资产(设备、产房)。商业银行的固定资产占总资产的比重较低,随着银行电子化运营及自助银行、网络银行的普及,银行用于购置设备的资金增长较快。

三、中间业务和表外业务

中间业务是指银行以中间人和代理人身份替客户办理收付、咨询、代理、担保、租赁和其他委托事项,提供各类金融服务并收取一定手续费或佣金的经营活动。在传统业务中,无论是吸收存款所形成的负债业务,还是发放贷款所形成的资产业务,银行都是作为信用活动的一方参与的;而在中间业务中,银行却不再直接作为信用活动的一方,而是扮演中介或代理的角色,实行有偿服务。中间业务不占用或很少占用银行的资产,也不构成商业银行的表内资产和表内负债,但是能为银行增加收益。

表外业务是指银行从事的除资产负债业务以外的其他业务的总称。表外业务可分为广义的表外业务和狭义的表外业务。广义的表外业务是指不在银行资产负债表中反映的所有金融服务类业务,包括结算业务、代理业务、信托业务、租赁业务、银行卡业务、咨询业务等。狭义的表外业务是指按照传统会计准则不计入资产负债表内,不影响银行资产负债总额,但能改变当期损益及营运资金,从而提高银行资产报酬率的经营活动。狭义的表外业务又被称为或有资产、或有负债业务,包括担保类、贷款承诺类和衍生金融工具等业务。银行在经办这些业务时,虽然没有发生实际的货币收付,也没有垫付任何资金或者只是垫付少量资金;但是由于这些业务同资产负债业务关系密切,在将来随时可能因具备了契约中的某个条件,而能由表外业务转变为表内业务,需要在表外进行登记以便对其进行反映、核算、控制和管理。

由于传统的中间业务大多数也不在资产负债表内反映,通常把中间业务视同表外业务。但是严格来讲,表外业务和中间业务还是有区别的。从会计角度来说,所有的表外业务都属于中间业务,不在资产负债表内反映;而中间业务虽然大部分属于表外业务,但也有少部分(如信用证、租赁业务等)是在表内反映的。从银行开展业务的角色来说,银行在办理传统的中间业务(如信用证、信托、代理、咨询等业务)时,一般充当中介人的角色;而在办理衍生金融工具交易等表外业务时,银行既可以作为经纪人,又可以作为自营商,即作为交易的直接当事者。从与表内业务的关系和银行承担的风险角度来说,传统的中间业务一般不会发生由表外业务向表内业务的转化,承担的风险相对较小;而许多创新的表外业务,如票据发行便利、衍生金融工具交易等业务,都构成银行的或有负债,即在一定条件下相应的表外业务会向表内业务转化,成为银行的现实负债。因此,银行办理这类具有或有负债性质的表外业务时,承担的风险就很大。

国外商业银行通常将中间业务统称为表外业务。根据我国对中间业务品种的规定(见表6-2),将中间业务划分为适用审批制中间业务和适用备案制的中间业务。从人民银行规定的中间业务品种来看,适用备案制的中间业务基本上就是巴塞尔委员会定义的广义的表外业务。而适用审批制的中间业务主要是或有债权、或有债务类业务,不同的是我国将涉及证券和保险业务的部分服务类业务放在或有债权、或有债务类业务中来管理。

表6-2 中国人民银行规定的中间业务品种

适用审批制的中间业务品种	适用备案制的中间业务品种
①票据承兑;②开出信用证;③担保类业务,包括备用信用证业务;④贷款承诺;⑤金融衍生业务;⑥各类投资基金托管;⑦各类基金的注册登记、认购、申购和赎回业务;⑧代理证券业务;⑨代理保险业务;⑩中国人民银行确定的适用审批制的其他业务品种	①各类汇兑业务;②出口托收及进口代收;③代理发行、承销、兑付政府债券;④代收代付业务,包括代发工资、代理社会保障基金发放、代理各项公用事业收费(如收水、电费);⑤委托贷款业务;⑥代理政策性银行、外国政府和国际金融机构贷款业务;⑦代理资金清算;⑧代理其他银行银行卡的收单业务,包括代理外卡业务;⑨各类代理销售业务,包括代售旅行支票业务;⑩各类见证业务,包括存款证明业务;⑪信息咨询业务,主要包括资信调查、企业信用等级评估、资产评估业务、金融信息咨询;⑫企业、个人财务顾问业务;⑬企业投融资顾问业务,包括融资顾问、国际银团贷款安排;⑭保管箱业务;⑮中国人民银行确定的适用备案制的其他业务品种

资料来源:中国人民银行,《商业银行中间业务暂行规定》。

(一)中间业务的内容

1. 支付结算业务

支付结算业务是指由商业银行为客户办理因债权债务关系引起的与货币支付、资金划拨有关的收费业务,如支票、承兑汇票结算等。企事业单位之间的货币收付,除少量以现金方式进行以外,大部分是通过其在银行开立的支票存款账户上的资金划拨来完成的。

2. 租赁业务

租赁业务是指以收取现金为条件出让财产使用权的经济行为。它是由财产所有者(出租人)按契约规定,将财产租给承租人使用,承租人按期缴纳一定租金给出租人,在租赁期内,出租人对财产保有所有权,承租人享有使用权。租赁业务有两种基本类型,即经营租赁和融资租赁。融资租赁是一种国际通行的长期租赁形式,是指出租人为承租人提供所需的设备,供承租人使用,承租人定期支付租金,在租赁期内承租人负责设备的维修、保养、保险,租赁期满后,承租人以象征性的价格取得设备的所有权。经营租赁是一种短期租赁形式,承租人租赁资产只是为了满足经营上短期的、临时的或季节性的需要,在租赁期内出租人不仅要向承租人提供设备的使用权,还要向承租人提供设备的保养、保险、维修和其他专门性技术服务,租赁期满后,设备的所有权不发生转移。

3. 信托业务

信托业务是指委托人基于对受托人的信任,将其财产权委托给受托人,由受托人按委托人的意愿,代委托人管理、运用和处理所托管的财产,并为受益人谋利的活动。

国际上的金融信托业务,主要是经营处理一般商业银行存、放、汇以外的金融业务。随着各国经济的发展,市场情况日趋复杂,客户向银行提出委托代为运用资金、财产,或投资于证券、房地产的信托业务与日俱增。国内的信托业务是经中央银行批准的金融信托投资公司经营的业务,主要包括资金信托、动产信托、不动产信托和其他财产信托等四大类信托业务。

4. 代理业务

代理业务是指商业银行接受客户委托、代为办理客户指定的经济事务、提供金融服务并收取一定费用的业务。在代理业务中,委托人和银行一般必须用契约方式规定双方的权利、义务,包括代理的范围、内容、期限及纠纷的处理等,并由此形成一定的法律关系。代理业务是典型的中间业务,在代理过程中,银行一般不动用自己的财产,不为客户垫款,不参与收益分配,只收取手续费,因此,代理业务属于风险度较低的中间业务。商业银行代理业务种类繁多,服务范围广泛,并随着经济和金融的发展源源不断地推出创新品种。常见的代理业务包括代理政策性银行业务、代收代付款业务、代理证券业务、代理保险业务、代理银行卡收单业务等。

5. 基金托管业务

基金托管业务是指有托管资格的商业银行接受基金管理公司委托,安全保管所托管的基金的全部资产,为所托管的基金办理基金资金清算款项划拨、会计核算、基金估值、监督管理人投资运作的业务活动。

6. 咨询顾问类业务

咨询顾问类业务是指商业银行依靠自身在信息和人才等方面的优势,收集和整理有关信息,结合银行和客户资金运动的特点,形成系统的方案,提供给客户,以满足其经营管理需要的服务活动,主要包括财务顾问服务、现金管理业务服务、资产管理服务、企业信息咨询服务等。

(二)表外业务的内容

本章所讨论的表外业务是指根据巴塞尔委员会定义的狭义的表外业务,这里只介绍商业银行从事的三类表外业务。

1. 备用信用证

备用信用证又称为担保信用证、履约信用证、商业票据信用证,它是开证行根据申请人的请求,对受益人开立的承诺承担某项义务的凭证,即开证行保证在开证申请人未履行其应履行的义务时,受益人只要按照备用信用证的规定向开证银行开具汇票(或不开汇票),并提交开证申请人未履行义务的声明或证明文件,即可取得开证行的偿付。备用信用证属于银行信用,其实质是对借款人的一种担保行为,保证在借款人破产或不能及时履行义务的情况下,由开证行向受益人及时支付本利,而开证行一旦付款,借款人必须补偿银行的损失,同时银行开立备用信用证要收取佣金。如果开证申请人履行了约定的义务,该信用证则不必使用。因此,备用信用证对于受益人来说,是备用于开证申请人发生违约时取得补偿的一种方式,具有担保的性质。备用信用证按是否可以撤销,可以分为可撤销的备用信用证和不可撤销的备用信用证。

2. 贷款出售

贷款出售是指商业银行视贷款为可销售的资产,在贷款形成以后,进一步采取各种方式出售贷款债权给第三方,重新获得资金来源,出售贷款的银行将从中获得手续费收入。贷款出售按是否提供售后服务,可分为非卖断和卖断两类:贷款出售非卖断是贷款售出后,银行要为买方提供售后服务,如代收利息、监督贷款资金运用、对抵押品进行管理等;贷款出售卖断则不必提供售后服务,由买方自行收取利息并进行贷后管理。按有无追索权划分,贷款出售包括有追索权的贷款出售和无追索权的贷款出售两种。对于有追索权的贷款出售,一旦出现借款人无力偿债的情况,买方对银行的其他资产具有一般追索权,银行必须承担对买方还本付息的责任。有追索权的贷款出售是贷款出售的一般形式,贷款售出后,该笔贷款即从银行的资产负债表中移出,成为银行的或有负债。无追索权的贷款出售后,银行没有什么风险,只是简单地把原有贷款从资产负债表中转出,代之以收回货币资金。

3. 贷款承诺

贷款承诺是指银行向客户做出承诺,保证在未来一定时期内根据一定条件,随时应客户的要求提供贷款或融资支持的业务,承诺业务主要有信贷便利和票据发行便利两种形式。信贷便利主要有信贷额度和贷款承诺两种形式。信贷额度是一种非合同化的贷款限额,在这个额度内,商业银行随时根据企业的贷款需要进行放款。贷款承诺是一种正式的、合同化的协议,银行与客户签订贷款承诺协议以后,要随时满足客户的贷款需要,在承诺期内,不论客户是否提出贷款申请,银行都要按承诺额的一定比率收取承诺费。票据发行便利是指银行承诺帮助筹资人通过发行短期票据或CDs筹资,如果筹资人发行的票据或CDs不能如期售完,承诺该业务的银行将按事先约定的价格买下。

四、银行卡业务

银行卡是指由商业银行向社会发行的具有消费信用、转账结算、存取现金等全部或部分功能的信用支付工具。银行卡依据不同的划分方式可有不同的分类。如:按发卡银行是否给予持卡人信用额度来分,银行卡可以分为信用卡和借记卡;按币种不同,分为人民币卡、外币卡;按发行对象不同,银行卡分为单位卡(商务卡)、个人卡;按信息载体不同,银行卡分为磁条卡、芯片卡。

(一)信用卡

信用卡是发卡银行给予持卡人一定的信用额度,持卡人可在信用额度内先消费、后还款,或者先按发卡银行的要求交存一定金额的备用金,当备用金账户余额不足支付时,可在发卡银行规定的信用额度内透支的银行卡。信用卡按是否向发卡银行交存备用金分为贷记卡、准贷记卡两类。

(1)贷记卡。贷记卡是指发卡银行给予持卡人一定的信用额度,持卡人可在信用额度内先消费、后还款的信用卡。

(2)准贷记卡。准贷记卡是指持卡人须先按发卡银行要求交存一定金额的备用金,当备用金账户余额不足支付时,可在发卡银行规定的信用额度内透支的信用卡。

(二)借记卡

借记卡是持卡人先将款项存入卡内账户,然后进行消费的银行卡。借记卡不具备透支功能。借记卡按功能不同,分为转账卡(含储蓄卡)、专用卡和储值卡。

(1)转账卡。转账卡是实时扣账的借记卡,具有转账结算、存取现金和消费功能。

(2)专用卡。专用卡是具有专门用途、在特定区域使用的借记卡,具有转账结算、存取现金功能。其中,专门用途是指在百货、餐饮、饭店、娱乐行业以外的用途。

(3)储值卡。储值卡是发卡银行根据持卡人要求将其资金转至卡内储存,交易时直接从卡内扣款的预付钱包式借记卡。

五、互联网金融对商业银行的影响以及商业银行的应对措施

(一)互联网金融对商业银行的有利影响

互联网金融对商业银行的有利影响主要有以下三点:

(1)优化客户管理。互联网金融可以通过大数据、云计算等技术手段对商业银行的客户进行更为精准的识别,使信息共享更为便捷,提升商业银行内部评价体系,并通过分析客户的金融消费习惯,有针对性地对客户进行分类,从而更好地进行管理。

(2)提高金融服务效率。商业银行开展互联网金融业务可以有效提高服务效率。互联网金融可以 7×24 小时为客户提供服务,且免受时间、空间的限制。客户只需要在商业银行开户,借助手机银行或者网上银行即可以完成业务办理。

(3)鼓励金融创新。金融创新是为盈利动机推动、持续不断发展的过程,金融创新主要运用金融创新工具,发挥金融杠杆的作用,使国内的金融、资本市场加快发展,依靠商业银行内部力量,推出新型理财产品,不断完善我国金融体系。

(二)互联网金融的发展对商业银行的不利影响

互联网金融的发展对商业银行的不利影响有以下三点:

(1)加大了金融风险的管理难度。由于网上银行、第三方移动支付以及P2P网贷行业的快速崛起为金融市场带来很多风险隐患,由于我国企业和个人的征信体系还不完善,互联网金融过快发展也会导致金融市场存在诸多风险,这也在一定程度上影响了商业银行自身管理风险的难度。

(2)压缩利润空间。传统商业银行的利润来源主要是存贷利差,互联网金融平台在经营上比较激进,在市场竞争中容易将金融市场的存贷利差进一步缩小。商业银行经营保守,加之监管趋严,如果不能把控好风险与盈利之间的平衡,就会导致商业银行的互联网金融业务的发展缓慢、商业银行的盈利无法得到保证。

(3)抢占中小客户资源。随着越来越多的人把资金投入网贷平台,商业银行的客户特别是中小活期客户就会明显减少。对于商业银行来说,活期存款付息很少,优质的活期存款资源让商业银行获得很大的利差来源,中小客户的减少无疑会让自己经营面临很大的业绩风险。尤其是微信、支付宝等互联网金融平台,依托社交和电子商务的强大后台,在金融市场竞争中占据很大的优势。而且我国整体互联网金融网贷平台的交易规模和借款余额一直保持高速增长,这将对商业银行造成不利影响。商业银行如不能有效地采取应对措施,改善经营和服务模式,提升业务服务水平,势必会面临更大的挑战。

(三)商业银行的应对措施

(1)商业银行要确定"客户群"观念。首先要确定客户群,了解客户群的理财方式和消费观念十分重要,遵循"了解你的客户"观念,为你服务的客户提供适合的金融产品。

(2)商业银行要提升技术水平和金融创新能力。要进一步加大在大数据、加密防护等技术上的研发力度,通过金融科技创新来提升自己的互联网金融科技水平,但是也不能盲目地进行金融创新,盲目加杠杆,蚂蚁金服推迟上市就验证了国家对于金融系统风险的重视,金融创新要保持适度和审慎的态度。

(3)商业银行要加强与互联网金融企业的深度合作。商业银行要善于发挥自身优势,将自身优势和互联网金融业务优点结合起来,加强和互联网金融企业的深度合作,保证商业银行与互联网金融企业信息的共享安全,在新形势下继续保持信息资源优势。

(4)积极促进实体经济发展,不断提高经营水平。近年来我国中小企业融资难问题突出,在这个环境下互联网金融平台的出现在一定程度上缓解了中小企业融资难的问题,为广大中小企业客户和个人客户提供了投融资服务。在这一方面商业银行也要发挥自身的资源优势,积极作为,拓展自己的业务范围,改进投融资条件,降低中小企业的融资门槛和成本,帮助资金需求者和资金供给者更好地进行金融交易,推动实体经济发展,不断增强自己的业务经营能力。

(5)提高商业银行对互联网金融业务的风险管理水平。商业银行一方面要加强对相关互联网金融中的欺诈、洗钱等违法犯罪行为进行治理和整顿,做到以预防为主的风险管理方针。另一方面要在互联网金融发展中掌握四个原则：安全可控原则、便民和利民原则、坚持继承式创新原则和业务服务融合原则。

第三节　商业银行的经营与管理

现代商业银行在组织形式上一般实行的是股份制，利润最大化或股东财富最大化是其经营的总目标。商业银行是经营货币资金的高杠杆企业，资金来源中绝大多数是负债，鉴于商业银行经营对象的特殊性，商业银行的经营原则和资金配置有别于一般的工商企业。

一、商业银行的经营原则

商业银行经营的总方针是在保证安全与流动的前提下，追求最大限度的利润。流动是实现安全的必要手段，安全是实现赢利的基础，追求赢利是安全与流动的最终目标。

（一）流动性

流动性反映商业银行能够随时满足客户提存和贷款需求的支付能力，包括负债的流动性和资产的流动性两个方面。

商业银行是典型的负债经营，资金来源的主体部分——客户的存款和借入款具有流动性。存款是以能够按时提取和随时对客户开出支票支付为前提的；借入款是要按期归还或随时兑付的，因此，商业银行的负债具有流动性的属性。商业银行负债的流动性是通过创造主动负债来进行的，如向中央银行借款、发行大额可转让存单、同业拆借、利用国际货币市场融资等。商业银行要力求负债业务结构合理并保持有较多的融资渠道和较强的融资能力。

此外，商业银行所发生的贷款和投资，会形成一定的占用余额，这个余额在不同的时点上是不同的。一方面，贷款逐步收回，投资到期收回；另一方面，在不同的时点上又会产生各种各样的贷款需求和投资需求，也就是说，商业银行又要有一定的资金来源应付贷款发放和必要投资。贷款和投资所形成的资金的收和付在数量上不一定相等，在时间上也不一定对应，即带有某种不确定性，这就决定了商业银行资产也应具有一定程度的流动性。

（二）安全性

安全性是指商业银行应努力避免各种风险，保证商业银行的稳健经营和发展。商业银行之所以必须首先坚持安全性的原则，是因为商业银行以货币为经营对象，与一般工商企业经营不同，其自有资本所占比重很小，商业银行在经营中保持着比工商企业更高的资本杠杆率，因此商业银行承受风险的能力比一般工商企业承受风险的能力小得多，这就要求商业银行必须坚持安全性的经营原则。商业银行在经营过程中会面临信用风险、利率风险、汇率风险、竞争风险等各种风险。

（三）赢利性

商业银行与一切经营性企业都有一个共同的目标,即赢利最大化。赢利的增加可以增强商业银行的自身积累能力和竞争能力,提高银行信用,使商业银行对客户有更大的吸引力。此外,商业银行提高赢利水平,意味着增强了商业银行承担风险的能力,可以避免因资产损失而给商业银行带来破产倒闭的风险。

商业银行经营的安全性、流动性和赢利性之间既是统一的,又存在冲突性。安全性与流动性是正相关的:流动性强的资产,风险较小,安全有保障。但它们与赢利性往往有矛盾:流动性强的资产,其安全性强,但赢利性较差;赢利性较好的资产,往往流动性较差,风险较高。因此,商业银行在经营过程中,就要从实际出发,根据不同时期经营环境的变化和经营业务的不同要求有侧重地贯彻经营原则,实现"三性"的动态协调。在经济高涨时期,银行资金来源较充足,借款需求较旺盛,保持流动性与安全性并不十分紧迫,这时就要侧重考虑赢利性;在经济衰退时期,就要侧重考虑流动性,将赢利放在次要地位。商业银行还要从自身业务经营状况出发,在流动性资产较多的情况下,设法改变原有的资产结构,侧重增加赢利;而在流动性资产减少、长期投资和贷款较多、风险较大的情况下,就要更多地考虑流动性。

二、商业银行的经营管理理论

商业银行处在高度竞争的状态中,按照经营利益最大化的原则进行资金来源和资金运用的配置,如何在保证流动性和安全性的同时,追求尽可能高的利润,是商业银行经营管理过程中需要着重解决的问题。长期以来,随着经济环境的变化,围绕这一问题,商业银行在经营管理理论研究方面,曾先后经历了资产管理、负债管理、资产负债综合管理、资产负债表内表外统一的风险管理四个阶段。

（一）资产管理

资产管理理论是最早产生的一种银行经营管理理论。20世纪60年代以前,银行的资金来源大多数是吸收活期存款。在银行看来,存否、存多少及存期长短,主动权都在客户手中,银行管理起不了决定性影响,而资金运用的主动权却在银行手中。因此,只有着重于资产管理,才能实现商业银行赢利、流动、安全三项原则的协调。随着经济环境的变化和银行经营业务的发展,资产管理理论先后经历了商业性贷款理论、可转换性理论和预期收入理论三个发展阶段。

1. 商业性贷款理论

商业性贷款理论又称为真实票据理论或生产性贷款理论。商业性贷款理论产生于18世纪,该理论从银行的资金来源主要是吸收存款这一客观实际出发,认为存款随时有被提取的可能,从保持资产的流动性考虑,商业银行只应发放短期的、与商品周转相联系或与生产物资储备相适应的自偿性贷款。这类贷款能随着物资周转和产销过程的完成,从销售中得到偿还。商业银行在放款时以商业行为作为基础,并以真实的商业票据为凭证,一旦企业不能偿还贷款,银行可以处理作为抵押的票据,收回贷款。从宏观上看,由于这种自偿性贷款依贸易需要自动伸缩,对货币和信用量具有自动调节作用。

在相当长的时期内,商业性贷款理论一直支配和指导着商业银行的业务经营。它不仅在当时自由竞争的条件下对稳定银行的经营起了积极作用,而且银行贷款自偿性的论点对银行的经营方针也有着深远的影响。但是这个理论由于偏重了资产的流动性,存在着一定的缺陷。随着资本主义经济的发展,这种缺陷表现得越来越充分,主要有以下几点:①该理论不能满足资本主义从自由竞争向垄断阶段过渡时,对银行长期资金的需求;②该理论没有考虑到银行存款的相对稳定性,除了忽视银行存款中有定期存款外,还忽视了银行活期存款的沉淀作用;③该理论忽视了经济萧条时期出现市场停滞、商品销售不出去的危险性;④自偿性放款随商业需要自动伸缩信用量,与中央银行的货币政策往往发生矛盾。

2. 可转换性理论

可转换性理论又称为转移理论。该理论由美国的莫尔顿于1918年提出。第一次世界大战后,金融市场进一步发展和完善,金融资产多样化,流动性加强,银行对流动性有了新的认识,转移理论也就应运而生。转移理论认为,银行是否能保持其资产的流动性,关键在于资产的变现能力。只要银行所掌握的证券能随时出售并转换为现金,银行就可以将资金的一部分投入具备二级市场条件的证券,且贷款不一定要局限于短期和自偿性。

转移理论的出现,使商业银行资产的范围扩大,业务经营更加灵活多样,比商业性贷款理论前进了一步。但该理论也有它的局限性:第一,证券价格受市场波动的影响较大,在银根紧缩时,不能保证在不造成银行损失的情况下将证券顺利变现;第二,发生经济危机时,证券的抛售量大大超过购买量,难以达到保持流动性的预期目的。

3. 预期收入理论

预期收入理论由美国金融学家普鲁克诺于1949年在《定期贷款与银行流动性理论》一书中提出。第二次世界大战以后,由于经济建设的需要,产生了大量的设备和投资贷款需求,生产恢复以后,消费信贷的需求也在增长,借款人将贷款更多地投向于工业,预期收入理论应运而生。预期收入理论认为,贷款或证券的变现能力是以未来收入为基础的。如果一项投资的未来收入有保证,哪怕是长期放款,仍然可以保持流动性;反之,如果一项投资的未来收入没有保证,即使短期放款,也有发生坏账和到期不能收回的风险。这种理论并没有否定上述两种理论,但强调的既不是放款的用途(指自偿性),也不是担保品(指可转换性),借款人的预期收入。因此,审查放款和投资的标准就不仅仅停留在期限方面,而是更多地放在贷款和投资项目的预期收入方面,以贷款和投资的预期收入,来保证银行放款的安全性和流动性。

预期收入理论指出了银行资产流动的根本条件,为银行业务经营范围的进一步扩大提供了理论依据,从而使银行资产结构发生了质的变化。根据这种理论,商业银行的贷款种类增加了,新增了中、长期商业贷款,设备贷款,消费者分期付款的贷款和房地产抵押贷款,为商业银行业务的综合发展奠定了基础。但是,预期收入理论仍存在一定缺陷,即把预期收入作为资产经营的标准,而预期收入状况完全是由银行自己预测的,难免带有主观随意性,不可能完全正确,尤其是在贷款期限较长的情况下,债务人的经营情况很可能发生变化,影响贷款的偿还能力。

以上三种资产管理理论,虽然各有侧重,但主要的着眼点都是保持银行资产的流动性。三种资产管理理论相互补充,反映了一种不断完善和发展的演变过程,都为银行的资产管理提供了一种新的思路,推动了银行资产业务的不断发展。

(二)负债管理

负债管理理论是在金融创新中产生的一种银行管理理论。该理论产生于20世纪60年代中期。当时的经济处于相对繁荣状态,社会生产较快发展,通货膨胀率不断上升,这就要求银行提供大量的贷款资金。为了防止利率竞争,当时实行的各项法规都对商业银行的业务和赢利有强大的约束性。在追求高额赢利的内在动力和竞争的外在压力下,银行不得不另觅新径,从非存款的渠道——货币市场引进资金。由此便产生了负债管理理论。

负债管理理论是以负债为经营重点来保证流动性的经营理论。这一理论认为,银行在保持流动性方面,没有必要完全依赖于建立分层次的流动性储备资产,一旦需要周转资金,可以向外举借,只要市场上能筹到资金,就可以放款争取高赢利。负债管理理论的出现,使银行改变了经营方针。

负债管理理论也存在着很大的局限性。①负债经营提高了银行负债的成本。由于主动负债的利息比较高,资金成本自然增加,因此成本增加与赢利性发生矛盾。②负债经营增加了银行经营的风险。如果银行经营经常利用在货币市场上举债来增加放款,则很容易引起短期借入、长期借出的现象,这样就会造成资产与负债不对称或失衡,带来很大的经营风险。③负债经营助长信用膨胀,可能会引起债务危机。

(三)资产负债综合管理

资产管理理论和负债管理理论,在保持安全性、流动性和赢利性的均衡方面,都存在片面性。资产管理理论过于偏重安全与流动,在一定条件下以牺牲赢利为代价,不利于鼓励银行家的进取精神;负债管理理论能够较好地解决流动性和赢利性之间的矛盾,鼓励银行家的进取精神,但它过分依赖于外部条件,往往带有很大的经营风险。20世纪70年代末80年代初,由于大量存在的汇率、利率风险,单一的资产管理或负债管理已不复适用,银行为了求得生存和发展,获取高额利润,就只有对资产和负债进行全面管理,资产负债管理理论由此产生。

资产负债综合管理的基本思想是在资金的配置、运用及在资产负债管理的整个过程中,根据金融市场的利率、汇率、银根松紧等变动情况,对资产和负债两个方面进行协调和配置,通过调整资产和负债双方在某种特征上的差异,达到合理搭配的目的。该理论是以资产负债表的各科目之间的"对称原则"为基础,来缓和流动性、赢利性和安全性之间的矛盾的。

(四)资产负债表内表外统一的风险管理

资产负债表内表外统一的风险管理产生于 20 世纪 80 年代末。在金融自由化浪潮中,商业银行为了控制利率和汇率波动的风险及由竞争加剧、存贷款利差收窄而引起的传统业务成本上升、收益率下降的经营风险,纷纷大力拓展承诺、担保及金融衍生品交易等表外业务。1974 年,联邦德国的两家著名的国际性银行 Herstatt 银行和富兰克林银行倒闭,金融监管机构开始全面审视拥有广泛国际业务的银行监管问题。1975 年 9 月,第一个巴塞尔协议出台。巴塞尔协议的实质性进步体现在 1988 年 7 月通过的《关于统一国际银行的资本计算和资本标准的协议》。巴塞尔协议是第一个强调资本充足率在银行风险管理中重要意义的国际协议,它同时对资产负债表内和表外的不同种类的资产确定了风险权数及相应的资本比率,巴塞尔协议的推出意味着西方商业银行的资产负债管理和风险管理理论的统一。

 知识链接

《巴塞尔协议Ⅰ》《巴塞尔协议Ⅱ》《巴塞尔协议Ⅲ》

巴塞尔协议的实质性进步体现在 1988 年 7 月通过的《关于统一国际银行的资本计算和资本标准的报告》(简称《巴塞尔报告》即《巴塞尔协议Ⅰ》)。该报告主要有四部分内容:①资本的分类;②风险权重的计算标准;③1992 年资本与资产的标准比例和过渡期的实施安排;④各国监管当局自由决定的范围。体现协议核心思想的是前两项。首先是资本的分类,也就是将银行的资本划分为核心资本和附属资本两类,对各类资本按照各自不同的特点进行明确的界定。其次是风险权重的计算标准,报告根据资产类别、性质以及债务主体的不同,将银行资产负债表的表内和表外项目划分为 0%、20%、50% 和 100% 四个风险档次。风险权重划分的目的是为衡量资本标准服务。有了风险权重,报告所确定的资本对风险资产的标准目标比率 8%(其中核心资本对风险资产的比重不低于 4%),才具有实实在在的意义。可见,《巴塞尔协议Ⅰ》的核心内容是资本的分类。也正因为如此,许多人直接就将《巴塞尔协议Ⅰ》称为规定资本充足率的报告。

1999 年 6 月,巴塞尔委员会提出了以三大支柱——资本充足率、监管部门监督检查和市场纪律为主要特点的新资本监管框架草案第一稿,并广泛征求有关方面的意见。新协议将对国际银行监管和许多银行的经营方式产生极为重要的影响。首先要指出,以三大要素(资本充足率、监管部门监督检查和市场纪律)为主要特点的新协议代表了资本监管的发展趋势和方向。实践证明,单靠资本充足率无法保证单个银行乃至整个银行体系的稳定性。自从 1988 年资本协议问世以来,一些国家的监管部门就已在不同程度上,同时使用这三项手段强化资本监管,以实现银行稳健经营的目标。然而,将三大要素有机结合在一起,并以监管规定的形式固定下来,要求监管部门认真实施,这无疑是对成功监管经验的肯定,也是资本监管领域的一项重大突破。关于巴塞尔协议的更新进展,2002 年 10 月 1 日,巴塞尔委员会开始新一轮调查,评估该建议对全世界银行最低资本要求的可能影响。同时巴塞尔委员会加强了对操作风险管理和监管规程的制定,并于2003年2月再次更新了操作风险管理与监管有效措施,对操作风险的资本要求提出具体的计算办法。巴塞尔委员会2003年底通过《巴塞尔协议Ⅱ》,2006年底在十国集团(G10)国家全面实施。

2010年9月12日,巴塞尔银行监管委员会宣布,各方代表就《巴塞尔协议Ⅲ》的内容达成一致。根据这项协议,商业银行的一级资本充足率将由目前的4%上调到6%,同时计提2.5%的防护缓冲资本和不高于2.5%的反周期准备资本,这样核心资本充足率的要求可达到8.5%~11%。总资本充足率要求仍维持8%不变。此外,还将引入杠杆比率、流动杠杆比率和净稳定资金来源比率的要求,以降低银行系统的流动性风险,加强抵御金融风险的能力。

复习思考题

1. 商业银行的负债业务有哪些?
2. 商业银行的资产业务可分为几类?
3. 简述商业银行中间业务与表外业务的区别。
4. 为什么说商业银行的经营业务既要可以满足流动性需求,又要能产生增值效应,还要能够分散风险?
5. 西方商业银行资产负债管理经历了哪几个阶段?资产负债综合管理的基本思想是什么?

第七章 中央银行

  教学目的与要求

理解中央银行产生的客观要求;了解中央银行的发展历程;了解中央银行制度的主要类型;重点掌握中央银行的性质和职能;理解中央银行独立性;了解中央银行支付清算系统,理解我国现代化支付系统。

中央银行是国家为实现总体经济目标,保证国家货币政策的制定与执行,防范与化解金融风险,维护与稳定金融秩序而设立的特殊金融管理机构。中央银行作为现代金融体系的中枢,在当今经济货币化和金融市场交易日益发展的形势下,其地位日显重要。

第一节 中央银行的产生、发展与类型

中央是指国家政权或政治团体的最高领导机构。中央银行是处在一国金融体系核心位置的金融机构,是代表国家实施金融控制与金融管理的政府机构。

一、中央银行产生的客观要求

中央银行产生于 17 世纪后半期,而中央银行制度的形成则是在 19 世纪初叶。各国中央银行建立和发展的路径不尽相同,如英格兰银行是从商业银行发展而来的,而美国联邦储备银行则从成立之初就是中央银行。中央银行制度的形成和发展有着深层次的经济原因,可以说,社会经济发展的客观需求是催生中央银行的基本动力。中央银行产生的客观要求如下所述。

1. 满足政府融资的需要

建立货币和信用制度是资本主义商品经济快速发展的客观要求。为了开辟广阔的市场,资产阶级政府需要巨额的货币财富作后盾。在银行业形成初期,银行借款的对象主要是商人和王公贵族。自然灾害的发生和国家战事的频繁使得国家的财政匮乏,很难依靠单纯的税收和减少政府开支来解决,从而使政府成为银行的常客。在英国,政府为了筹备费用而不得不向高利贷者求借。英王查理二世曾以 20%～30%的利率向"金匠"借款,同时还以国家的税收和议会通过的拨款作抵押。马克思曾引用约翰·弗兰西斯在《英格兰银行史》中的话:"仅就遭受高利贷者盘剥的政府来说,要以议会的拨款作为担保获得适当的利息的贷款,就已经有必要设立银行。"这说明了在英国建立大银行的必要性。为了保证和方便政府融资,发展一个与

政府有密切联系,能够直接或间接为政府筹资或融资的银行机构,逐步成为政府要着力解决的重要问题。1694年创立的英格兰银行,取得了半国家机关的地位,标志着代表"国家银行"的资本主义的初期信用制度的形成。

2. 统一货币发行的需要

在银行业形成的初期,商业银行都有发行银行券的权力,与金属货币相比较,银行券已是一种信用货币,它的流通支付能力取决于它的兑换金属货币的能力,即取决于发行银行的信誉。如果发行银行都能保证自己发行的银行券及时足额兑换,那银行券的发行在给商品流通带来方便的同时不会产生大的问题。但实际上并不完全如此,随着经济的发展、市场的扩大和银行机构的增多,银行券分散发行的弊病就越来越明显:一是随着银行数量的不断增加和银行之间竞争的加剧,银行因经营不善而无法保证自己所发行银行券及时兑现的情况时有发生,这使银行券的信誉大大受损,也给社会经济的发展带来负面影响;二是一些银行限于资力、信用和分支机构等问题,其信用活动的领域受到限制,所发行的银行券只能在国内有限的地区流通,从而给生产和流通带来困难。

总之,分散发行、多种信用货币同时流通与"一般等价物"这一货币的本质属性产生了矛盾,也给社会的生产和流通带来了困难。由此,客观上要求信用货币的发行权走向集中统一,改为由资金雄厚并且有权威的银行发行能够在全社会流通的信用货币。

3. 集中信用的需要

随着银行业务规模的扩大和业务活动的复杂化,银行的经营风险不断增加,单一银行资金调度困难和支付能力不足的情况经常出现,单一银行支付困难而波及数家银行甚至整个金融业出现支付危机的现象也时有发生。为了保护存款人的利益和银行及整个金融业的稳定,客观上需要有一家权威性机构,适当集中各银行的一部分现金准备作为后盾,在银行出现难以克服的支付困难时,集中给予必要的贷款支付,充当银行的"最后贷款人"。

4. 统一票据交换的需要

随着商品经济的发展和银行业务的不断扩大,银行每天处理票据的数量也不断增加,各银行之间的债权债务关系日趋复杂,票据的交换业务越发繁重,由各个银行自行轧差进行当日清算已发生困难。不断增长的票据交换和清单业务与原有的票据交换和清算方式产生较大矛盾,不仅异地结算的时间延长,而且即使同城结算也遇到很大困难。这在客观上要求建立一个全国统一的、有权威的、公正的,作为金融支付体系的核心,能够快速清算银行间各种票据从而使资金顺畅流通的清算机构,而这个核心只能由中央银行来承担。

5. 统一金融管理的需要

为了保证银行和金融业之间的竞争公平、有序,保证各类金融业务和金融市场的健康发展,减少金融运行的风险,政府需要出面进行必要的管理,有效的方法是政府通过设立一个专门的机构来实施,而这个机构不仅要有一定的技术能力和操作手段,还要在业务上与银行建立密切联系,同时还能依据政府的意图制定一系列金融政策和管理条例,以此来统筹、管理和监督全国的货币金融活动,这一使命只能由中央银行承担。

上述五个方面的客观要求直接推动了中央银行的产生,但这些客观要求并非同时提出的,其迫切程度也并不是完全相等的,因此,中央银行的形成与发展经历了一个较长的历史发展过程。

二、中央银行的发展历史

目前,世界各国大都设立了中央银行或类似中央银行的机构,它在金融体系中处于核心地位,担负着发行货币、制定和执行货币政策、调节和控制国民经济的发展等重任。中央银行从其诞生至今经历了300多年,其间中央银行制度的发展大致经历了四个时期,即萌芽时期、初创时期、发展时期、强化时期。

(一)中央银行制度的萌芽时期

中央银行萌芽于17世纪后半期,最先具有中央银行名称的是瑞典国家银行,它的前身是成立于1656年的瑞典里克斯银行,里克斯银行是由私人创办的欧洲第一家发行银行券的银行,于1668年由政府出面改组为国家银行,对国会负责,但直到1897年才独占发行权,开始履行中央银行职责,成为真正的中央银行。瑞典国家银行最先享受银行券发行特权,但起初并没有独享货币发行权,因此它只被认为是中央银行的先驱。英格兰银行成立于1694年,虽然比瑞典银行晚成立约40年,但被人们称为现代中央银行的鼻祖。可以说,英格兰银行从商业银行演变成中央银行的过程,就是典型的中央银行演变发展史。

1.英格兰银行的建立

英格兰银行于1694年7月27日由1 268名商人在伦敦创立,目的是集资120万英镑(按年息8%)贷款给英国国王威廉三世,以支持其在欧洲大陆的军事行动。当时,正值英法战争(1689—1697年),庞大的战争开支使英政府入不敷出,加上贪污盛行,税收短绌,英国财政陷入困境。为了弥补财政支出,英国皇室特许英格兰人威廉·彼得森等人的提议,由本来已是政府债权人的金匠募集120万英镑作为股本,建立银行,对政府放款。这一倡议由英国国会制定法案同意实行。尽管英格兰银行是世界上最古老的中央银行,但是在其成立的时候,并没有充当中央银行的意图。英格兰银行在成立时是一个较大的股份制银行,其实力和声誉高于其他银行,并且同政府有着特殊的关系,所经营的也是一般银行业务,如对一般客户提供贷款、存款以及贴现等。

2.政府的银行

英格兰银行无论是成立的初衷,还是在以后的业务中,都与政府有着千丝万缕的联系。英格兰银行在1694年创立的时候就一直充当政府的银行。政府虽然在许多银行也保持有规模较小的户头,但是其主要户头是在英格兰银行。政府的各项税收和其他收入的财政部户头开设于此,政府的各项支出也来源于此。当政府资金短缺时,英格兰银行保证马上进行资金融通,如直接对政府放款、为政府发行国库券和各种长期债券等。到1746年,英格兰银行已经借给政府1 168.68万英镑。除此之外,英格兰银行还代理国库和全权管理国家债券。英格兰银行在发行国库券中起着重要的作用,它替政府开价招标,进行配发、发券收款,并到期负责清偿,还通过国库券经纪人,每天进入贴现市场买卖国库券,调节市场,以稳定短期市场利率。

3. 发行的银行

发行货币是英格兰银行的传统业务,但是其垄断货币发行权却经历了很长的发展过程。英格兰银行在成立之初,英国政府就给予它其他商业银行所没有的一项特权,即允许英格兰银行成为第一家无发行保证却能发行银行券的商业银行,但是这种发行特权只限于伦敦及周围65英里(1英里=1 609.34米)的地区。1826年,英国国会通过法案,准许其他股份制银行设立,并可以发行钞票,但限制在伦敦65英里以外,以避免与英格兰银行的发行权相冲突。在以后的发展中,英格兰银行不断补充资本,同时降低对政府的放款利率,以此为条件,促使英国国会于1844年通过法案《比尔条例》,限制其他银行的发行权。如该法案规定,凡在1844年发行过钞票的银行,其发行额不得超过银行在该法案通过以前12周内的钞票平均流通量;凡在1844年以前没有发行过钞票的银行不得再发行钞票,新成立的银行一律不得再发行钞票。此法案还规定,凡发行钞票的银行在伦敦开设分行或同其他银行合并的,均丧失货币发行权,而将此权利转移给英格兰银行。随着《比尔条例》的实施,多数银行都逐渐丧失了货币发行权,终于在1921年,有权发行货币的银行只有英格兰银行一家。但由于英国财政部也发行部分钞票,当时英格兰银行并不是严格意义上的垄断发行,直到1928年英国通过了《通货与银行钞票法》,英格兰银行才最终成为英国唯一的发行银行。

4. 银行的银行

19世纪,英国的商业银行发生了多次银行危机,尤其以1825年和1837年这两次危机最为严重。严重的银行危机引起了社会的广泛关注。在1837年的银行危机中,英格兰银行采取行动帮助有困难的银行,开始充当最后贷款人的角色。在19世纪30年代,商业银行在资金短缺时就向贴现行贴现,贴现行在资金短缺时就直接向英格兰银行贷款。英格兰银行表面上是充当贴现行的最后贷款人,实际上是间接地充当整个银行系统的最后贷款人。

(二)中央银行制度的初创时期

从19世纪中叶到20世纪20年代,许多国家开始建立中央银行,但从世界范围来看,中央银行的建立并不普遍。如前所述,瑞典国家银行直到1897年才独占发行权,开始履行中央银行的职责,成为真正的中央银行;英格兰银行到1921年才独占发行权,直到1928年英国通过了《通货与银行钞票法》,英格兰银行才最终成为英国唯一的发行银行。这一时期设立的中央银行如表7-1所示。

表 7-1　中央银行制度初创时期建立的中央银行

洲别	中央银行名称	建立年份	洲别	中央银行名称	建立年份
欧洲	意大利银行	1859	美洲	乌拉圭银行	1896
	俄罗斯银行	1860		玻利维亚银行	1911
	德国国家银行	1875		美国联邦储备体系	1913
	保加利亚国家银行	1882	亚洲	日本银行	1882
	罗马尼亚国家银行	1883		户部银行	1905
	塞尔维亚国家银行	1883		朝鲜银行	1909
	瑞士国家银行	1905	非洲	埃及银行	1898

（三）中央银行制度的发展时期

1920—1942 年是中央银行数量增加较快的时期，世界上许多国家在这一时期建立了中央银行。中央银行制度的普遍推行，是以布鲁塞尔会议为主要推动力的。第一次世界大战爆发后，许多国家经济与金融发生了剧烈波动，各国政府当局和金融界人士深切感受到必须加强中央银行的地位和对货币信用的管制。于是，1920 年在比利时首都布鲁塞尔召开国际金融会议，会上提出，凡未设立中央银行的国家应尽快建立中央银行，中央银行应摆脱各国政府政治上的控制，实行稳定的金融政策。布鲁塞尔会议大大推进了各国中央银行的普遍建立。1922 年在瑞士日内瓦召开的国际经济会议，又重申和强调了布鲁塞尔会议形成的决议，并且再次建议尚未建立中央银行的国家尽快建立中央银行，以共同维持国际货币体系和经济的稳定。由此推动了中央银行产生和发展的又一次高潮，这一时期世界各国改组或设立的中央银行有 43 家。

（四）中央银行制度的强化时期

第二次世界大战后，各国政治形势发生了重大变化，与此同时，中央银行的权力与责任也大大加强了。从 1944 年国际社会建立布雷顿森林体系到 20 世纪 70 年代初该体系解体的近 30 年间，中央银行制度的发展主要表现在两个方面：一是欧美国家中央银行以国有化为主要内容的改组和加强；二是亚洲、非洲等新独立的国家普遍设立了中央银行，除极少数的殖民地、附属国外，绝大多数国家都设立了自己的中央银行。中央银行制度普遍成为世界各国的一项基本经济制度且得以加强，主要表现为：中央银行由一般货币发行向国家垄断发行转化；由代理政府国库款项收支向政府的银行转化；由集中保管准备金向银行的银行转化；由货币政策的一般运用向综合配套运用转化。集中表现为：中央银行国有化和新银行法的制定。

中央银行制度的强化还表现为各国中央银行金融合作的加强。1944 年 7 月 1 日，由 44 个国家在美国布雷顿森林召开联合国货币金融会议，通过《国际货币基金协定》，于 1945 年 12 月 27 日成立国际货币基金组织，并于 1947 年 3 月 1 日正式启动，与国际货币基金组织同时成立的还有国际复兴开发银行即世界银行，世界银行于

1946年6月开始营业。多数国家的中央银行代表本国参加了这些机构,这为开展全球性的中央银行合作创造了条件。

三、中央银行在中国的发展

(一)清政府时期的中央银行

中央银行在中国产生较晚。户部银行是模仿西方国家中央银行而建立的我国最早的中央银行,兼有中央银行与商业银行的双重职能,后改名为大清银行。

1. 户部银行

在20世纪初的中国,由于国际银价不断下跌,银圆、铜钱、银票及外国银圆等同时流通,货币秩序混乱。为整顿货币秩序,户部奏准并经一年多的筹备,于1905年(光绪三十年)8月在北京成立户部银行,资本额为400万两白银,每股100两,其中户部认购2万股,招商股2万股(不允许外国人购买)。因此,户部银行实为官商合办的股份制银行,只是政府大权操纵。户部银行可以发行纸币,经营工商行政业务,同时代理国库,兼有中央银行与商业银行的双重职能。

2. 大清银行

1908年户部银行改为大清银行,资本增至1 000万两白银,官商各半。清政府授予其三大特权:一是代国家发行纸币;二是经营国库及国家一切款项,并代国家经理公债及各种证券;三是代国家发行新铸币。可见,大清银行既是发行银行和政府银行,在市场危急时又是银行的银行,同时还经营各种商业性业务,因此,大清银行既是商业银行,又具有中央银行的性质。

(二)民国时期的中央银行

1. 辛亥革命时期和北洋政府时期的中央银行

1911年的辛亥革命促使大清王朝覆灭,大清银行改组为中国银行。始建于1908年的交通银行,成立之初具有商业银行的性质,后来成为北洋政府的中央银行。1913年,交通银行取得了与中国银行同等地位的发行权。1914年,交通银行改定章程,股本增加,除原有的经营业务外,开始代理国库、经付公债本息、代理国家内外汇兑等业务,发行的货币作为法定货币流通,故具备了中央银行的职能。

2. 孙中山创立的中央银行

1924年8月,孙中山领导的广东革命政府在广州创立中央银行。1926年7月,北伐军攻占武汉,并在汉口设中央银行,原广州的中央银行改组为广东省银行。1928年,汉口中央银行停业。

3. 国民党时期的中央银行

1927年4月,蒋介石在南京成立国民政府,并于1928年11月1日成立中央银行,总行设在上海,在全国各地设有分支机构;1949年12月,中央银行随国民党政府撤往台湾。

4. 革命根据地的中央银行

1927年大革命失败，共产党在建立根据地以后，就成立了人民的银行，以发行货币，如1927年冬，闽西上杭县蚊洋区农民协会创办了农民银行等。1932年2月1日，苏维埃国家银行正式成立，苏维埃国家银行还在各地设分支机构，以带动根据地银行走向集中和统一，1934年10月，苏维埃国家银行跟随红军长征转移，1935年11月改组为中华苏维埃共和国国家银行西北分行，同年10月，国家银行西北分行改组为陕甘宁边区银行，总行设在延安。

（三）新中国的中央银行

1. 1948—1978年的中国人民银行

1948年12月1日，在华北银行（华北各解放区）、北海银行（山东解放区）和西北农民银行（陕甘宁边区）合并的基础上，中国人民银行在石家庄正式宣告成立。1949年2月，中国人民银行总行随军迁入北平，各解放区的银行逐渐并入中国人民银行，成为其分行。以后，按行政区设立分行、中心支行和支行（办事处），支行以下设营业所，基本上形成了全国统一的金融体系。这时的中国人民银行集中了全国农业、工业、商业短期信贷业务和城乡人民储蓄业务；同时发行全国唯一合法的人民币，代理国家财政金库，并管理金融行政，形成了"大一统"的中央银行体制。

2. 1979—1983年的中国人民银行

十一届三中全会后，随着改革开放的展开，银行体制也进行了相应的改革，各专业银行和其他金融机构相继恢复和建立，对过去"大一统"的中央银行体制有所改良。但从根本上来说，在中央银行的独立性、宏观调控能力和政企不分等方面并无实质性进展。同时，随着各专业银行的相继恢复和建立，"群龙无首"的问题也亟待解决。

3. 1984—1998年的中国人民银行

1983年9月，国务院决定，中国人民银行专门行使中央银行的职能，不再兼办工商信贷和储蓄业务，专门负责领导和管理全国的金融事业。1984年1月1日，中国工商银行从中国人民银行分离出来，正式成立，承担原中国人民银行办理的工商信贷和储蓄业务。1986年，国务院颁布《中华人民共和国银行管理暂行条例》，以法律形式将中央银行制度确定下来。中国人民银行专门行使中央银行职能之后，成为国务院领导和管理全国金融事业的国家机关，成为发行的银行、政府的银行、银行的银行和管理金融的银行。

4. 1998年以后的中国人民银行

1998年10月始，中国人民银行及其分支机构在全国范围内进行改组，撤销中国人民银行省级分行，并在全国设立9个跨省、自治区、直辖市的一级分行，重点加强对辖区内金融业的监督管理。一个以中央银行为领导，以商业银行为主体，多种金融机构并存、分工协作的具有中国特色的金融体系最终形成。

四、中央银行制度的主要类型

中央银行的类型是根据各国中央银行组织形式的不同而进行划分的，而中央银行的组织形式是指中央银行存在的状态。尽管世界各国基本上都实行了中央银行制度，但中央银行的组织形式却存在着很大差异。世界各国的中央银行制度主要有以下四种类型。

（一）单一中央银行制

单一中央银行制是指一国只设立一家中央银行，并由其全面行使中央银行的权力，履行中央银行的全部职责。它又可分为一元中央银行制和二元中央银行制。

一元中央银行制是指一国只设立独家中央银行和众多的分支机构执行其职能，是由总、分行组成的高度集中的中央银行制。目前，世界上大部分国家的中央银行都实行这种制度，如英国、法国、日本、意大利、瑞士、墨西哥、菲律宾、马来西亚等，我国也是如此。

二元中央银行制的国家在中央和地方设立两级中央银行机构。根据规定，中央和地方两级中央银行分别行使职权。中央级机构是最高权力或管理机构，地方级机构也有其独立的权力。这是带有联邦制特点的中央银行制度，美国、德国等国家的中央银行属于这种类型。如美国的联邦储备体系就是将全国划分为12个联邦储备区，每个区设立一家联邦储备银行作为该地区的中央银行，并在各自辖区内的一些重要城市设立分行。这些联邦储备银行均不受州政府和地方政府的管辖，它们有各自的理事会，有权发行联邦储备券和根据本地区实际情况执行中央银行的特殊信用业务，在各联邦储备银行之上设联邦储备委员会，对其进行领导和管理，并制定全国的货币信用政策。同时，在联邦储备体系内还设有联邦公开市场委员会和联邦顾问委员会等平行管理机构，联邦储备委员会是整个体系的最高决策机构，是实际上的美国中央银行总行，直接对国会负责。

单一中央银行制的特点是：中央银行作为一个专门从事货币信用活动的机构，制定货币政策的权力高度集中；职能齐全，包括调节货币供应量、调节存款准备金率与贴现率等；部门体系完整统一，可以根据需要在全国设立分支机构。

（二）复合中央银行制

复合中央银行制是指国家不单独设立专司中央银行职能的中央银行机构，而是由一家集中央银行与商业银行职能于一身的国家大银行兼行中央银行职能的中央银行制度。复合中央银行制有两种形式：一体式中央银行制和混合式中央银行制。

一体式中央银行制是指国家只设立一家银行，集中央银行和商业银行的全部业务和职能于一身，也即大一统中央银行制。实行高度计划管理体制的社会主义国家，如苏联、东欧一些国家（如前南斯拉夫）和中国都实行过一体式中央银行制。在大一统制度下，不存在真正意义上的中央银行和商业银行，国家银行也不是真正意义上的银行，而是实行计划成本的工具和财政上的会计和出纳。

混合式中央银行制既设中央银行，又设商业银行，中央银行兼办一部分专业银行的业务，另一部分业务由专业银行办理。苏联和东欧国家实行社会主义制度时，曾采用过这种形式。新中国成立后的不同时期，曾轮换采用过一体式和混合式中央银行制。如20世纪50年代初期,我国存在过中国人民银行、中国农业银行、中国人民建设银行和公私合营银行等,之后,其他银行相继撤销、并入中国人民银行,建立了一体式的银行体系;60年代初,中国农业银行和中国人民建设银行相继恢复,重新实行混合式中央银行制;"文革"时期,中国农业银行和中国人民建设银行再次相继并入中国人民银行和财政部,又重新恢复了一体式中央银行制;1978年后,相继恢复中国农业银行、分设中国银行、强化中国人民建设银行;到1984年,中国工商银行从中国人民银行分设出来,中国人民银行才成为专门行使中央银行职能的银行。1995年《中华人民共和国中国人民银行法》颁布,从法律上确定了中国人民银行的职能范围和独立地位,混合式中央银行制才宣告结束。

(三)准中央银行制

准中央银行制是指国家不设通常完整意义上的中央银行,而由类似中央银行的金融管理机构与若干商业银行共同执行中央银行职能。实行这种制度的国家和地区主要有新加坡、马尔代夫、斐济、沙特、阿联酋、塞舌尔及我国的香港地区。

新加坡设金融管理局和货币委员会(常设机构为货币局)两个机构来行使中央银行的职能,前者负责制定货币政策和金融业的发展政策,执行除货币发行以外的中央银行的一切职能;后者主要负责发行货币、保管发行准备金和维护新加坡货币的完整。

香港地区在很长时间内,并无一个统一的金融管理机构。在货币制度方面,港币发行由渣打银行和汇丰银行负责,长期实行英镑汇兑本位,1972年改成将港币和美元挂钩,1983年10月开始实行与美元挂钩的联系汇率制度。1993年4月1日,香港成立了金融管理局,集中行使货币政策、金融监管和支付体系管理职能,但货币发行仍由渣打银行、汇丰银行负责,1994年5月1日起,中国银行香港分行成为香港的第三家发钞银行,票据结算仍然由汇丰银行负责。1997年香港回归后,香港仍然实行独立的货币与金融制度,其货币发行与金融管理自成体系。

(四)跨国中央银行制

跨国中央银行制是指由地域相邻的若干国家联合组建一家中央银行,并由这家中央银行在其成员国范围内行使全部或部分中央银行职能的制度。跨国中央银行为成员国发行统一使用的货币,制定统一的货币金融政策,监督各成员国的金融机构及金融市场,对成员国的政府进行融资,办理成员国共同商定并授权的金融事项等。该制度适用于相对一致的区域性经济和货币联盟体制,典型代表是欧洲中央银行。

第二次世界大战后,许多地域相邻的一些欠发达国家建立了货币联盟,并在联盟内成立参加国共同拥有的统一的中央银行。这种跨国的中央银行发行共同的货币和为成员国制定金融政策,成立的宗旨则在于推进联盟各国经济的发展及避免通货膨胀。比如,由贝宁、象牙海岸(现为科特迪瓦)、尼日尔、塞内加尔、多哥等国组成的西非货币联盟所设的中央银行;由喀麦隆、乍得、刚果、加蓬和中非共和国组成的中非货币联盟所设的中非国家银行,以及东加勒比海货币管理局,等等,都属于完全的或不完全的跨国中央银行制。

第二节　中央银行的性质与职能

一、中央银行的性质

为了反映中央银行在一国经济生活中的重要地位,保持其稳定性,一般通过国家立法确定其性质。各国社会经济情况不同,其中央银行制度的历史发展也不完全相同,所以,各国法律对本国中央银行性质的确定也不尽相同。中央银行的性质一般表述为,中央银行是国家赋予其制定和执行货币政策、对国民经济进行宏观调控和管理的特殊的金融机构。因此,中央银行兼有国家机关和金融机构的特性,是一种特殊的国家机关。

(一)中央银行是管理金融事业的国家机关

世界各国中央银行制度存在着差异,但其本质是一样的,即中央银行都是国家机构的一个组成部分。大多数国家的法律明文规定:中央银行对行政、司法、立法部门负责,是国家管理金融的机关。例如,美国联邦储备系统直接对国会负责,是国会的一个部门;我国的中国人民银行直接隶属国务院,是政府的一个部委单位。无论中央银行隶属于国家权力机关,还是为政府的一个部门,它都是国家在金融领域的代理人。

中央银行作为管理金融事业的国家机关,主要表现在:中央银行是全国金融事业的最高管理机构,是代表国家管理金融事业的部门;中央银行代表国家制定和执行统一的货币政策,监管全国金融机构的业务活动;中央银行的主要任务是代表国家运用货币政策对经济生活进行直接或间接的干预;中央银行代表国家参加国际金融组织和国际金融活动。

中央银行具有国家机关的性质,但与一般的行政机关又有很大的不同:一是中央银行履行其职责主要是通过特定金融业务进行的,对金融和经济的管理调控基本上是通过采用具有银行业务操作特征的经济手段(如调整利率和准备金率、在公开市场上买卖有价证券等方式)实现的,与主要依靠行政手段进行管理的国家机关明显不同;二是中央银行对宏观经济的调控是分层次实现的,即通过货币政策调节金融机构的行为和金融市场的运作,然后再通过金融机构和金融市场影响各经济部门,其作用比较平缓,市场的回旋空间较大,这与一般国家机关的行政管理直接作用于各微观主体而又缺乏弹性的方式有较大的不同;三是中央银行在政策制定上有一定的独立性。

(二)中央银行是特殊的金融机构

中央银行虽然也称为银行,也办理银行固有的"存、贷、汇"业务,但与普通的商业银行和金融机构在业务经营目标、经营对象和经营内容上都有着本质的区别。

1. 业务经营目标不同

商业银行和其他金融机构作为经营货币业务的机构,一般以追求利润最大化为其经营目标;而中央银行不以赢利为目的,原则上也不从事普通商业银行的业务,而是以金融调控为己任,以稳定货币、促进经济发展为宗旨。

2. 服务对象不同

普通商业银行和其他金融机构一般以企业、社会团体和个人为其主要服务对象。中央银行只与政府和商业银行等金融机构发生资金往来关系,并通过与这些机构的业务往来,贯彻和执行政府的经济政策,履行其管理金融的职责。

3. 经营内容不同

中央银行独占货币发行权,通过制定和实施货币政策,控制货币供应量,使社会总供给和总需求趋于平衡,而商业银行和其他金融机构则没有这种特权;中央银行接受银行等金融机构的准备金存款和政府财政性存款,但其吸收存款的目的不同于商业银行等金融机构,即不是为了扩大信贷业务规模,而是为了调节货币供应量,具有保管、调节性质,一般不支付利息;中央银行负有调节信用的职能,其资产具有较大的流动性和可清偿性,一般不含有长期投资成分,可随时兑付清偿,以保证其调节功能的正常发挥。

二、中央银行的职能

中央银行的职能,是指中央银行作为特殊的国家金融监管机构应有的作用,是中央银行性质的体现。其作用由其法律地位来保障,并通过其职能的行使来实现。根据不同的标准,中央银行职能有不同的划分方法。随着中央银行制度的发展,现代中央银行的职能有了更加丰富的内容,对中央银行职能的归纳与表述也变得多种多样,如有的归纳为服务职能、调节职能和管理职能三大类;有的归纳为政策功能、银行功能、监督功能、开发功能和研究功能五大类;传统上则归纳为发行的银行、银行的银行和国家的银行三大基本职能。

(一)中央银行是发行的银行

所谓发行的银行,是指中央银行是国家货币发行的机构,通过发行货币来控制信用,调节货币流通,维护本国货币的正常流通与币值稳定。中央银行集中与垄断货币发行权,是其最基本、最重要的标志,是中央银行发挥其全部职能的基础,是统一货币发行与流通和稳定货币币值的基本保证。

作为发行的银行,中央银行必须管好现金的发行。以下以人民币的发行为例,来说明中央银行如何进行现金发行。

人民币的具体发行是由中央银行设立的发行基金保管库(简称发行库)来办理的。所谓发行基金,是中央银行保管的已印好而尚未进入流通的人民币票券。发行库在中央银行总行设总库,下设分库、支库。

各商业银行对外营业的基层行处设立业务库。业务库保存的人民币,是作为商业银行办理日常收付业务的备用金。为避免业务库过多存放现金,通常由上级银行和同级中央银行为业务库核定库存限额。

具体的操作程序是:当商业银行基层行处现金不足以支付时,可到当地中央银行在其存款账户余额内提取现金。于是人民币从发行库转移到商业银行基层行处的业务库,这意味着这部分人民币进入了流通领域。当商业银行基层行处收入的现金超过其业务库库存限额时,超过的部分应送交中央银行,这部分人民币进入发行库,意味着退出流通领域。具体过程如图 7-1 所示。

图 7-1 人民币发行和回笼流程图

作为发行的银行,中央银行除了管好现金的发行,还应控制好货币发行总量。在金币流通条件下,要使发行的银行券能兑换黄金,以实现银行的发行与商品流通对货币的需求相适应,在此情况下,中央银行靠发行银行券来筹集资金是有限制的,因此比较好控制货币发行总量。在信用货币制度下,货币的发行不再受黄金的约束,往往发行过多,引起单位纸币贬值、通货膨胀和物价上涨。可见,中央银行作为一国发行货币和创造信用货币的机构,在发行现金、供给货币的同时,必须履行保持货币币值稳定的职责,将货币量和信贷规模控制在适当的水平,使社会经济正常运行与发展。

(二)中央银行是银行的银行

所谓银行的银行,一是指中央银行只是与商业银行和其他金融机构及特定的政府部门发生业务往来,不与一般工商企业和个人发生直接的信用关系;二是指中央银行与其业务对象之间的业务往来仍具有"存、贷、汇"业务的特征;三是指中央银行为商业银行和其他金融机构提供支持、服务的同时,对其进行管理,具体表现在以下几个方面。

1. 集中保管存款准备金

实行中央银行制度的国家,通常以立法的形式,要求商业银行和其他金融机构将其吸收的存款,按法定的比率向中央银行缴存存款准备金。存款准备金集中于中央银行的"法定存款准备金"账户,成为中央银行的资金来源,并由中央银行集中统一管理。中央银行集中保管存款准备金的意义在于:一方面,确保存款机构的清偿能力,从而保障存款人的资金安全,以防止商业银行等存款机构因发生挤兑而倒闭;另一方面,中央银行通过调整存款准备金的上缴比率,来控制商业银行的货币创造能力和信用规模,以达到控制总体货币供应量的目的。

2. 充当最后贷款人

当商业银行和其他金融机构发生资金困难,而无法从其他银行或金融市场筹措时,可通过再贴现或再贷款的方式向中央银行融通资金,中央银行是整个社会信用的"最后贷款人"(1873年英国著名记者巴奈霍特在《伦巴第街》一书中首先提出)。中央银行向商业银行发放贷款的资金主要来源于国库存款和商业银行缴存的存款准备金,如果中央银行资金不足,则可以通过增发货币的方式加以解决。中央银行作为最后贷款人向商业银行和其他金融机构提供资金融通,一方面可以增强整个货币供应的弹性,提高商业银行和其他金融机构的资金流动性;另一方面也可以通过调整再贴现率,起到调控货币供应量和信用规模的作用。

3. 作为全国资金清算中心

在存款准备金制度建立以后,各商业银行都在中央银行开设了存款准备金账户和超额准备金账户,各银行之间发生的资金往来或应收、应付款项都要通过中央银行划拨转账,中央银行遂成为全国的清算中心。清算时只要通过各商业银行在中央银行的存款账户进行转账、轧差,直接增减其存款金额便可完成。中央银行办理金融机构之间的清算具有安全、快捷、可靠的特点。中央银行通过组织全国银行系统的清算,一方面为各家银行提供服务,提高了清算效率,加速了资金周转;另一方面也便于中央银行利用清算系统强化对整个金融体系的监管和控制。

(三)中央银行是国家的银行

所谓国家的银行,一是指中央银行代表国家制定并执行有关金融法规、代表国家监督管理和干预各项有关经济和金融活动;二是指中央银行为国家提供多种金融服务;三是指绝大多数国家中央银行的资本金为国家政府所有或由政府控制股份,还有些国家的中央银行直接是政府的组成部门。中央银行具有国家的银行的职能,具体体现在以下几个方面。

1. 代理国库

国家财政的收入和支出均通过财政部在中央银行内开设的各种账户进行,具体包括:按国家预算要求代收国库库款,并根据财政支付命令拨付财政支出,向财政部门反映预算收支执行情况;代理国库办理各种收支和清算业务,因此中央银行又被称为国家的"总出纳"。

2. 代理政府发行债券

当今世界各国政府均广泛利用发行国家债券的形式以弥补开支不足,中央银行通常代理政府国债的发行及发行后的还本付息等事宜。

3. 为政府融通资金

当财政因先支后收而产生暂时性收支不平衡时,中央银行一般会向政府融通资金、提供信贷支持。各国中央银行一般不承担向财政提供长期贷款或透支的责任,因为向政府发放中长期贷款将会陷入弥补财政赤字而发行货币的泥潭,会导致通货膨胀,危及金融体系的稳定。同样,中央银行也不宜在一级市场上承购政府债券。中央银行在二级市场上买卖政府债券虽然也是对政府的间接资金融通,但一般不会导致通货膨胀,反而是中央银行控制货币量的有效手段。

4. 保管外汇和黄金储备

世界各国的外汇、黄金储备一般都由中央银行集中保管。中央银行可以根据国内、国际情况,适时适量购进或抛售某种外汇或黄金,起到稳定币值和汇率、调节国际收支、实现国际收支平衡的作用。

5. 对金融业实施金融监督管理

中央银行作为国家最高的金融管理当局,行使其管理职能。其主要内容包括:制定并监督执行有关的金融政策、金融法规、基本制度和业务活动准则等;监督管理金融机构的业务活动;管理和规范金融市场。

6. 代表政府从事国际金融活动

中央银行一般都作为政府的代表,参加国家的对外金融活动,如参加国际金融组织、参加国际金融事务与活动等;同时,在国际、国内的经济和金融活动中,中央银行还充当政府的顾问,为其提供经济、金融情报和决策建议。

总之,发行的银行、银行的银行和国家的银行体现了中央银行的基本职能,世界上绝大多数国家的中央银行一般都具备这三大基本职能。

知识链接

中央银行资产负债表

中央银行资产负债表是中央银行在履行其职能时进行业务活动所形成的债权债务存量表。中央银行资产负债业务的种类、规模和结构都综合地反映在资产负债表上。由于各国信用制度和信用方式存在一定的差别,各国中央银行的资产负债表的具体内容和项目也不尽相同。

表 7-2 是简化的中央银行资产负债表,可以概略地表明其基本业务状况。

表 7-2 简化的中央银行资产负债表

资产	负债
1. 贴现及放款	1. 流通中通货
2. 政府债券和财政借款	2. 国库及公共机构存款
3. 外汇、黄金储备	3. 商业银行等金融机构存款
4. 其他资产	4. 其他负债和资本项目

表 7-2 中资产方第一项和负债方第三项体现了中央银行是银行的银行;资产方第二、三项和负债方第二项体现了中央银行是国家的银行;负债方第一项体现了中央银行是发行的银行。

第三节　中央银行独立性

中央银行是一国金融体系的核心,不论是某家大商业银行逐步发展演变成为中央银行,比如英国,还是政府出面直接组建成立中央银行,比如美联储,都具有"发行的银行""银行的银行""政府的银行"三个特性。各个国家的中央银行的产生是为了解决商业银行所不能解决的问题。中央银行独立性,一般就是指中央银行在履行制定与实施货币职能时的自主性,中央银行履行自身职责时法律赋予或实际拥有的权力、决策与行动的自主程度。中央银行的独立性比较集中地反映在中央银行与政府的关系上,这一关系包括两层含义:其一是中央银行应对政府保持一定的独立性;其二是中央银行对政府的独立性是相对的。

一、中央银行独立性的四种模式

(1)美国模式,直接对国会负责,较强的独立性。美国1913年《联邦储备法》建立的联邦储备系统行使制定货币政策和实施金融监管的双重职能。美联储(FED)实际拥有不受国会约束的自由裁量权,成为立法、司法、行政之外的"第四部门"。

(2)英国模式,名义上隶属财政部,相对独立性。尽管法律上英格兰银行隶属于财政部,但实践中财政部一般尊重英格兰银行的决定,英格兰银行也主动寻求财政部支持而相互配合。1997年英格兰银行事实上的独立地位向第一种模式转化。

(3)日本模式,隶属财政部,独立性较小。大藏大臣对日本银行享有业务指令权、监督命令权、官员任命权以及具体业务操作监督权,但是1998年4月日本国会通过了修正的《日本银行法》,从而以法律形式确认中央银行的独立地位,实现向第一种模式转化。

(4)中国模式,隶属于政府,与财政部并列。《中华人民共和国中国人民银行法》规定:"中国人民银行是中华人民共和国的中央银行。中国人民银行在国务院领导下,制定和执行货币政策,防范和化解金融风险,维护金融稳定"。

二、中国中央银行的相对独立性

《中华人民共和国中国人民银行法》以法律形式明确规定了中国人民银行的法律地位,即"中国人民银行是中华人民共和国的中央银行","中国人民银行在国务院领导下,制定和执行货币政策,防范和化解金融风险,维护金融稳定"。这些规定确立了中国中央银行具有相对独立性。

(1)目标独立性不强。《中华人民共和国中国人民银行法》第十二条指出:"中国人民银行设立货币政策委员会。货币政策委员会的职责、组成和工作程序,由国务院规定,报全国人民代表大会常务委员会备案。中国人民银行货币政策委员会应当在国家宏观调控、货币政策制定和调整中,发挥重要作用"。

(2)决策独立性不强。中国中央银行实施货币政策的效果与财政部、建设部等部委的经济产业政策密切相关。中国人民银行只享有一般货币政策事项的决定权,对于年度货币供应量、利率及汇率等重大政策事项只有制定权和执行权,但是最终决策权属于国务院。

(3)法律独立性不强。从世界范围来看,凡是把稳定币值作为中央银行首要的或唯一的目标并取得较佳效果的国家,其央行的法律地位都比较高。

刘震(2020)选择 CWN 法测度中国人民银行独立性指数,并运用线性回归法分析得出中国人民银行的独立性与通货膨胀率之间的关系:两者呈负相关关系。提高中央银行独立性的程度可解决我国的高通货膨胀问题,即我国中央银行的独立性越高,越有助于实现币值稳定和促进经济增长的目标。因此,要增强中国人民银行相对于政府的独立性,其途径有以下三个方面:①提高法律方面的独立性,即在法律上赋予中央银行更多的自由度,提升中国人民银行的行政地位;②规范中央银行的货币政策目标,明确保持币值稳定是其主要目标;③提高中央银行货币政策透明度,让公众了解中央银行的货币政策,提高中央银行的信誉,有利于中央银行货币政策的实施。

三、十字路口的中央银行独立性

哈佛大学教授肯尼斯·罗格夫发表论文《十字路口的中央银行独立性》,文中肯尼斯·罗格夫认为:国际金融危机期间,由于资产负债表过度扩张,中央银行长期受到右翼民粹主义的抨击,但如今却因资产负债表扩张幅度过小而受到左翼民粹主义的攻击。后金融危机时代,公众期望中央银行能够承担远远超出其职能范围的责任,而民粹主义领导人则希望直接监督中央银行。危机后的较长一段时间内,全球通货膨胀明显下降,因此中央银行独立性被认为是过去 40 年来最有效的制度创新之一。在这样的背景下,中央银行独立性遭受抨击是一种反常现象还是更深层次问题的征兆呢?

实际上,保持中央银行独立性和技术上的胜任能力与以往一样重要。如果中央银行缺乏独立性,通货膨胀最终将回升至令人不安的水平,政府当局重新抗击通货膨胀要比想象的更加困难,如同第一次世界大战后未能重建金本位制一样。因为信任一旦丧失,便很难挽回。

如今,中央银行面临的诸多挑战不是因为权力太大,而是纠结于自身的地位。主要原因有四个:一是长期以来全球通货膨胀一直很低,人们认为保持中央银行独立性已无必要;二是尽管一些中央银行官员极力否认,但零利率下限时的货币政策面临困境,极大地限制了经济正常衰退情况下货币政策的有效性;三是当面临一场严重的系统性金融危机时,中央银行有必要动用紧急权力,但零利率下限意味着危机后刺激经济走出低迷的效果非常有限,因此无论紧急权力的效果好坏,中央银行发挥的作用都将有限;四是大多数人认为发达经济体的超低利率使得政府债务成为更高级的"免费午餐",经济增长有效地阻止了债务收入比的上升,而无须诉诸通货膨胀,从而导致中央银行的独立性再次被削弱。

中央银行如今面临的挑战在于如何有效地降低通货膨胀率,以及寻找办法应对零利率下限方面的无效性。这使得中央银行容易受到来自左翼和右翼的民粹主义攻击,甚至是威胁,其中包括一些要求中央银行无限期大规模救助和增加政府债务的建议,并且通过降低利率让美国经济重整旗鼓。这些攻击威胁会严重削弱中央银行的独立性。高通货膨胀仅在过去存在,不太可能在 21 世纪的发达经济体重现,这一观点极具争议。相反,非常有必要保持中央银行的独立性,高度重视通货膨胀稳定,一些中央银行独立性受到严重损害的国家就是最鲜明的案例。如果中央银行缺乏独立性,货币政策被政治化,那么高通货膨胀只是个时间问题。假如这种情况真的发生了,想要再次消除通货膨胀的经济状态可能要比 20 世纪八九十年代还要难。因为信任一旦丧失,便很难挽回。20 世纪 20 年代到 30 年代之间,各国政府试图重建在第一次世界大战中被抛弃的战前金本位制,以便利用通货膨胀为战争提供资金。其中面临的最大挑战之一是,一旦投资者们了解到政府债券可能会暴跌,就很难再次完全信任政府。同样的问题可能也会出现在那些破坏中央银行独立性并试图恢复独立性的国家,在恢复公众信任之前,这些国家将长期面临高利率。当前,各国中央银行都需要尽力寻找新的工具,以恢复正常利率政策的有效性。建议更认真地考虑采取必要步骤,保证不受约束的负利率政策能够有效实施,远比让中央银行作为初级合作伙伴参与债务期限管理和实施准财政政策要好得多。在民粹主义日益高涨的时期,为了保持这两者之间的相关性,保护货币政策的独立性,各国中央银行官员们不能坐以待毙,否则,这个时代在宏观经济政策方面最重要的制度——中央银行独立性可能会受到严重损害。

第四节 中央银行体制下的支付清算

中央银行为商业银行等金融机构提供支付清算服务,是履行银行的银行的职能,也是中央银行的重要职责之一。由于中央银行的非营利性质和垄断货币发行的特殊地位,在提供支付清算服务活动中,中央银行不存在信用风险和流动风险,从而确保了支付清算系统运营的稳定。

一、中央银行支付清算系统

中央银行支付清算系统是一个国家或地区对交易者之间的债权债务关系进行清偿的系统,中央银行通过它实现债权债务清偿及资金转移的一系列组织和安排。

(一)中央银行支付清算系统的作用

在一国中央银行主持下的支付清算系统是现代经济活动运行的"基础设施",犹如资金的高速公路,通畅时的经济体运行是健康的,交通堵塞就意味着经济体运行不正常,资金运用的效率就降低。中央银行支付清算系统的作用主要体现在以下几个方面。

1. 是经济社会发展的重要保证

由于存款货币银行都在中央银行开设账户,中央银行划转各存款货币银行之间的应收应付款项成为一种便利。同城交易、异地交易或跨国交易产生的债权债务都可以通过中央银行得以最终清偿,从而实现全社会各种错综复杂的经济社会联系和资金交流,促进全社会资源的优化配置,保证经济与社会的正常发展。

2. 对货币政策实施有重要影响

中央银行支付清算系统对货币政策实施有重要影响,主要体现在以下五个方面:一是有利于货币政策的制定和实施,这是因为中央银行通过提供支付清算服务,掌握全国的金融状况和资金运动趋势,有利于正确制定货币政策,增强货币政策的实施效果;二是有利于公开市场操作手段发挥作用,这是因为灵活高效的支付清算系统能确保中央银行通过在金融市场买卖证券,达到调节货币供应量的目的;三是有利于增强货币市场的流动性,从而使中央银行更直接、准确地进行货币操作;四是减少清算转移中的在途资金;五是提供透支便利,维持系统运转。

3. 在维持金融稳定与国际结算中的重要作用

清算系统是金融信息的主要传播渠道,清算出现问题则会影响公众信心,甚至导致公众产生恐慌心理。中央银行通过提供高效的清算系统服务,监督支付系统的运行,防范并控制风险。

中央银行是政府的银行,代表国家发展对外金融关系,参加国际金融活动,监督和管理官方储备、外汇收支和资本流动等,然而国际结算中存在着违约、不良资信等信用风险,还有汇率、利率波动等市场风险。因此,中央银行应以其特殊身份影响国际结算活动,并通过直接或间接的干预有效防范信用风险和市场风险。

(二)中央银行支付清算系统的构成

中央银行支付清算系统主要由清算机构、支付系统和支付清算制度等构成。

1. 清算机构

清算机构是为金融机构提供资金清算服务的中介组织,在各国的支付清算体系中占有重要位置。清算机构在不同国家有不同的组织形式,一般有票据交换所、清算中心、清算协会等类型,为金融机构提供票据交换与清算服务的票据交换所是最传统、最典型的清算机构,随着现代科技在金融领域的应用,在很多国家和地区,票据交换所已经广泛地实现了票据交换的电子化和自动化。

2. 支付系统

支付系统是由提供支付清算服务的中介机构和实现支付指令传送及资金清算的专业技术手段共同组成的,其职能是实现债权债务清偿及资金转移。由于债权债务的清偿和资金的转移关系到经济运行的顺利与否,需要货币所有权在经济参与者间实现快速、准确、安全的转移。与此同时,支付系统的运行还关系到货币政策的实施,影响到货币、金融和市场三方的稳定。

为了确保货币所有权快速、准确、安全地转移,防止突发事件对支付系统造成风险,各国中央银行都对支付系统的建设和运营实施监管,同时拥有和经营大额支付系统,保障支付的安全性。

3. 支付清算制度

支付清算制度是关于结算活动的政策、程序、范围等的安排与规定。中央银行作为货币当局,通常根据国家经济发展状况、金融体系构成、金融基础设施及银行业务能力等,与有关部门共同制定支付清算制度。在整个社会支付清算业务中,金融机构间资金划转的同业清算业务（如客户委托的资金划转业务、金融机构自身债权债务的清偿业务）已占据极大的部分，同业间出现清算障碍，就会影响经济的发展和金融的稳定。因此，各国中央银行都十分重视同业间清算的制度建设、系统设计和操作程序等，各国政府也赋予中央银行管理和监督的职权。

二、中央银行支付清算业务

中央银行支付清算业务是指中央银行作为一国支付清算体系的参与者和管理者，通过一定的方式和途径，使金融机构之间的债权债务清偿及资金转移顺利完成，维护支付系统的平稳运行。中央银行支付清算业务包括以下主要内容。

（一）组织票据交换和清算

票据交换是各银行彼此之间进行债权债务清偿及资金转移最基本的清算手段，一般由票据交换所完成。付款人将表示欠款的票据交给收款人，收款人将票据交给开户银行，开户银行将票据拿到票据交换所进行提示，付款银行对票据确认后，委托票据交换所进行清算，票据交换所委托中央银行将开设在中央银行的付款银行账户的资金转移到收款银行账户上。同理，所有的票据都可以通过各自在中央银行开设的账户进行彼此间的债权债务抵消和资金清算。

1.票据交换的原理

最初，票据交换所只是把参与票据清算的各家银行集中起来，由它们自行分别办理票据交换和结清应收应付款，这样，每家银行都必须与其他银行逐一办理票据交换。后来人们发现，任一银行的应收款一定是其他银行的应付款；任一银行的应付款也一定是其他银行的应收款；各银行应收款项的总和一定等于各银行应付款项的总和，因此，各家银行无须相互间结清差额，而是进行多边净额结算，所有参加交换的银行分别支付或收入自己银行的应付款或应收款净额就可以了，各家银行只需支付或收入一次。下面以表7-3为例，说明票据交换工作的基本原理。

表7-3　票据交换工作的基本原理

项目		应付行				应收总额	应付差额
		甲	乙	丙	丁		
应收行	甲	—	20	10	40	70	—
	乙	30	—	50	20	100	20
	丙	20	80	—	10	110	—
	丁	10	20	40	—	70	—
	应付总额	60	120	100	70	350	
	应收差额	10	—	10	—		20

我们可以从表 7-3 看出,虽然甲、乙、丙、丁各家银行相互之间都有应收、应付款,经过多边净额结算,只要甲银行应收 10 个单位、丙银行应收 10 个单位与乙银行应付 20 个单位结清后,总共 350 个单位的结算就全部结清。

2.票据交换的步骤

根据上述票据交换的基本原理,票据交换有以下主要步骤。

(1)入场前,各银行先将应付票据按收款行分别归类整理,并计算出向各收款行分别应收的款项金额及汇总金额,填票据交换结算表。

(2)入场后,各银行一方面将应付票据分别送交各有关收款行,一方面接收他行交来的本行应收款票据,核对、计算应收各行款项金额及应收总金额,填交换票据计算表。

(3)各银行根据交换票据计算表,比较本行应收、应付款总额,计算出应收应付净额后,填具交换差额报告单,并凭报告单与交换所的总结算员办理最后款项支付,通过在中央银行的存款账户间的转账,即可完成收付差额的结算。

 知识链接

票据交换所

在早期,银行间共同协议设置票据交换所,世界上最早的票据交换所于 1773 年在当时票据最发达的英国伦敦成立。随着中央银行制度的建立和发展,伦敦票据交换所现已成为中央银行领导下的一个票据清算机构。20 世纪 70 年代,美国率先使用电子化和自动化技术实现了票据的自动交换,即通过电子支票传输系统将支票的主要信息传送到收款银行,而将实物支票截留,以备核实,极大地提高了清算效率。目前,各国的票据交换一般都实现了电子化。

自动票据交换所是地区性的金融计算中心,能集中处理所在地区活期存款户头的电子存款和电子提款。例如,美国有 32 个自动票据交换所,大部分隶属于联邦储备银行系统,每月要接受 1 000 多万个电子票据交换项目。电子票据处理项目包括军饷、工资、社会保险电子存款、支付用户认可的支票等。如果要求电子存款和电子提款的户头不是该地区自动票据交换所服务的金融机构,可通过远程数据通信网与有关地区的自动票据交换所进行交换处理。

(二)办理异地跨行清算

各种不同银行之间的异地债权债务关系,必然形成各行之间的异地汇兑,引起资金头寸的跨行、跨地区划转,而划转的速度和准确性则关系到资金的使用效率和金融活动的安全性。因此,各国中央银行都对清算账户进行集中处理,从而达到减少资金消耗,提高清算效率,确保清算安全的目标。

1.异地跨行清算的程序

付款人向自己的往来银行发出支付通知,往来银行作为汇出银行向当地中央银行的分支机构发出支付指令,中央银行的分支机构将往来银行账户上的资金扣除,然后通过清算中心向汇入银行所在地区的中央银行分支机构发出向汇入银行支付的信息,汇入银行所在地区中央银行分支机构收到信息后,向汇入银行发出支付通知的同时将资金划入汇入银行的账户,最后再由汇入银行向收款人发出到账通知。

2. 异地跨行清算中心

异地跨行清算过程中的清算中心实际上就是大额支付系统,大多数国家的中央银行都拥有和经营清算中心,直接参与跨行和跨地区的支付清算活动。例如中国现代化支付系统(CNAPS)就承担了商业银行之间及商业银行内部一定金额以上的大笔结算,再如美联储联邦电子资金划拨系统(FEDWIRE 系统)等。有些国家的清算中心由私人机构经营,但是清算后的划拨还是要通过各自在中央银行的账户完成。所以,为私营清算机构提供差额清算服务也是中央银行的任务之一。

(三)提供跨国清算服务

中央银行在为国内经济和金融活动提供支付清算服务的同时,在国际结算和跨国支付系统中也发挥重要的作用。国际结算是指在国际交往或国际联系中发生的以货币表示债权债务的清偿行为或资金转移行为。国际结算的基本任务是通过各种货币之间的兑付和转账划拨,实现国际债权债务的清偿和资金的正常流动。

1. 跨国清算程序

当国外的付款人向国内的收款人支付款项时,先由付款人给往来银行发出向收款人支付款项的申请,往来银行受理后给收款人所在国设在本国的代理行发出委托申请;代理行受理后,将国外往来银行账户内的资金扣除,并向跨国清算系统发出向收款人的往来银行的支付通知;跨国清算系统核对后,要求中央银行将代理行账户内的资金划转到收款人的往来银行账户,到账后,收款人的往来银行将资金划入收款人的账户,同时向收款人发出到账通知。

2. 跨国支付清算系统

随着国际经济与贸易的迅猛发展,跨国支付清算业务的数量迅速增加,业务规模也不断扩大。为了提高跨国支付系统的运行能力和效率,欧美的大银行于1973年开发了环球银行金融通信协会(SWIFT)系统,旨在为用户提供及时的支付清算服务,其参加者遍布全球数千家金融机构。SWIFT 系统自投入运行以来,以高效、可靠、低廉和完善的服务,在促进世界贸易的发展、加速全球范围内的货币流通和国际金融结算及促进国际金融业务的现代化和规范化方面发挥了积极的作用。目前,我国的中国银行、中国农业银行、中国工商银行、中国建设银行、交通银行、中信银行等已成为 SWIFT 的会员。

三、支付清算的方式

支付清算的方式,按不同交易行为的结账要求划分,可分为净额批量清算方式和全额实时清算方式;按银行技术处理方式划分,可分为大额资金转账系统和小额资金转账系统。通常情况下,全额实时清算方式采用的是大额资金转账系统,而净额批量清算方式采用的则是小额定时结算系统。

(一)净额批量清算与全额实时清算

1. 净额批量清算方式

净额批量清算是指累计多笔支付业务的发生额之后,在一个清算周期结束前,参与者将从系统中其他所有参加者那里应收的全部转账金额与对其他所有参与者的应付的转账金额轧出差额,形成据以结算的净借记余额或净贷记余额。这些净余额的计算既可以是双边的,又可以是多边的。

根据净额批量清算系统的设计原理,清算系统将在一定的时点(如营业日结束时)上收到的各金融机构的转账金额总数减去发出的转账金额总数,得出净余额(贷方或借方)即结算头寸。为了实现清算参加者间的差额头寸清算,许多清算机构利用的是中央银行提供的净额批量清算服务。中央银行通过对相关清算活动参与者的账户进行差额头寸的转移划拨,即可完成最终清算。

基于净额批量清算原理,在整个营业日内,参加清算的所有净债权银行向所有净债务银行实际上提供了日间信贷,从而产生信用风险和流动性风险隐患。因此,许多实行净额批量清算的国家都会采取相应的风险控制措施,如在参加清算的银行之间建立一个信用上限,各银行相互订立可接受的信用额度,一方对另一方造成的损失承担信用额度内的责任;清算机构为所有参加清算银行在一个清算周期中总的信用额度设定上限,以控制信用风险于一定范围内。

2. 全额实时清算方式

全额实时清算是指对每一笔支付业务的发生额立即单独全部进行交割,即对每一笔转账的支付指令不参与轧差,而是逐笔直接进行结算。在全额实时清算方式下,支付系统对各金融机构的每笔转账业务进行逐一对应结算,而不是在指定时点进行借贷差额结算。对于银行体系而言,各银行的债权总额等于各银行的债务总额。

(二)大额资金转账系统与小额资金转账系统

1. 大额资金转账系统

大额资金转账系统是一国支付清算体系中的主干线,是直接支持一国货币、资本市场运作的支付系统,也是支持跨国界、多币种交易的支付服务系统,中央银行公开市场操作也要依赖其实现。大额支付系统支持的每笔交易一般在百万元以上,对时间性、准确性和安全性的要求极高。大额支付系统对用户的资格规定也极其严格,参加者非常有限,且还要付出较高的代价。

2. 小额资金转账系统

小额资金转账系统主要处理大量的每笔金额相对较小的支付指令,如私人支票、ATM机业务及商场收款POS机业务等,这些业务对时间的要求不紧迫,常采用批量、定时方式处理。小额支付系统是与社会经济和消费活动紧密相关、分布广而种类多的支付系统,其服务对象主要是工商企业、个人消费者及其他小型经济交易的参与者。

 知识链接

人民币跨境支付系统

人民币跨境支付系统(cross-border interbank payment system,简称 CIPS 系统)是经中国人民银行批准专司人民币跨境支付清算业务的批发类支付系统,致力于提供安全、高效、便捷和低成本的资金清算结算服务,是我国重要的金融市场基础设施,在支持上海国际金融中心建设、推动金融业双向开放、增强金融服务实体经济能力、服务"一带一路"资金融通、助力人民币国际化等方面发挥着重要作用。

一、建设背景

随着人民币跨境使用需求不断增长,跨境人民币业务各项政策相继出台,跨境人民币业务规模不断扩大,迫切需要建设金融基础设施支撑业务发展。为满足人民币跨境使用需求,进一步整合现有人民币跨境支付结算渠道和资源,提高人民币跨境支付结算效率,经过充分论证和研究,中国人民银行于 2012 年启动 CIPS 系统(一期)建设。党中央、国务院对 CIPS 系统建设高度重视,李克强总理在 2015 年 3 月政府工作报告中指出,要"加快建设人民币跨境支付系统,完善人民币全球清算服务体系"。同年 9 月,李克强总理参加第九届夏季达沃斯论坛时指出:"年底之前,还将建成人民币跨境支付系统。"

2015 年 10 月 8 日,CIPS 系统(一期)成功上线运行,同步上线的有 19 家直接参与者和 176 家间接参与者,参与者范围覆盖 6 大洲 50 个国家和地区。CIPS 系统的建成运行是我国金融市场基础设施建设的又一里程碑事件,标志着人民币国内支付和国际支付统筹兼顾的现代化支付体系建设取得重要进展,对推动人民币成为全球主要的支付货币、推进人民币成为特别提款权(SDR)篮子货币发挥了重要作用。

作为国家级金融市场基础设施,CIPS 系统的建设、运营从始至终以自律、合规精神自觉遵守统一国际准则,在系统设计、规则制定等方面遵守并落实《金融市场基础设施原则》(Principles for Financial Market Infrastructures)与《重要支付系统核心原则》(Core Principles for Systemically Important Payment Systems)等相关要求。

二、发展情况

CIPS 系统上线以来,系统运行稳定,可用率保持 100%,参与者规模持续扩大,业务量稳步攀升,系统功能逐步完善。

(一)参与者情况

截至 2019 年末,CIPS 系统共有 33 家直接参与者和 903 家间接参与者,分别较上线初期增长 74%和 413%,覆盖全球 6 大洲 94 个国家和地区,CIPS 系统业务实际覆盖 167 个国家和地区的 3000 多家银行法人机构。而到 2021 年 5 月,CIPS 共有 44 家直接参与者和 1127 家间接参与者(其中亚洲 876 家(含境内 525 家)、欧洲 148 家、北美洲 26 家、大洋洲 21 家、南美洲 17 家、非洲 39 家)。

自 CIPS 系统上线以来,涉及"一带一路"沿线国家和地区的参与者数量逐步攀升,沿线国家金融机构通过 CIPS 系统开展人民币跨境支付业务的积极性不断提高。

截至 2019 年末,"一带一路"沿线 59 个国家和地区(含中国大陆和港澳台地区)的 1017 家法人银行机构通过 CIPS 系统办理业务。CIPS 系统为沿线国家和地区提供高效、便捷、安全的支付结算服务,有助于推动中国与"一带一路"沿线国家、地区的经贸往来,扩大人民币使用规模与范围,对"一带一路"的倡议实施起到重要支撑作用。

(二)系统建设情况

CIPS 系统按计划分期建设,一期系统上线后,系统功能不断完善,顺利完成 CIPS 系统(二期)投产。

2017 年 7 月 3 日,"债券通"正式上线试运行,根据中国人民银行发布的《内地与香港债券市场互联互通合作管理暂行办法》(中国人民银行令〔2017〕第 1 号),"北向通"资金支付通过 CIPS 系统办理。CIPS 系统作为专用资金结算通道,高效稳定支持"债券通"业务开展。10 月 9 日,CIPS 系统(二期)双边业务功能顺利上线,支持"债券通"北向通业务结算,有效降低了跨境债券交易资金结算风险,提高了资金结算效率。

2018 年 3 月 26 日,CIPS 系统(二期)成功投产试运行,中国工商银行、中国农业银行、中国银行、中国建设银行、交通银行、兴业银行、汇丰银行(中国)、花旗银行(中国)、渣打银行(中国)、德意志银行(中国)共 10 家直接参与者同步上线。2018 年 5 月 2 日,CIPS 系统(二期)全面投产,符合要求的直接参与者同步上线。CIPS 系统运行时间由 5×12 小时延长至 5×24 小时+4 小时,实现对全球各时区金融市场的全覆盖,支持全球的支付与金融市场业务,满足全球用户的人民币业务需求。

三、CIPS 系统(二期)功能特点

相较一期,CIPS 系统(二期)具备以下功能特点:

一是丰富结算模式。在实时全额结算模式基础上引入定时净额结算机制,实现流动性更为节约的混合结算机制,满足参与者的差异化需求。

二是支持金融市场业务。根据不同金融交易的资金结算需要,系统能够支持人民币付款、付款交割结算、人民币对外币同步交收、中央对手集中清算和其他跨境人民币交易结算等业务。

三是延长系统对外服务时间。系统运行时间由 5×12 小时延长至 5×24 小时+4 小时,全面覆盖全球各时区的金融市场,充分考虑境外参与者和其客户的当地人民币业务需求,支持当日结算。

四是拓展直接参与者类型。引入金融市场基础设施类直接参与者,明确不同类型参与者的准入条件,为引入更多境外直接参与者做好制度和业务准备。

五是进一步完善报文设计。增加报文类型和可扩展性,优化报文字段定义,便利参与者和相关部门进行合规管理。

六是建成 CIPS 系统备份系统。实现主系统向备份系统的实时数据复制,提高了 CIPS 系统的业务连续运行能力。

复习思考题

1. 中央银行产生的客观要求和经济条件有哪些?
2. 试述中央银行的性质与职能。
3. 试阐述中央银行资产负债表中项目间的关系。
4. 中央银行主要支付清算业务有哪些?
5. 我国现代化支付系统由哪些应用系统组成?

第八章 金融市场

 教学目的与要求

熟悉金融市场的定义、功能、要素和分类;掌握货币市场、资本市场和衍生市场的构成;重点掌握债券市场、股票市场和基金市场的发行和流通过程;了解衍生市场的基本知识。

金融市场是金融体系中最重要的组成部分,是金融机制赖以发挥作用的基本条件。在现代经济生活中,金融市场创造出并不断地创新出各种金融工具供人们选择,通过金融中介机构把资金供需双方联系起来,使资金融通顺利进行,极大地动员和推动着资金的转移,引导着资源的优化配置。金融市场是一个由各个子市场构成的有机整体,本章着重介绍货币市场和资本市场的具体运行过程,并简要介绍主要的金融衍生工具市场。

第一节 金融市场的概述

一、金融市场的概念

关于金融市场的概念,不同时期有不同的说法,现在比较普遍的划分是把金融市场分为广义的金融市场和狭义的金融市场。广义的金融市场又包括直接融资市场和间接融资市场,是指资金供求双方运用各种金融工具,通过各式各样的金融性交易活动实现资金供求的调剂和有价证券的买卖,如存款、贷款、信托、租赁、保险、票据贴现与票据抵押、黄金与外汇买卖等。狭义的金融市场仅指直接融资市场,它是仅指以有价证券为金融工具的交易活动,我们通常所说的金融市场主要指的是狭义的金融市场。

二、金融市场的基本要素

(一)交易主体

金融市场的主体是多元化的。参与金融市场活动的有居民、企业、政府和金融机构,可归为资金供给者、资金需求者和金融中介机构三类。此外,中央银行在金融市场上主要扮演金融监管者的角色。

1.居民个人

居民个人是金融市场上主要的资金供给者。在银行信贷市场上,银行存款的很大一部分来自居民个人的储蓄;在证券市场上,其融资规模在很大程度上也取决于居民个人的投资活动。居民个人及家庭同时也是金融市场上资金的需求者,当个人收入或储蓄不足时,例如购买住房、汽车发生资金不足时,也要从金融市场上获得资金,以实现自己的消费行为。

2. 企业

企业在金融市场上既是资金的需求者,又是资金的供给者。一方面,企业为了维系简单再生产与扩大经济规模,或者营运资金周转不畅时,都需要及时补充资金,从而成为资金的需求者。一般情况下,企业生产所需的短期资金,主要到银行信贷市场通过短期借款和票据贴现形式筹措。企业的长期资金需求则主要到证券市场通过发行债券和股票来解决。另一方面,企业在再生产过程中,也会游离出来一些闲置资金,如公积金、折旧、未分配盈余、纳税准备金,以及在周转中闲置不用的流动资金。为了使这部分闲置资金得到充分的运用,企业又会作为资金的供给者,将这部分资金运用出去以获得投资收益。此外,企业经常是金融衍生市场中套期保值的主要力量。

3. 政府

中央政府和地方各级政府通常是金融市场上资金的需求者。为了弥补财政赤字、进行宏观调控和履行公共经济职能等,政府部门通过发行国债、地方债、举借外债等形式在金融市场上筹集资金,为发展本国或本地区经济服务。有时,政府也可能成为金融市场上资金的供给者。在国际金融市场上,政府既是资金的需求者,又是供给者。如中国政府曾在美国、日本的债券市场上发行外国债券,以筹措外资,但同时也是美国国债市场的投资者。

4. 金融机构

金融机构是金融市场上最主要的参与者,各类金融机构通过各种方式,一方面向社会吸收闲散资金;另一方面又向需要资金的部门、单位和个人提供资金,在金融市场上担当着资金供给者和资金需求者的双重身份。如商业银行是金融市场上最大的资金供给者,它主要通过发放各种贷款、贴现票据及投资证券等方式提供资金,同时也通过吸收存款、发行金融债券和定期存单等形式筹集资金。其他非银行金融机构则大多通过发行股票、债券筹集资金,并通过专门的放款及证券投资向金融市场提供资金,但是,所有这些金融机构只是间接的资金供给者和资金需求者,而非最终的资金供给者和资金需求者。

5. 中央银行

中央银行在金融市场上的地位极其特殊,它既是金融市场的参与者,又是金融市场的监管者和资金供求的调节者。作为参与者,中央银行是商业银行的最后贷款人,通过再贴现和再贷款的方式向放款资金来源不足的商业银行提供资金;作为调节者,中央银行通过公开市场业务,在金融市场上买卖证券,调节货币供给量,执行货币政策。中央银行可能在公开市场操作上充当资金供给者和资金需求者的双重身份。应该明确的是,中央银行参与公开市场业务虽然不是以赢利为目的的,但是会迅速影响到金融市场上资金供求双方的行为及金融工具的价格。

(二)交易对象与载体

金融市场的交易对象是货币资金,但交易的是货币资金的使用权,而非所有权,是对货币资金在一定时期内的使用权的让渡。金融市场的交易的载体是金融工具,货币资金使用权的让渡必须通过金融工具的买卖来实现。无论是银行的存贷款,还是证券市场上的证券交易,都需要通过金融工具的交易来实现。各种金融工具代表的是各类金融资产,是货币资金的化身,因此,一个健康完善的金融市场应该向其参与者提供众多的可供选择的金融工具,而金融工具的数量、品种和质量则是决定金融市场效率和活力的关键因素。

(三)交易价格

金融市场上的金融产品通过交易形成交易价格。在借贷市场上,交易价格表现为利率;在证券市场上,有价证券本身有一个价格,但实际上起作用的仍然是有价证券的收益率,也就是利率。因此,利率是最重要的价格。

三、金融工具

(一)金融工具的概念

金融工具是在金融活动中产生,能够证明交易金额、期限、价格的书面文件,它对当事人双方应承担的义务与享有的权利均有法律约束意义。金融工具是现实的或潜在的流通手段和支付手段,在金融市场上以股票、债券、存单等不同形式存在。早期的金融工具是在信用关系的基础上产生的,而在信用关系票据化、证券化的今天,金融工具又反过来促进了信用关系的深入发展,并赋予其更深更广的内容,对现代商品经济的发展起着重要的作用。

作为资金载体的金融工具,具有双重性质:对于发行者来说,它是一种债务或义务;对于购买者或持有者来说,金融工具则为一种债权或资产。这种双重属性,使得金融工具能够更好地适应各种资金供给者和资金需求者的不同需要。

(二)金融工具的特征

金融工具一般具有偿还性、流动性、风险性和收益性等特征。

1. 偿还性

大部分金融工具都需要到期偿还,偿还期限是指债务人必须全部归还本金之前所经历的时间。如一张标明3个月后支付的汇票,偿还期为3个月;5年到期的公债,偿还期为5年等。但对于当事人来说,更有现实意义的是从持有金融工具日起到该金融工具到期日止所经历的时间。有一张1990年发行、2005年到期的长期国家公债券,如某人于2000年购入,对于他来说,偿还期限是5年而非15年,他将用这个时间来衡量收益率。但也有例外,如活期存款的偿还期可视为零,而永久债券的偿还期为无期。

2. 流动性

流动性是指金融工具迅速变为货币而不致遭受损失的能力。现金这类金融工具本身就是流动性的体现,除此之外,变现期限短、成本低的金融工具流动性强;反之,则流动性弱。发行者资信程度的高低,对金融工具的流动性有重要意义,如国家发行的债券、信誉卓著的公司所签发的商业票据、银行发行的可转让大额定期存单等,流动性就较强。对于持有人来说,流动性强的金融工具相当于货币。在一些国家,这类金融工具往往分别被列入不同层次的货币供给量的范围之内,并成为中央银行监控的目标。

3. 风险性

风险性是指购买金融工具的本金或利息全部或部分遭受损失的可能性,主要有违约风险和市场风险两种。违约风险又称为信用风险,是指债务人不履行合约、不能按期归还本金或利息的可能性,这类风险与债务人的信誉、经营状况有关。信用风险对于任何一个金融投资者都可能存在,区别在于程度不同,比如,在大银行存款的存户有时也会受到银行破产清理的损失。信用风险也与金融工具种类有关,如股票中的优先股就比普通股风险低,一旦股份公司破产清理,优先股股东比普通股股东有优先要求补偿的权利。因此,认真审查投资对象,充分掌握信息是至关重要的。市场风险又称为利率风险,是指由于市场利率波动而引起金融工具市场价格下跌所带来的风险。某些金融工具如股票、债券,它们的市价是经常变化的,市价下跌,就意味着投资者的金融资产贬值。

4. 收益性

收益率是指持有金融工具所取得的收益与本金的比率。收益率的种类包括名义收益率、即期收益率与平均收益率。

名义收益率是金融工具票面收益与票面额的比率。即期收益率是年收益额与该金融工具当期市场价格的比率。平均收益率是将即期收益与资金损益共同考虑的收益率。如某债券面值100元,10年偿还期,年息8元,则该债券的名义收益率就是8%。若市场价格为95元,则即期收益率为8.42%(8/95×100%)。

当投资人以95元的价格购入面值100元的债券时,就形成5元的资本盈余。如果他是在债券发行后1年买入的,那就是说,经过9年才能取得这5元的资本盈余,平均每年的收益约为0.37元(考虑到货币的时间价值,将每年的收益进行贴现)。将年资本收益额与年利息收入共同考虑,得出平均收益率为8.81%[(0.37+8)/95×100%]。

相比前两种收益率,平均收益率可以更准确地反映投资者的收益情况。

四、金融市场的类型

金融市场可根据不同的标准进行分类,常见的类型主要有以下几种。

1. 按中介特征划分

按中介特征,金融市场可分为直接金融市场和间接金融市场。

直接金融市场是指由资金供求双方直接进行融资所形成的市场。在直接金融市场上,筹资者发行债务凭证或所有权凭证,投资者出资购买这些凭证,资金就从投资者手中直接转到筹资者手中,而不需要通过金融中介机构。间接金融市场是指以银行等金融机构作为信用中介进行融资所形成的市场。在间接金融市场上,资金供给者首先将资金以存款等形式借给银行等金融机构,二者之间形成债权债务关系,再由银行等机构将资金提供给需求者,又与需求者形成债权债务关系,通过信用中介的传递,资金供给者的资金间接地转到需求者手中。金融市场就是通过直接金融和间接金融两种方式来实现盈余部门的储蓄向赤字部门的投资转化的。

2. 按交易期限划分

按交易期限,金融市场可分为资本市场(长期资金市场)和货币市场(短期资金市场)。

资本市场是指期限在1年以上的金融商品交易的市场,包括以债券和股票为主的有价证券市场和银行中长期借贷市场。通常所说的资本市场,多指债券市场和股票市场。由于通过长期证券筹来的资金大多用于企业的创建、更新、固定资产购置等资本性投资,因此,将长期资金市场称为资本市场。货币市场是指期限在1年以内的金融商品交易的市场,主要包括同业拆借市场、票据市场、国库券市场、回购协议市场、大额存单市场等。由于通过短期金融工具筹来的资金主要用于资金的临时周转或补充流动性,对于持有短期金融工具的资金提供者来讲,由于这些短期金融工具可以在市场上灵活兑现,可视为货币的替代品或称"准货币",因此,将短期资金市场称为货币市场。

3. 按交易程序划分

按交易程序,金融市场可分为发行市场和流通市场。

发行市场也称为初级市场或一级市场,是指票据和证券等金融工具从发行者手中转移到投资者手中的市场,以投资银行、经纪人和证券商为经营者,承担政府和公司企业新发行证券的承销和分销业务。证券的发行是证券买卖、流通的前提。证券发行者与证券投资者数量的多少,是决定一级市场规模的关键因素。流通市场也称为次级市场、二级市场或交易市场,是已发行的票据和证券等金融工具流通转让的场所,主要由证券商和经纪人经营已上市的股票和证券。二级市场为一级市场发行的证券提供流动性,并向一级市场反馈信息。二级市场的规模和发展程度是衡量金融市场发达与否的重要标志。

4. 按场所特征划分

按场所特征,金融市场可分为有形市场和无形市场。

有形市场是指具有固定的空间或场地,集中进行有组织交易的市场,典型形式为证券交易所。无形市场是指没有固定的空间或场地,而是通过电信、电脑网络等现代化通信设备实现交易的市场。金融市场的绝大部分交易都是通过无形市场进行的。

5. 按交割时间划分

按交割时间,金融市场可分为现货市场和期货市场。

现货市场是指以成交后"钱货两清"的方式进行交易的市场。在实际执行中,由于技术上的原因,现货市场的实际交割时间多在成交后1至3日内。期货市场是以成交后按约定的后滞时间交割的方式进行交易的市场。在期货市场上,买卖成交后并不立即交割,而是按合约规定的日期交割。现代期货市场一般都规定标准化的合约形式,对交易对象的类型、交易数量的最小单位、交割时间和地点等都做出标准规定。在金融期货中,实际交割的并不多,绝大部分交易都是在交割日到达以前进行转让或对冲。

6.按市场地域划分

按市场地域,金融市场可分为国内金融市场和国际金融市场。

国内金融市场是指金融商品交易发生在本国居民之间,不涉及其他国家居民,交易的标的物也以本国货币标价,交易活动遵守本国法规的市场。国内金融市场交易的结果只改变本国居民的收入分配,不直接引起资金的跨国流动,不直接影响本国的国际收支。国际金融市场是指金融商品交易发生在本国居民与非本国居民之间所形成的市场,或以本国货币标价的金融商品在非本国居民之间进行交易的市场。前者称为传统的国际金融市场或"在岸市场",其交易活动要受到本国法律法规的制约;后者称为新型的国际金融市场或"离岸市场",其交易活动基本上不受本国法律法规的制约。

第二节 货币市场

货币市场是1年期以内的短期金融工具交易所形成的供求关系及其运行机制的总和。货币市场的活动主要是为了保持资金的流动性,以便随时可以获取现实的货币。

货币市场交易工具具有以下特点。①期限短。货币市场交易工具的期限最短为1天,最长不超过1年,一般为3~6个月。②流动性强。货币市场供方参与者的目的是使资产迅速变现,需方参与者的目的是获得短期融入资金,所以交易较频繁,流动性充分。③赢利性低。货币市场因期限短,价格在此期间波动幅度不大,相比长期资本市场而言,其赢利较少,参与者主要是为了满足自己资金头寸调剂的需要。④风险不大。货币市场因期限短,价格波动不大,相应遭受损失的可能性也小。⑤交易品种多。货币市场交易的品种主要有同业拆借资金、商业票据、短期政府债券、大额可转让定期存单等,以下还可以再细分很多品种,可以满足市场短期融资者的各种不同需要。

货币市场就其结构而言,可分为同业拆借市场、回购市场、商业票据市场、大额可转让定期存单市场、短期政府证券市场等若干个子市场。

一、同业拆借市场

同业拆借市场是指金融机构之间为解决短期头寸资金余缺而进行调剂交易的

市场。"拆"取自"拆东墙补西墙"之意,同业拆借意指在同一金融系统内拆借别的机构的资金补自己短期临时资金不足之用,拆出资金机构也可获多余资金拆出的短期利息收益。同业拆借产生于存款准备金制度。美国在1913年以法律形式规定商业银行必须按存款余额计提一定比例的准备金交存中央银行,否则要受一定的经济处罚,中央银行以此来控制银行信用的扩张及市场货币流通量的扩大。这样,各个银行就产生了存款准备金按上交比例有时多余,有时不足的问题,客观上就产生了相互调剂的要求,同业拆借市场于是开始形成。1923年,在美国纽约形成了以调剂联邦储备银行会员银行的准备金头寸同业拆借市场。在经历了20世纪30年代经济危机后,同业拆借市场发展到现在,无论在交易内容、开放程度、融资规模方面,还是功能作用方面,都发生了深刻的变化。

(一)同业拆借市场交易内容

(1)头寸资金拆借。头寸资金拆借是指参加拆借市场的金融机构为了轧平头寸,补足存款准备金和票据清算资金而进行的短期融资活动。银行在轧平当日票据交换差额时,对于缺乏资金头寸的银行来说,可以在拆借市场补足头寸,以保证清算正常进行。这种方式比向中央银行申请再贴现或再贷款获取资金要便利、快捷得多,拆借资金银行也可获得利差收益。

(2)同业借贷。同业借贷不以调剂短期头寸资金为目的,而是以调剂一段时间中季节性、临时性需要为目的。拆入银行根据自己业务经营的季节性、临时性需要借入资金,用于短期存款或投资获利;拆出银行为自己的短期闲置资金找到出路,增加收益。与头寸拆借不同的是,同业借贷期限较长,赢利要求较高。

(二)同业拆借期限与利率

(1)期限。头寸资金同业拆借期限一般为1~2天,最短到隔夜,长则不超过一个月。同业借贷期限较长,一般为1~3个月,最长不超过1年。

(2)利率。同业拆借利率是短期资金的"价格",是货币市场的核心,在整个长短期资金市场中,它都占有主要的地位,在利率体系中处于基础地位。因为同业拆借利率能够及时、灵敏、准确地反映货币市场及整个金融市场的资金供求,所以对其他利率具有导向牵动作用。影响同业拆借利率变化的因素有市场银根的松紧、中央银行货币政策意图、货币市场其他金融工具的收益率水平、拆借期限、拆入方资信状况等。它是人民银行实施货币政策操作的主要中介指标、操作工具。

在国际货币市场上,伦敦银行同业拆借利率是伦敦同业拆借市场银行间拆借英镑、欧洲美元、其他欧洲货币时的利率。它由报价银行在每个营业日的上午11时对外报出,分存款利率和贷款利率两种报价。资金拆借期限为1个月、3个月、6个月和1年等几个档次。自20世纪60年代以来,它已成为伦敦金融市场借贷活动中计算借贷利率的基本依据。后来,随着欧洲货币市场的发展,这个利率在国际信贷业务中广泛使用,成为国际金融市场的关键利率,一些国家将此利率作为"参照物"和浮动的依据。

中国自20世纪80年代开始发展同业拆借市场后,曾放开利率,由借贷双方自由商定,但出现了混乱。1990年3月21日至1995年3月21日,中国人民银行对同业拆借利率实行上限管理,年息不准超过13.176%;1995年3月21日后,按不同拆借期限分档次制定了利率上限;1996年6月1日,建立起全国银行同业拆借市场交易网络,利率完全放开,并开始对外公布通过了加权平均后的全国银行间拆借市场利率(CHIBOR),实现了初步市场外的同业拆借利率,拆借利率浮动比以前更为规范。

关于我国银行间同业拆借市场交易情况,中国人民银行会每月更新,通过中国人民银行的官网可以详细了解。

二、证券回购协议市场

证券回购协议是指一些金融机构在卖出自己持有证券的同时,和买方订一个购回协议,约定期限按原定价格或约定价格把卖出的证券购回,以取得短期融资之便,其实就是用某种证券作抵押,取得短期资金融通。

证券回购协议市场的特点如下所述。

1. 回购交易对象主要是短期国库券

美国发行的国库券期限较短,政府主要用它来弥补财政赤字,以筹借短期资金。由于它以国家信用为担保,投资风险小,流动性强,投资收入免征个人所得税,所以机构、个人持有可获稳定收益,特别是当机构需要短期资金周转时,可以随时出售及作抵押,保持赢利性和流动性,所以证券回购协议常选它做交易对象。除此之外,其他金融工具如可转让大额定期存单、商业票据等证券也可以做交易对象。我国主要选择信誉较高的国库券做交易对象。

2. 以短期为主

证券回购可以分为约定到期日回购和无固定到期日回购市场。多数是约定到期日回购,它的期限较短,从几天到1个月,也有一个季度,半年的。约定期限为一天的叫作隔夜回购,超过一天的,叫作隔期回购。无固定到期日回购方式可以避免不断更新回购协议手续问题,只要双方认为合同有利可图,回购交易就可继续。

3. 回购有协议保障

市场资金需求方虽然把证券抵押给了资金供应方,丧失了证券所有权,但由于它们在初始交易时就达成了一个到期按原定价格或约定价格购回证券的协议,所以到期后资金需求方归还了资金本息,所抵押的证券按协议就能够收回。而购买和回购价格之间的差额就是回购协议利息,作为资金提供方的收益。如资金需求方的资金有剩余时,可进行反向回购协议,即买入证券,到期满卖出套利。

4. 没有二级市场

由于期限短,双方在同一协议中的债权债务一般难以或没有必要转入第三方。

金融机构短期资金融通为什么有了同业拆借,还要回购协议?这是因为有些资金有余单位不是金融机构。采用回购协议方式可以避免对放款的限制。另外,它的期限可长可短,比较灵活;期限长的回购协议还可以套利;有证券作抵押融资也比较安全,而同业拆借要凭信用。所以,证券回购市场也是当今发展较快、规模较大的货币市场。商业银行可利用它来实施负债管理、降低成本;证券商可利用它来调剂资金余缺投机套利;中央银行可利用它来调节市场货币供应量。

三、商业票据市场

商业票据是指一些有资信的大公司,为筹措资金向投资者发行的、承诺在指定日期按票面金额向持票人付现的一种短期信用凭证,它所形成的发行交易市场叫作商业票据市场。

商业票据产生于商业信用,即卖方出售货物向买方收取货款,买方按协议规定的时间、地点、金额开出一张远期付款的票据给卖方,卖方持有票据,直至到期日再向买方收取现款。如未到期卖方需要用钱时,卖方可以持这张未到期票据到二级市场转让出售,以取得融资之便。但由于每张票据金额不统一,转让买卖不方便。

20世纪50年代,美国汽车制造业及其他高档耐用消费品兴旺,美国通用汽车公司发行商业票据直接出售给投资者,冲破了向银行借款的法律约束和种种限定,也绕过了票据经纪商的中介,筹借到了大量资金。这就出现了商业票据与实体商品、劳务交易相脱节的现象,商业票据演变成为一种专供在货币市场上融资的票据,发行人与投资者成为一种单纯的债权债务关系,票面金额也固定下来,标准单位为10万美元,期限为270天以下,以后发行交易量开始增加。

历史上,商业银行是商业票据的主要购买者,在20世纪50年代初以后,许多公司开始购买商业票据,后来保险公司、信托公司、地方政府、养老基金组织等也购买商业票据,商业票据的规模不断扩大。

我国在1979年后商业信用开始松动,到1989年取得了完全合法的地位,结算票据化和商业信用票据化为票据市场的发展奠定了基础。随着社会主义市场经济制度的确立,商业票据市场逐步得到发展,在20世纪90年代得到大规模发展,其市场规模、交易条件和构成体系日趋完善。1995年颁布了《中华人民共和国票据法》,2000年11月9日,中国人民银行总行批准中国工商银行在上海成立票据经营机构,中国票据市场进入了一个快速发展阶段。但我国的票据市场是一个商业信用与银行信用融合的市场,很多大公司难以离开银行形成自己的发行体系和独立的流通体系。

我国的票据市场工具主要是本票和汇票。在银行监管法规中,本票只规定了银行本票,对商业本票、短期公司债未作规定,存单、保险单未进入市场;汇票包括银行承兑汇票和商业承兑汇票,其中银行承兑汇票占95%。同国外票据市场相比,我国的票据市场工具种类较少,其原因是《中华人民共和国票据法》规定,票据签发、取得和转让,必须具有真实交易关系和债权债务关系,所以它就制约了融资性票据的发展,使票据功能多局限于支付结算。西方国家票据市场的主要作用是公司为降低成本而进行融资。我国建立票据市场之初是为企业之间解决相互拖欠货款而设立的,是在信用缺失的背景下作为解决信用关系工具而出现的,所以今后要进一步扩大票据市场工具种类,增加融资性票据业务的发展。2005年5月25日,中国人民银行颁布了《短期融资券管理办法》,允许符合条件的企业在银行间债券市场向合格机构的投资者发行短期融资券,标志着我国商业票据市场又有了新的发展。

四、大额可转让定期存单市场

大额可转让定期存单(简称CDs),是银行发行的,为逃避利率管制,金额较大,面额固定,可以流动转让的定期存款单。

(一)大额可转让定期存单市场的产生及意义

大额可转让定期存单产生于20世纪60年代初的美国。由于此前美国金融市场活跃,金融工具种类很多,利率不断上升,而商业银行又受美联储Q条例的存款利率上限的限制,活期存款又不付利息,致使不少投资人纷纷把手中的现金投资于安全性和收益性比较好的短期票据市场,引起银行存款的大量流失。为此,1961年2月,美国花旗银行宣布开始对大公司和其他客户发行大面额存单,统一面额和期限,利率高于同期限的定期存款,并允许持有人在存单到期前将其转让。纽约一贴现公司宣布同意作为交易公司买卖100万美元为面额的可转让的存单,为其创造了一个二级市场,引起了其他金融机构的仿效,纷纷发行此存单,这样大额可转让定期存单市场开始产生。

大额可转让定期存单面市后,商业银行增加了一种新的筹资工具。与存款负债相比,它更加主动、灵活,能够吸收数额较大、期限稳定的存款。此外,它还改变了商业银行资产负债管理中偏重贷款、投资的资产管理思想,加强了负债调剂流动性品种,商业银行可以通过CDs方式主动增加负债,控制资金来源,利用所筹资金达到自己的经营目标。对于投资者,通过CDs可以充分利用自己的闲散资金,增加收益,需要资金时可以用它变现,享受了活期存款的流动性。由于发行CDs的一般是有资信的大银行,安全性较高。

(二)大额可转让定期存单与一般银行存款单的区别

(1)是否计名的区别。普通存单是计名的,不能转让,更不能在金融市场上流通,而大额可转让定期存单则采取不记名,可以转让上市流通的形式。

(2)面额固定与否的区别。普通存单票面金额不固定,存款额有大有小,而大额可转让定期存单面额固定,存款额度大,起点高,一般是10万美元以上。

(3)能否流通的区别。普通存单到期才能支付本息,如提前支取要遭受部分利息损失,而大额可转让定期存单必须到期才能支取本息,如急需资金可以在二级市场进行转让买卖变现。

(4)期限长短的区别。普通存单期限较长,一般1年以上,而大额可转让定期存单期限较短,最短7天,一般3个月、6个月。

(5)利率浮动与否的区别。普通存单利率大多固定,而大额可转让定期存单利率可固定,可浮动,即使是固定利率存单,在二级市场转让时仍然按市场利率计算价格。

五、短期债券市场

在国外,发行期限在1年以下的债券叫作短期债券,发行主体有政府、企业。政府发行的债券不仅包括国家财政部门所发行的债券,还包括地方政府及政府代理机构所发行的债券。在美国,政府发行的国库券在短期债券市场占有重要地位,所形成的市场叫作国库券市场,代表了短期政府债券市场,其期限通常在1年以下。

我国发行的国库券期限有所不同,我国的国库券期限一般是3年以上,属于中长期债券。外国政府发行这种期限在1年以下的短期政府债券主要是为了解决政府季节性、临时性资金的需要,避免政府发行长期公债时市场利率波动的风险,是中央银行进行公开市场操作,调控市场上货币流通量的一个主要工具。它也是投资者为避免货币贬值而选择的短期投资工具。

国库券的特点表现在以下几个方面。①利率能灵敏反映市场利率。一国国库券利率基本反映了货币市场利率水平,它的变化可以大致反映出货币市场利率变动的趋势及银根松紧情况。②流动性强。国库券可以通过市场买卖随时变成现金,是一种仅次于现金的金融凭证,有"准货币"之称。③安全性好。国库券是由政府发行的债券,有税收作保证,所以比起公司发行的短期债券来说安全性较好。④收益率较高。国库券利率一般高于同期银行存款利率,国外投资者只交个人所得税,我国投资者不交税,所以收益率相对较高。⑤交易方便。在市场经济发达的国家,国库券交易形成了计算机电子交易系统,很快可以完成一笔买卖交易。在交易品种上,按国库券的期限、面额分成几档,交易的面额有大有小,期限有长有短,能适应不同投资者的投资需求,交易非常方便。

第三节 资 本 市 场

资本市场又称为中长期资金市场,是指偿还期在1年以上的有价证券的发行和交易的场所。资本市场由中长期银行存贷市场和证券市场构成。中长期银行存贷市场提供1年以上期限的贷款,其中期限1~5年的贷款称为中期贷款;期限在5年以上的称为长期贷款。证券市场是各种有价证券发行和流通的场所,包括股票市场、债券市场和基金市场。证券市场在资本市场中占据主要地位。本节重点讨论证券市场的三个子市场,即股票市场、债券市场和基金市场。

一、股票市场

(一)股票的分类

股票是由股份公司发行的、证明股东在公司中投资入股并据以取得一定收入、能够被转让的财产证明书,它是一种有价证券。股票按不同的分类方法,分为不同的类型。

1. 按股东权益的不同划分

按股东权益的不同,股票可以分为普通股和优先股。

普通股是指不对股东加以特别限制,所有股东享有平等权利,并随着公司经营业绩的优劣而取得相应收益的股票。普通股是公司发行的最基本、最重要的股票种类。股份有限公司在开办之初都是以发行普通股来筹集资金的。普通股的收益完全依赖于公司赢利的多少,因此风险较大,但享有优先认股、盈余分配、参与经营表决、股票自由转让等权利。

优先股是相对于普通股而言的,主要指在利润分红及剩余财产分配的权利方面,优先于普通股。不过这种优先权的取得是要付出一定代价的。通常情况下,优先股的表决权会被加以限制甚至被剥夺,对公司经营决策不起实际作用;优先股的股利固定,当公司经营情况良好时股利不会因此而提高;优先股一般没有优先认股权。不过有些优先股股东可以按规定的条件将优先股转换成普通股或公司债券。另外,有些优先股,股份公司可按规定在股票发行一段时间后以一定价格购回。

2. 按上市地点和使用币种的不同划分

按上市地点和使用币种的不同,股票可以分为A股、B股、H股、N股、S股。

A股是用人民币标明面值、由境内公司在境内(上海、深圳)证券交易所上市交易、由境内居民或机构用人民币买卖的股票。这种股票按规定只能由我国居民或法人购买,所以我国股民通常所说的股票一般都是指A股股票。B股的正式名称是人民币特种股票,是用人民币标明面值、由境内公司在境内发行上市、由境外居民或机构用外币买卖、在境内(上海、深圳)证券交易所上市交易的股票。上海B股用美元进行交易,深圳B股用港币交易。H股是指用人民币标明面值、由境内公司发行、在香港上市、用港币交易的股票。香港的英文是Hong Kong,取其字首,在港上市外资股就叫作H股。纽约的第一个英文字母是N,新加坡的第一个英文字母是S,在纽约和新加坡上市的股票就分别叫作N股和S股。

3. 按持有者的不同划分

按持有者的不同,股票可分为国有股、法人股、社会公众股、公司职工股和内部职工股。

国有股是指在原来国有制企业向公司制企业转化过程中,有权代表国家投资的部门或机构,以国有资产向公司投资形成的股份,包括以公司现有国有资产折算成的股份。由于我国大部分股份制企业都是由原国有大中型企业改制而来的,国有股在公司股本中占有较大的比重。

法人股是指企业法人或具有法人资格的事业单位和社会团体,以其依法可经营的资产向公司非上市流通股权部分投资所形成的股份。目前,在我国上市公司的股权结构中,法人股平均占20%。根据法人股认购的对象,可将法人股进一步分为境内发起法人股、外资法人股和募集法人股三个部分。

社会公众股是指我国境内的个人和机构,以其合法财产向公司可上市流通股权部分投资所形成的股份。我国投资者在股票市场买卖的股票都是社会公众股。《中华人民共和国公司法》规定,单个自然人持股数不得超过该公司股份的5‰。

国家股和法人股就是人们通常所说的非流通股,社会公众股则是流通股。

公司职工股,是指本公司职工在公司公开向社会发行股票时,按发行价格所认购的股份。按照《股票发行和交易管理暂行条例》规定,公司职工股的股本数额不得超过拟向社会公众发行股本总额的10%。公司职工股在本公司股票上市6个月后,即可安排上市流通。

内部职工股和公司职工股是两个完全不同的概念。在我国进行股份制试点初期,出现了一批不向社会公开发行股票,只对法人和公司内部职工募集股份的股份有限公司,称为定向募集公司,内部职工作为投资者所持有的公司发行的股份被称为内部职工股。

4. 按上市公司经营业绩划分

按上市公司经营业绩的不同,股票可分为蓝筹股和绩差股。

在海外股票市场上,投资者把那些在其所属行业内占有重要支配性地位,业绩优良,成交活跃,红利优厚的大公司股票称为蓝筹股。"蓝筹"一词源自西方赌场。在西方赌场中,蓝色筹码最为值钱,红色筹码次之,白色筹码最差。投资者把这些行话套用到了股票上。

投资者把那些在其所属行业内占有次要地位,业绩不好,甚至亏损的上市公司股票称为绩差股,或者俗称为垃圾股,其中ST股票和PT股是最明显的绩差股。

(二)股票发行市场

股票发行市场,又称为初级市场或一级市场,是指上市公司按照一定的法律规定和发行程序,向投资者出售新股票所形成的市场。通过发行市场,可以将资金从供给者手中转入需求者手中。

股票发行市场一般由三个行为主体组成,即股票发行者、股票承销商和股票投资者。股票的发行多半是这样完成的:以承销商为中心,一手联系发行者,一手联系投资者,实现资金使用权的转移。当然,发行者也可以跨越承销商直接向投资者承销股票。下面就股票发行方式的种类做进一步分析。

1. 按发行的对象划分

按发行的对象不同,股票发行方式分为公开发行与不公开发行。

公开发行又称为公募,是指事先没有特定的发行对象,向社会广大投资者公开推销股票的方式。采用这种方式,可以扩大股东的范围,分散持股,防止囤积股票或被少数人操纵,有利于提高公司的社会性和知名度,为以后筹集更多的资金打下基础,也可增加股票的适销性和流通性。公开发行可以采用股份公司自己直接发售的方法,也可以支付一定的发行费用通过金融中介机构代理。

不公开发行又叫作私募,是指发行者只对特定的发行对象推销股票的方式。通常在两种情况下采用不公开发行。一是股东配股,又称为股东分摊,即股份公司按股票面值向原有股东分配该公司的新股认购权,动员股东认购。这种新股发行价格往往低于市场价格,事实上成为对股东的一种优待,一般股东都乐于认购。如果有的股东不愿认购,他可以自动放弃新股认购权,也可以把这种认购权转让他人,从而形成了认购权的交易。二是私人配股,又称为第三者分摊,即股份公司将新股票分售给股东以外的本公司职工、往来客户等与公司有特殊关系的第三者。采用这种方式往往出于两种考虑:一是为了按优惠价格将新股份摊给特定者,以示照顾;二是当新股票发行遇到困难时,向第三者分摊以求支持,无论是股东配股还是私人配售,由于发行对象是既定的,不必通过公募方式,这不仅可以节省委托中介机构的手续费,降低发行成本,还可以调动股东和内部职工的积极性,巩固和发展公司的公共关系。但缺点是这种不公开发行的股票流动性差,不能公开在市场上转让出售,而且也会降低股份公司的社会性和知名度,还存在被杀价和控股的风险。

2. 按推销股票的方法划分

按推销股票的方式不同,股票发行方式分为直接发行与间接发行。

直接发行又叫作直接招股,是指股份公司自己承担股票发行的一切事务和发行风险,直接向认购者推销出售股票的方式。采用直接发行方式时,要求发行者熟悉招股手续,精通招股技术并具备一定的条件。当认购额达不到计划招股额时,新建股份公司的发起人或现有股份公司的董事会必须自己认购未出售的股票。因此,这种发行方式只适用于有既定发行对象或发行风险少、手续简单的股票。在一般情况下,不公开发行的股票或因公开发行有困难(如信誉低所致的市场竞争力差、承担不了大额的发行费用等)的股票,或是实力雄厚,有把握实现巨额私募以节省发行费用的大股份公司股票,才采用直接发行的方式。

间接发行又称为间接招股,是指发行者委托证券发行中介机构出售股票的方式。这些中介机构作为股票的推销者,办理一切发行事务,承担一定的发行风险并从中提取相应的收益。股票的间接发行有三种方式。一是代销,又称为代理招股,推销者只负责按照发行者的条件推销股票,代理招股业务,而不承担任何发行风险,在约定期限内能销多少算多少,期满仍销不出去的股票退还给发行者。由于全部发行风险和责任都由发行者承担,证券发行中介机构只是受委托代为推销,代销手续费较低。二是承销,又称为余股承购,股票发行者与证券发行中介机构签订推销合同明确规定,在约定期限内,如果中介机构实际推销的结果未能达到合同规定的发行数额,其差额部分由中介机构自己承购下来。这种发行方式的特点是能够保证完成股票发行额度,一般较受发行者的欢迎,而中介机构因需承担一定的发行风险,故承销费高于代销的手续费。三是包销,又称为包买招股,当发行新股票时,证券发行中介机构先用自己的资金一次性地把将要公开发行的股票全部买下,然后再根据市场行情逐渐卖出,中介机构从中赚取买卖差价。若有滞销股票,中介机构则减价出售或自己持有,由于发行者可以快速获得全部所筹资金,而推销者则要全部承担发行风险,包销费高于代销费和承销费。股票间接发行时究竟采用哪一种方式,发行者和推销者考虑的角度是不同的,因此需要双方协商确定。一般来说,发行者主要考虑自己在市场上的信誉、用款时间、发行成本和对推销者的信任程度;推销者则主要考虑所承担的风险和所能获得的收益。

3. 按投资者认购股票时是否交纳股金划分

按投资者认购股票时是否交纳股金，股票发行方式分为有偿增资、无偿增资和搭配增资。

有偿增资就是指认购者必须按股票的某种发行价格支付现款，方能获得股票的一种发行方式。一般公开发行的股票和私募中的股东配股、私人配股都采用有偿增资的方式。采用这种方式发行股票，可以直接从外界募集股本，增加股份公司的资本金。

无偿增资是指认购者不必向股份公司缴纳现金就可获得股票的发行方式，发行对象只限于原股东。采用这种方式发行的股票，不能直接从外界募集股本，而是要依靠减少股份公司的公积金或盈余结存来增加资本金，一般只在股票派息分红、股票分割和法定公积金或盈余转作资本配股时采用，按比例将新股票无偿交付给原股东。其目的主要是增强股东信心和公司信誉或为了调整资本结构。由于无偿发行要受资金来源的限制，不能经常采用这种方式发行股票。

搭配增资是指股份公司向原股东分摊新股时，仅让股东支付发行价格的一部分就可获得一定数额股票的方式。这种发行方式也是对原有股东的一种优惠，只要从他们那里再征集部分股金，就可很快实现公司的增资计划。

上述这些股票的发行方式，各有利弊及条件约束，股份公司在发行股票时，可以采用其中的某一方式，也可以兼用几种方式。一般各公司都是从自己的实际情况出发，择优选用。当前，世界各国采用最多、最普遍的方式是公开发行和间接发行。

（三）股票流通市场

股票流通市场，又叫作次级市场或二级市场，是指已发行的股票按照一定的法律规定和交易程序，进行流通转让的市场。它包括交易所市场和场外交易市场两个部分。由于它是建立在发行市场基础上的，相比而言，股票流通市场的结构和交易活动比发行市场的更为复杂，其作用和影响也更大。股票流通市场的顺畅可以让投资者放心地参加股票发行市场的认购活动，股票流通市场的发展对股票发行市场起了积极的推动作用，股票发行市场也是股票流通市场繁荣的源泉。股票流通市场上的价格是反映经济动向的晴雨表；它能灵敏地反映出资金供求状况、市场供求、行业前景和政治形势的变化，是进行经济预测和分析的重要指标。对于企业来说，股权的转移和股票行市的涨落不仅是其经营状况的指示器，还能为企业及时提供大量信息，有助于它们的经营决策和改善经营管理。可见，股票流通市场具有重要的作用。

 知识链接

证券交易所股票交易的程序

证券交易所股票交易的基本过程包括开户、委托买卖、成交、清算交割和过户五个阶段。

1. 开户

普通的客户是不能直接进入证券交易所买卖股票的,必须委托证券商或经纪人代理买卖。因此,要想买卖股票,首先要寻找一家既信誉可靠,又能提供优良服务的证券公司作为经纪人。投资者选择证券公司主要考虑证券商的声誉,如该公司在行业内的地位高低、规模、业务状况是否良好,工作人员的办事效率是否高,公司的交易设施是否完备、先进,收费是否合理等多方面。

选择好证券商后,就要办理开户手续,开户包括开设证券账户和资金账户。证券账户是指证券机构为投资者设立的用于记录投资者所持有的证券种类、名称、数量等情况的一种账户。投资者在开设证券账户的同时,即可以委托证券登记机构为其管理证券资料,办理登记、结算和交割业务。在中国,投资者要买卖上海或深圳证券交易所上市的证券,应当分别开设上海或深圳的证券账户。

投资者开设证券账户后,不能直接进入证券交易所买卖证券,而是要通过证券交易所的会员(证券商)才能进行交易。证券商设有很多证券营业部,投资者必须到证券营业部开户,委托其代理买卖。这种开户形式称为开设资金账户,投资者进行股票买卖的现金收付都通过这一账户办理。资金账户一般不能透支,账上必须有足够的金额才能买入股票。

2. 委托买卖

投资者向证券商下达的买卖证券的指令称为委托。按照投资者委托价格方式的不同,委托的种类可以分为市价委托、限价委托、止损委托等。市价委托是指投资者委托证券商按照执行指令时的市场价格买进或卖出证券。在这种方式下,投资者不规定价格,而证券商应该争取以最有利于投资者的价格成交。限价委托是指投资者自行规定一个价格,证券商以这个所限定的价格或更有利的价格进行交易。一般来说,投资者下达的限价指令都有时间限制,超过一定的时间,指令自动作废。止损委托是指证券商在某种证券下跌(或上涨)到一定的价格时,为投资者卖出(或买入)该种证券。这是一种保护性的指令,可以保护投资者减少损失。

按照投资者委托的形式划分,委托可以分为现场委托、电话委托、电脑委托等。现场委托是指投资者亲自到证券商的营业部利用券商的设备当场上网填写委托书的一种委托形式。电话委托即委托人以电话形式委托证券商,确定具体的委托内容,由证券商受理股票的买卖交易的一种委托形式。电脑委托即委托人利用自己的设备上网委托的一种委托形式。

3. 成交

证券商在接受客户委托后,应立即通知其在证券交易所的经纪人去执行委托。由于要买进或卖出同种证券的客户都不止一家,因此在交易所中须采用双边拍卖的方式来成交,即在买方和卖方之间均需要竞价,竞价遵循价格优先和时间优先的原则。价格优先的原则为:较高价格买进申报优先于较低价格买进申报,较低价格卖出申报优先于较高价格卖出申报。时间优先的原则为:买卖方向、价格相同的,先申报者优先于后申报者。先后顺序按交易主机接受申报的时间确定。

双方拍卖的具体形式有口头竞价交易、板牌竞价交易、计算机终端申报竞价等。口头竞价即买卖双方的出价和要价以及交易量都通过口头唱报来表达,如英国、美国等国的交易所。板牌交易即买方和卖方的出价和要价是通过在板牌上的书写来表达的,如澳大利亚、中国香港等。计算机终端申报竞价即通过计算机交易系统来集中买卖双方的出价、要价、交易量,中国的上海、深圳交易所都采用计算机交易系统进行股票的交易。买卖申报经交易主机撮合成交后,交易即告成立。

4.清算交割

清算是指在股票成交后买卖各方通过证券交易所进行的股票和资金的清理结算。清算工作由证券交易所组织,证券交易所作为清算的中介人,在价款清算时,向股票卖出者付款,向股票买入者收款;在股票清算交割时,向股票卖出者收进股票,向股票买入者付出股票。

交割是指股票买卖成交后,买主支付现金得到股票,卖主交出股票换回现金。投资者在接到成交确认书并确认无误之后,就携带着股票和价款与证券商在规定的交割日办理交割手续。由于买卖双方并不直接交割,证券交割实际上由投资者与证券商之间的交割及接受委托的证券商之间的交割两部分构成。

根据成交和交割时间的长短,交割可以分为当日交割、次日交割、例行交割、例行递延交割等。当日交割是指买卖双方在成交后的当日就办理完交割事宜的一种交割形式。次日交割即在成交的次日完成交割事宜的一种交割形式。例行交割即自成交日起算,在第五个营业日内办完交割事宜的一种交割形式,这是标准的交割方式。一般来说,如果买卖双方在成交时未说明交割方式,则一律视为例行交割方式。例行递延交割指买卖双方约定在例行交割后选择某日作为交割时间的交割。

5.过户

完成交割手续后,投资者理应获得他所买进那部分股票所代表的权利,但由于原有股东的姓名及持股情况均记录于股东名簿上,因而必须变更股东名簿上相应的内容,所以投资者应立即办理过户手续,即在他所持股票的发行公司的股东名册上登记他的姓名、持股数量等。只有办完过户手续,投资者才享有股东的权利。

股票的过户一般都是由专门的机构统一办理,如在中国,上海证券交易所股票的过户一律由上海证券交易所办理,深圳证券交易所股票的过户由深圳证券登记公司办理。

二、债券市场

债券市场是发行和买卖债券的场所,是金融市场的一个重要组成部分。

(一)债券的概念、要素

债券是指债券发行人依照法定程序发行,约定到期日偿付债券面值并按指定日期和利率支付利息的一种信用凭证或合同。它是一种使用非常广泛的债务融资工具。

债券作为证明债权债务关系的凭证,一般是用具有一定格式的票面形式来表现的。通常,债券票面上的基本要素由以下几项构成:①票面价值,包括币种、票面金额;②还本期限,指债券从发行之日起至偿清本息之日止的时间;③债券利率,即债券利息与债券票面价值的比率,通常年利率用百分比表示;④发行人名称,指明债券的债务主体,为债权人到期追回本金和利息提供依据;⑤还本付息方式。

(二)债券的特征

债券作为一种有价证券,一般有以下特征。①偿还性,即债券有规定的偿还期限,债务人必须按期向债权人支付利息和偿还本金。②收益性。债券投资是一种直接投资,投资者本人直接承担了投资风险,同时也减少了投资过程的中间环节,所以债券投资的收益一般要高于银行存款。③安全性。债券的安全性主要表现在以下两个方面:一是债券利息事先确定,即使是浮动利率债券,一般也有一个预定的最低利率界限,以保证投资者在市场利率波动时免受损失;二是投资的本金在债券到期后可以收回。④流动性。债券的流动性是指债券在偿还期限到来之前,债券持有人可按自己的需要和市场的实际变动状况,灵活地转让债券以换取现金。

(三)债券的种类

1. 按发行主体分

按发行主体,债券可分为政府债券、金融债券、企业债券。

政府债券又可分为中央政府债券和地方政府债券。中央政府债券又可称为国债,是指中央政府为筹措财政资金,凭其信誉按照一定程序向投资者出具的,承诺在一定时期支付利息和到期偿还本金的一种格式化的债权债务凭证。中央政府发行国债的目的主要有两个:一是弥补财政赤字;二是为了弥补财政先支后收而形成的短期资金不足。除中央政府发行债券之外,不少国家有财政收入的地方政府及地方公共机构也发行债券,它们发行的债券称为地方政府债券。发行地方政府债券的目的是为当地开发公共建设项目融资。地方政府债券一般用于交通、通信、住宅、教育、医院和污水处理系统等地方性公共设施的建设。地方政府债券的安全性较高,被认为是安全性仅次于中央政府债券的一种债券。而且,投资者购买地方政府债券所获得的利息收入一般也都免交所得税,这对投资者有很强的吸引力。

金融债券是由银行等金融机构发行的债券。商业银行除了采取吸收存款、发行大额可转让定期存单等方式吸收资金外,还可以发行金融债券筹集资金。金融债券能够较有效地解决银行等金融机构的资金来源不足和期限不匹配的矛盾。金融债券在到期之前一般不能提前兑换,只能在市场上转让,从而保证了所筹集资金的稳定性。发行金融债券可以使金融机构筹措到稳定且期限灵活的资金,从而有利于优化资产结构,扩大长期投资业务。由于银行等金融机构在一国经济中占有较特殊的地位,政府对它们的运营又有严格的监管,因此,金融债券的资信通常高于其他非金融机构债券,违约风险相对较小,具有较高的安全性。所以,金融债券的利率通常低于一般的企业债券,但高于风险更小的国债和银行储蓄存款利率。

企业债券是由企业付息的长期债券,期限大多为10年至30年。在我国,企业发行债券是为筹措长期资金而发行的一种债务契约,承诺在未来的特定日期,偿还本金并按照事先规定的利率支付利息。例如:目前在沪深交易所上市的三峡债券、铁路债券、吉化债券、梅山债券都是记账式债券,并且信用等级都为AAA级,但其流通量小,适合中小投资者购买。与政府公债相比,企业债券的风险相对较大,利率也较高。

2. 按债券期限

按债券期限分,债券可分为短期债券、中期债券、长期债券。

偿还期限在1年以下的为短期债券;期限在1年或1年以上、10年以下(包括10年)的为中期债券;一般说来,偿还期限在10年以上的为长期债券。

3. 按利息支付方式分

按利息支付方式,债券可分为单利债券、复利债券、累进利率债券、附息债券、贴现债券。

单利债券是指在计息时,不论期限长短,仅按本金计息,所生利息不再加入本金计算下期利息的债券。复利债券与单利债券相对应,是指计算利息时,按一定期限将所生利息加入本金再计算利息,逐期滚算的债券。累进利率债券是指年利率以利率逐年累进方法计息的债券。累进利率债券的利率随着时间的推移,后期利率比前期利率更高,呈累进状态。附息债券指债券券面上附有息票的债券,是按照债券票面载明的利率及支付方式支付利息的债券。息票上标有利息额、支付利息的期限和债券号码等内容。持有人可从债券上剪下息票,并据此领取利息。附息债券的利息支付方式一般是在偿还期内按期付息,如每半年或1年付息一次。贴现债券指债券券面上不附有息票,发行时按规定的折扣率,以低于债券面值的价格发行,到期按面值支付本息的债券。贴现债券的发行价格与其面值的差额即为债券的利息。

4. 按利率确定方式分

按利率确定方式,债券可分为固定利率债券和浮动利率债券。

固定利率债券是指在发行时规定利率在整个偿还期内不变的债券。浮动利率债券是与固定利率债券相对应的一种债券,是指发行时规定债券利率随市场利率定期浮动的债券,其利率通常根据市场基准利率加上一定的利差来确定。浮动利率债券往往是中长期债券。由于利率可以随市场利率浮动,采取浮动利率债券形式可以有效地规避利率风险。

5. 按保障程度分

按保障程度,债券可分为信用债券、抵押债券、质押债券、保证债券。

信用债券是指不提供任何形式的担保,仅凭筹资人信用发行的债券。政府债券属于此类债券。这种债券由于其发行人的绝对信用而具有坚实的可靠性。除此之外,一些公司也可发行这种债券,即信用公司债券。但为了保护投资人的利益,发行这种债券的公司往往受到种种限制,只有那些信誉卓著的大公司才有资格发行。如美国电话电报公司和美孚石油公司等发行的公司债券都是信用债券。此外,有的国家还规定,发行信用债券的公司还须签订信托契约,在该契约中约定一些对筹资人的限制措施,如公司不得随意增加其债务,在信用债券未清偿前,公司股东分红有限制等。这些限制措施由作为委托人的信托投资公司监督执行。信用债券一般期限较短,利率较高。

有担保债券是指以抵押、质押或保证等形式作为担保而发行的债券。因担保形式不同,有担保债券又可分为抵押债券、质押债券、保证债券等多种形式。以各种不动产作为担保品而发行的公司债券统称抵押债券。质押债券是指以公司的其他有价证券(如子公司股票或其他债券)作为担保所发行的公司债券。保证债券是指以本公司以外的第三方的信用作为担保所发行的公司债券。

(四)债券信用评级

债券信用评级是指对债务发行人的特定债务或相关负债在有效期限内能及时偿付的能力和意愿的鉴定。其基本形式是人们专门设计的信用评级符号。证券市场参与者只需要看到这些专用符号便可得知其真实含义,而无须另加复杂的解释或说明。

对债券信用进行评级的最主要原因是为了方便投资者进行债券投资决策。因为投资者购买债券是要承担一定风险的,即如果发行者到期不能偿还本息,投资者就会蒙受损失。发行者不能偿还本息是投资债券的最大风险,称为信用风险。债券的信用风险因发行后偿还能力不同而有所差异,对广大投资者尤其是中小投资者来说,事先了解债券的信用等级是非常重要的。但由于受到时间、知识和信息的限制,投资者无法对众多债券进行分析和选择,因此需要专业机构对准备发行的债券还本付息的可靠程度,进行客观、公正和权威的评定,也就是进行债券信用评级,以方便投资者进行决策。

债券信用评级的另一个重要原因是减少信誉高的发行人的筹资成本。一般来说,资信等级越高的债券,越容易得到投资者的信任,能够以较低的利率出售;而资信等级低的债券,风险较大,只能以较高的利率发行。

国际最著名最具权威性的信用评级机构当属美国标准普尔公司和穆迪投资评级公司。这两家公司不仅对美国境内上万家公司和地方政府发行的各类债券、商业票据、银行汇票及优先股股票施行评级,还对美国境外资本市场发行的长期债券、外国债券、欧洲债券及各类短期融资券予以评级。所评出的信用等级历来被认为是权威、公正、客观的象征,在国际评级机构中享有盛誉。标准普尔公司信用等级标准从高到低可划分为 AAA 级、AA 级、A 级、BBB 级、BB 级、B 级、CCC 级、CC 级 C 级和 D 级。穆迪投资服务公司信用等级标准从高到低可划分为 Aaa 级、Aa 级、A 级、Baa 级、Ba 级、B 级、Caa 级、Ca 级和 C 级。两家机构信用等级划分大同小异。前四个级别债券信誉高,违约风险小,是投资级债券,从第五级开始的债券信誉低,是投机级债券。标准普尔公司和穆迪投资服务公司都是独立的私人企业,不受政府控制,也独立于证券交易所和证券公司。但是它们所做出的信用评级不具有向投资者推荐这些债券的含义,只是供投资者决策时参考,因此,它们对投资者负有道义上的义务,但并不承担任何法律上的责任。

在我国,债券评级工作在1987年开始出现,但发展相对缓慢。到1998年底我国有50多家评级机构,其中只有20多家是独立法人,它们一部分依靠当地人民银行,一部分隶属专业银行,相对独立或完全独立并经人民银行总行批准的全国性评级机构只有中国诚信证券评估有限公司和大公国际资信评估有限公司。

三、基金市场

(一)基金的概念

基金是一种利益共享、风险共担的集合投资方式,即通过发行基金单位,集中投资者的资金,由基金托管人托管,由基金管理人管理和运用资金,从事股票、债券等金融工具的投资,并将投资收益分配给基金持有人的一种金融中介机构。基金投资人不仅享受证券投资基金的收益,而且承担亏损的风险。

(二)基金的特点

(1)专家理财、理性投资。基金是由专家运作、管理并专门投资于证券市场的资金。基金资产由专业的基金管理公司负责管理。基金管理公司配备了大量的投资专业人士,他们不仅具有投资分析和投资组合理论知识,而且在投资领域具有丰富的经验。

(2)间接投资,省心省力。基金是一种间接的证券投资方式。投资者是通过购买基金而间接投资于证券市场的。与直接购买股票相比,投资者与上市公司没有任何直接关系,不参与公司决策和管理,只享有公司利润的分配权。投资者若直接投资于股票、债券,就成了股票、债券的所有者,要直接承担投资风险。而投资者若购买了基金,则是由基金管理人来具体管理和运作基金资产,进行证券的买卖活动。因此,对于投资者来说,基金投资是一种省心省力的间接投资。

(3)规模效益、风险分散。基金具有组合投资、分散风险的好处。根据投资专家的经验,要在投资中做到起码的分散风险,通常要持有10个左右的股票。投资学上有一句谚语:"不要把你的鸡蛋放在同一个篮子里。"然而,中小投资者通常无力做到这一点。如果投资者把所有资金都投资于一家公司的股票,一旦这家公司破产,投资者便可能尽失其所有。而基金通过汇集众多中小投资者的小额资金,形成雄厚的资金实力,可以同时把投资者的资金分散投资于各种股票,使某些股票跌价造成的损失可以用其他股票涨价的赢利来弥补,分散了投资风险。

(4)投资小、费用低、方便快捷。我国每份基金面值为人民币1元。基金最低投资额一般较低,投资者可以根据自己的财力,购买基金,从而解决了中小投资者"钱不多、入市难"的问题。基金的费用通常较低。封闭式基金在证券交易所上市交易,可以免征印花税。

（三）基金的类型

由于分类的角度不同,基金可分为不同的类型。

按规模是否固定,基金可分为封闭式基金和开放式基金。封闭式基金又称为固定式基金,是指经核准的基金份额总额在基金合同期限内固定不变,基金份额可以在依法设立的证券交易所交易,但基金份额持有人不得申请赎回的基金。从组合特点来说,它具有股权性、债权性和监督性等重要特点。开放式基金又称为变动式基金,是指基金份额总额不固定,基金份额可以在基金合同约定的时间和场所申购或赎回的基金。从组合特点来说,它具有股权性、存款性和灵活性等重要特点。

按基金的组织形式不同,基金可分为公司型基金和契约型基金。公司型基金,在组织上是指按照公司法(或商法)规定所设立的、具有独立法人资格并以赢利为目的的基金公司(或类似法人机构);在证券上是指由基金公司发行的基金。契约型基金,在组织上是指按照信托契约原则,通过发行带有受益凭证性质的基金而形成的基金组织;在证券上是指由基金管理公司作为基金发起人所发行的基金。

按基金的市场特点不同,基金可分为私募基金和公募基金、上市基金和非上市基金等类型。私募基金,是指以非公开方式向特定投资者募集基金资金并以证券为投资对象的基金。它具有非公开性、募集性、大额投资性、封闭性和非上市性等特点。私募基金虽属于有待规范的灰色资金,但其规模十分庞大,资金来源包括民营企业资金、国有企业资金、个人资金等。虽然无法对其进行精确统计,但据测算,其规模可能远远超过了公募基金,有 7000 亿～9000 亿元。据有关报道,私募基金合法化的问题,证监会正在积极研究之中。公募基金是指以公开发行方式向社会公众投资者募集基金资金并以证券为投资对象的基金。它具有公开性、可变现性、高规范性等特点。上市基金是指基金单位在证券交易所挂牌交易的基金。该类基金由于可以在交易所上市,所以发行较容易,发行量也较大。非上市基金是指基金单位不能在证券交易所挂牌交易的基金,包括可变现基金和不可流通基金两种。可变现基金是指基金虽不在证券交易所挂牌交易,但可通过赎回来收回投资的基金,如开放式基金。不可流通基金是指基金既不能在证券交易所公开交易又不能通过赎回来收回投资的基金,如某些私募基金。

按投资运作的特点不同,基金可分为指数型基金、成长型基金、收入型基金和平衡型基金、对冲基金、套利基金等。指数型基金是指以追求股市(或债市)平均收益水平为基本目标,从而以属于编制股票指数(或债券指数)范畴内的股票(或债券)为主要投资对象的基金。成长型基金是指以追求资产的长期增值和赢利为基本目标,从而投资于具有良好增长潜力的上市股票或其他证券的基金。收入型基金是指以追求当期高收入为基本目标,从而以能带来稳定收入的证券为主要投资对象的基金。平衡型基金是指以保障资本安全、当期收益分配、资本和收益的长期成长等为基本目标从而在投资组合中比较注重长短期收益-风险搭配的基金。

对冲基金是指以私募方式募集资金并利用杠杆融资通过投资于公开交易的证券和金融衍生产品来获取收益的基金。套利基金，又称为套汇基金，是指将募集的资金主要投资于国际金融市场利用套汇技巧低买高卖进行套利以获取收益的基金。

此外，按投资对象不同，基金可分为股票基金、国债基金、债券基金、货币市场基金、期货基金、期权基金等。按资本来源和运用地域的不同，投资基金可分为国际基金、海外基金、国内基金、区域基金等。

第四节 衍生市场

衍生市场是指以金融衍生工具为交易对象的市场。金融衍生工具也叫作金融衍生品或衍生证券，是由基础金融工具衍生出来的，是一种价值依赖于基础性资产价值的金融工具，主要包括远期、期货、期权、互换等衍生品。

20世纪70年代以来，随着美元的不断贬值，布雷顿森林体系崩溃，国际货币制度由固定汇率制走向浮动汇率制。1973年和1978年两次石油危机使西方国家经济陷于滞胀，为对付通货膨胀，美国不得不运用利率工具，这又使金融市场的利率剧烈波动。利率的升降会引起证券价格的反方向变化，并直接影响投资者的收益。面对利市、汇市、债市、股市发生的前所未有的波动，市场风险急剧放大，迫使商业银行、投资机构、企业寻找可以规避市场风险、进行套期保值的金融工具，期货、期权等金融衍生工具便应运而生。

20世纪80年代以来的金融自由化进一步推动了金融衍生工具的发展，而新技术革命也为金融衍生工具的产生与发展提供了物质基础与手段。金融衍生工具市场一跃成为主要的国际金融市场之一。

根据上海证券交易所发布的《2020年全球场内衍生品市场发展情况报告》可知：2020年，全球主要市场的场内衍生品合约交易量达464.3亿张，较2019年增长38%。从产品形式看，2020年期权合约交易量为217.6亿张，较2019年增长42%；期货合约交易量为246.7亿张，较2019年增长43.1%。从交易量的地区分布看，美洲地区交易量占比为40.5%，亚太地区交易量占比为43.5%，欧洲中东等地区交易量占比为15.9%。从衍生品类型看，2020年全球场内权益类衍生品交易量仍居所有品种的首位，达到294.8亿张，相比2019年增长56.3%，占全球场内衍生品主要合约交易量的63.5%。其中，权益类期权的交易量占场内权益类衍生品交易量的67.6%，较权益类期货更为活跃。全球权益类衍生品中，ETF类衍生品的交易量增长至40.1亿张，较2019年增长了66.7%。个股类衍生品市场交易量增长至102.2亿张，较2019年增长了68.5%。股指类衍生品交易量增长至152.4亿张，较2019年增长了46.7%。2020年，全球场内商品类衍生品合约交易量达到93亿张，占全球场内衍生品主要合约交易量的20%，较2019年增长了34.0%。此外，2020年全球场内利率类衍生品及外汇类期权产品交易量有所下降。外汇类期权的下降可能是受疫情影响，全球贸易进出口走弱，导致外汇对冲需求降低。利率类衍生品的下降可能是由于越来越多的市场进入低利率乃至负利率时代,利率类衍生品的交易空间小。

一、远期合约

远期合约是指双方约定在未来的某一确定时间,按确定的价格买卖一定数量的某种金融资产的合约。在合约中规定在将来买入标的物的一方称为多方,而在未来卖出标的物的一方称为空方。合约中规定的未来买卖标的物的价格称为交割价格。

在远期合约的有效期内,合约的价值随相关资产市场价格的波动而变化。若合约到期时以现金结清,当市场价格高于合约约定的执行价格时,应由卖方向买方支付价差金额;当市场价格低于合约约定的执行价格时,则由买方向卖方支付价差金额。按照这样一种交易方式,远期合约的买卖双方可能形成的收益或损失都是"无限大"的,这个关系可以从图8-1中看出。

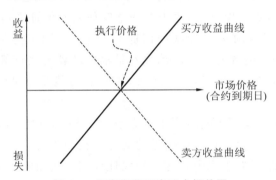

图 8-1 远期期货买卖双方损益图

二、期货合约

期货合约是指协议双方约定在将来某一特定的时间按约定的条件(包括价格、交割地点、交割方式)买入或卖出一定标准数量的某种特定金融工具的标准化协议。

目前,在世界各大金融期货市场,交易活跃的期货合约有数十种之多。根据各种合约标的物的不同性质,可将期货分为外汇期货、利率期货和股票指数期货三大类。其中影响较大的期货合约有美国芝加哥期货交易所(CBOT)的美国长期国库券期货合约、东京国际金融期货交易所(TIFFE)的90天期欧洲日元期货合约和中国香港期货交易所(HKFE)的恒生指数期货合约等。

(一)期货合约的特征

第一,期货合约均在交易所进行,交易双方不直接接触,而是各自在交易所的清算部或专设的清算公司结算。清算公司充当所有期货买者的卖者和所有期货卖者的买者,因此交易双方无须担心对方违约。由于所有卖者和买者都集中在交易所交易,因此就克服了远期交易所存在的信息不对称和违约风险高的缺陷。

第二,期货合约的买者或卖者可在交割日之前采取对冲交易以结束其期货头寸

（即平仓），而无须进行最后的实物交割。这相当于买者可把原来买进的期货卖掉，卖者可把原来卖出的期货买回，这就克服了远期交易流动性差的问题。由于通过平仓结束期货头寸比起实物交割既省事又灵活，因此目前大多数期货交易都是通过平仓来结清头寸的。

第三，期货合约的合约规模、交割日期、交割地点等都是标准化的，即在合约上有明确的规定，无须双方再商定。交易双方所要做的唯一工作是选择适合自己的期货合约，并通过交易所竞价确定成交价格。价格是期货合约的唯一变量。当然，这并不是说所有期货合约的交割月份、交割地点等都是一样的，同种金融工具的期货合约可以有不同的交割月份，但它是由交易所事先确定，并在合约中事先载明的，而不是由交易双方商定后载入合约的。

第四，期货交易是每天进行结算的，而不是到期一次性进行的，买卖双方在交易之前都必须在经纪公司开立专门的保证金账户。经纪公司通常要求交易者在交易之前必须存入一定数量的保证金，这个保证金叫作初始保证金（initial margin）。在每天交易结束时，保证金账户都要根据期货价格的升跌而进行调整，以反映交易者的浮动盈亏，这就是所谓的盯市。浮动盈亏是根据结算价格计算的，而结算价格的确定由交易所规定，它可能是当天的加权平均价，也可能是收盘价，还可能是最后几秒钟的平均价。

当天结算价格高于昨天的结算价格（或当天的开仓价）时，高出的部分就是多头的浮动赢利和空头的浮动亏损。这些浮动盈亏就在当天晚上分别加入多头的保证金账户和从空头的保证金账户中扣除。当保证金账户的余额超过初始保证金水平时，交易者可随时提取现金或用于开新仓；而当保证金账户的余额低于交易所规定的维持保证金（maintenance margin）水平时，经纪公司就会通知交易者限期把保证金水平补足到初始保证金水平，否则就会被强制平仓。维持保证金水平通常是初始保证金水平的75%。

（二）期货合约与远期合约的区别

第一，交易场所不同。期货合约在期货交易所交易，而远期合约在场外柜台市场交易。

第二，标准化程度不同。期货除了价格之外，所有的合约条款都高度标准化，条款都由交易期货的交易所规定好。远期合约则在订立合约时由双方协商，所有条款均须经双方达成一致。

第三，合约双方关系不同。买卖期货的双方之间有清算协会。因此，双方并不需要认定自己的交易对手。而在远期合约中，一方直接对另一方负责，因此，双方必须互相认定对方。

第四，监管程度不同。期货市场（在美国）是由商品期货交易委员会（CFTC，Commodity Futures Trading Commission）监管，监管规则具体而详细，远期市场则通常不被监管。

第五，期货市场的金融信用受到保护，要求合约每一方缴纳执行保证金，称之为垫头（margin）。采取逐日盯市（mark-to-market）的办法进行保证金结算，从而保证各方履约。在远期合约中，则没有这种市场范围的保证金制度要求。结果，远期市场的参与者倾向于与他们熟悉的对手做交易。

第六，期货的设置结构使其很容易被中止，只要简单地对冲平仓即可。远期合约要终止就困难得多——事实上，通常是不可能中止的。

三、期权市场

期权又称为选择权。期权合约是指赋予其购买者在规定期限内按双方约定的价格（简称协议价格或执行价格）购买或出售一定数量某种金额资产（称为基础金融资产或标的资产）的权利的合约。

换句话说，期权是买卖双方订立合约，并在合约中规定，由买方向卖方支付一定数额的权利金后，即赋予了买方在规定时间内按双方事先约定的价格购买或出售一定数量的某种金融资产的权利。对期权买方来讲，合约赋予他的只有权利而无义务，在合约有效期内，他既可到期行使这个权利，也可放弃而不执行这个权利，甚至转让给第三者，条件是在购买时必须支付一定数额的期权费给卖方。对期权的卖方来讲，合约赋予他的只有义务而无权利，他在收取买方付给的期权费后，必须按买方在行使权利时提出的要求履约，当然，这种履约须按合约规定的时间和履约价格来进行。

（一）期权的种类

按期权买者的权利，期权可分为看涨期权和看跌期权。凡是赋予期权买者购买标的资产权利的合约，就是看涨期权；而赋予期权买者出售标的资产权利的合约就是看跌期权。

按期权买者执行期权的时限，期权可分为欧式期权和美式期权。欧式期权的买者只能在期权到期日才能执行期权（即行使买进或卖出标的资产的权利）；而美式期权允许买者在期权到期前的任何时间执行期权。

按照期权合约的标的资产，期权合约可分为利率期权、货币期权（也称为外汇期权）、股价指数期权、股票期权以及金融期货期权，而期货期权又可分为利率期货期权、外汇期货期权和股价指数期货期权三种。

（二）期权合约的盈亏分析

1. 看涨期权的盈亏分布

【例1】 2020年12月1日英镑兑美元汇率为100英镑＝133.24美元。假设甲认为英镑兑美元的汇率将上升，因此以每英镑0.08美元的期权费向乙购买一份2021年3月到期、协议价格为100英镑＝134美元的英镑看涨期权，每份英镑期权的规模为62 500英镑。那么，甲、乙双方的盈亏分布可分为以下几种情况。①如果在期权到期时，英镑汇率等于或低于100英镑＝134.00美元，则看涨期权就无价值。买方的最大亏损为5 000美元（即62 500英镑×0.08美元/英镑）。②如果在期权到期时,英镑汇率升至100英镑＝142.00美元,买方通过执行期权可赚取5 000美元,扣掉期权费后,他刚好盈亏平衡。③如果在期权到期前,英镑汇率升到100英镑＝142美元以上,买方就可实现净盈余。英镑汇率越高,买方的净盈余就越多。

看涨期权买者的盈亏分布图,如图8-2(a)所示。买者的盈亏和卖者的盈亏刚好相反,据此我们可以画出看涨期权卖者的盈亏分布图,如图8-2(b)所示。从图中可以看出,看涨期权买者的亏损风险是有限的,其最大亏损限度是期权价格,而其赢利可能却是无限的。相反,看涨期权卖者的亏损可能是无限的,而赢利是有限的,其最大赢利限度是期权价格。期权买者以较小的期权价格为代价换来了较大赢利的可能性,而期权卖者则为了赚取期权而冒着大量亏损的风险。

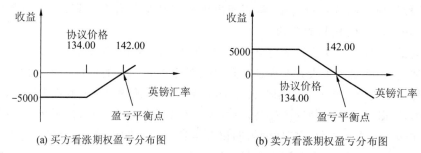

图 8-2　看涨期权的盈亏分布图

2. 看跌期权的盈亏分布

用同样的办法可以推导出看跌期权的盈亏分布图,如图8-3所示。当标的资产的市价跌至盈亏平衡点(等于协议价格减期权价格)以下时,看跌期权买者就可获利,其最大赢利限度是协议价格减去期权价格后再乘以每份期权合约所包括的标的资产的数量,此时标的资产的市价为零。如果标的资产市价高于盈亏平衡点,看跌期权买者就会亏损,其最大亏损是期权费总额。看跌期权卖者的盈亏状况则与买者刚好相反,即看跌期权卖者的赢利是有限的期权费,亏损也是有限的,其最大限度为协议价格后再乘以每份期权合约所包括的标的资产的数量。

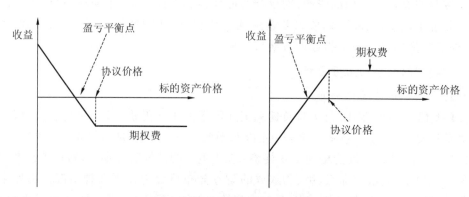

图 8-3　看跌期权的盈亏分布图

四、互换市场

（一）互换的定义

互换是指交易双方通过远期合约的形式约定在未来某一段时间内互换一系列的货币流量的交易。通过互换，可以将资产和负债从一种货币转换为需要的另一种货币或从一种利率形式转换成另一种利率形式。根据不同的互换标的，金融互换可分为利率互换、货币互换、股权互换等，而以利率互换居多，下面重点介绍。

（二）利率互换

利率互换是指双方同意在未来的一定期限内根据同种货币同样的名义本金交换现金流，其中一方的现金流根据浮动利率计算出来，而另一方的现金流则根据固定利率计算。需要注意的是，利率互换合约中的交易双方相互支付利息而不交换本金，因为在利率互换中，双方的名义本金不仅数额一样，而且币种相同。

【例2】 假定 A 公司拥有相对便宜的浮动利率融资机会，但是它希望借到固定利率的债务。B 公司具有相对便宜的固定利率融资机会，但是希望借到浮动利率的债务。现在，A 公司需要筹措一笔金额为 1 000 万美元的 10 年期的资金，可以以 6 个月期伦敦同业拆借利率（LIBOR）+50 个基点的浮动利率，或者以 11.25% 的年固定利率借款（需半年支付一次利息）。同时，B 公司也需要借一笔金额为 1 000 万美元的 10 年期的资金，可以以 10.25% 的年固定利率（仍需半年支付一次利息），或者以 6 个月期 LIBOR 利率借款（见表 8-1）。

表 8-1 A、B 公司的市场借款利率

	固定利率	浮动利率
A 公司	11.25%	6 个月 LIBOR+50 个基点
B 公司	10.25%	6 个月 LIBOR

A、B 公司分别进入了互换市场。互换交易商接受了 A 公司和 B 公司的委托并达成了如下互换合约。

(1) A 公司发行 10 年期浮动利率债券 1 亿美元，利率为 6 个月期 LIBOR+50 个基点（每半年需要支付一次）；B 公司发行 10 年期固定利率债券 1 亿美元，年利率为 10.25%，每半年支付一次美元利息。

(2) A 公司每半年向互换交易商支付年固定利率 10.50%、本金为 1 000 万美元的美元利息；互换交易商每半年向 B 公司支付年固定利率为 10.40%、本金为 1 000 万美元的美元利息。

(3) B 公司每半年向互换交易商支付本金为 1 000 万美元、利率为 6 个月期 LIBOR 的利息；互换交易商每半年向 A 公司支付本金为 1 000 万美元、利率为 6 个月期 LIBOR 的利息。

通过这个互换合约，实际上在原先各自的筹资成本上总共可降低 50 个基点。即如果 A 公司自己去借固定利率的借款，利率为 11.25％，现在由 B 公司以 10.25％去借则可以降低 100 个基点；如果 B 公司自己去借浮动利率的资金利率为 6 个月期 LIBOR，现在由 A 公司去借，利率为 6 个月期 LIBOR＋50 个基点，则增加了 50 个基点。也就是说，通过互换，A 公司和 B 公司都能降低筹资成本，而互换交易商在提供互换的撮合服务时也获得了没有风险的收益。至于双方可以降多少，互换交易商可以得多少，则都在合约中加以具体约定。

(1) A 公司获得了所需要的 1 000 万美元 10 年期的债务，并获得了固定利率支付利息的安排(由于担心未来市场利率会上升)；B 公司获得了所需要的 1 000 万美元 10 年期的债务，并获得了浮动利率支付利息的安排(由于考虑未来市场利率会下降)。

(2) A 公司每半年支付利息的利率为 10.50％(支付给交易商)＋0.50％(支付给债券市场)，实际支付利率为 11.00％；如果没有互换安排，A 公司将使用年利率为 11.25％的资金，比互换安排的利率约高 25 个基点。

(3) B 公司如果没有互换安排，每半年支付利息的利率为 6 个月期 LIBOR 的利息；通过互换安排，在获得每半年支付利率为 6 个月期 LIBOR 利率之外，还获得 15 个基点的利息收益。

(4) 互换交易商通过进行互换安排，每半年获得了 10 个基点的收益。

五、金融衍生工具的双刃剑作用

迅速发展的金融衍生工具，为规避形形色色的金融风险提供了灵活方便、极具针对性且交易成本日趋降低的手段。这对现代经济的发展起了有力的促进作用。

但金融衍生工具的发展也促成了巨大的世界性投机活动。世界性的投机资本，其运作的主要手段就是金融衍生工具。金融衍生工具的交易实施保证金制度，而在这种交易中的保证金是用于承诺履约的资金。相对于交易额，对保证金所要求的比例通常不超过 10％，因而投机资本往往可以支配 5～10 倍于自身的资本进行投机操作。对于这样的过程，人们称为高杠杆化。

金融衍生工具的投机若成功，可以获得极高收益；若失败，则会造成严重后果。如 1995 年，英国老牌巴林银行，竟然由于它的一个分支机构的职员进行金融衍生工具投机失败而宣告破产。在国际金融投机中，投机资本利用金融衍生工具可以冲击一国金融市场并造成该国金融动荡和危机，如由于受到国际投机资本的冲击，1992 年，英镑退出欧洲汇率体系；1997 年 7 月，泰国放弃了泰铢对美元的固定汇率并引发了东南亚的金融大震荡等。

虽然，我国目前的金融衍生工具市场正处于起步阶段，品种少、规模小，但随着资本市场的发展和金融风险的提高，金融衍生工具市场必然会有较快的发展。对它的负面作用必须保持警惕，严格监管。

复习思考题

1. 何谓直接融资和间接融资？它们之间有什么区别？
2. 货币市场有哪些主要的子市场？各市场之间的利率关系如何？
3. 证券初级市场和二级市场的作用分别是什么？二者之间的关系如何？
4. 期货合约与远期合约、期货合约与期权合约各有什么异同点？
5. 投资者 A 向某证券商买入看涨期权，双方就 M 公司股票达成交易。期权的有效期 3 个月，协议价格 20 元 1 股，股票数量 100 股，期权费 3 元 1 股，在未来的 3 个月，投资者可能有几种选择？分别计算出盈亏。
6. 什么是金融衍生工具？如何评价金融衍生工具的作用？

第三篇

货币均衡与非均衡

第九章 货币需求

 教学目的与要求

理解马克思的货币需求理论;掌握费雪的交易方程式、剑桥方程式;理解并掌握凯恩斯的货币需求理论;了解凯恩斯货币需求理论的发展——平方根定律及惠伦模型;了解弗里德曼的货币需求理论,并能区分凯恩斯货币需求理论和弗里德曼货币需求理论的区别。

第一节 货币需求的含义与分析角度

一、货币需求的含义

一般而言,所谓货币需求,就是指家庭、企业和政府愿以货币的形式持有其所拥有的财产的一种需要。把所有家庭、企业、政府的货币需求加总起来,就是全社会的货币需求。这样一种货币需求概念是可以理解的,但在讨论具体的货币需求理论的时候,还必须区分主观货币需求与客观货币需求、微观货币需求与宏观货币需求、名义货币需求与实际货币需求这样几组相关的货币需求的概念。

从货币需求的定义可以得出以下结论。第一,货币需求是主观货币需求和客观货币需求的统一。货币需求是愿望和能力的统一,它不仅是一种主观愿望,而且与个人的经济利益和社会经济状况有关。第二,人们产生货币需求的根本原因是货币所具有的职能。在现代市场经济中,人们需要以货币方式取得收入,用货币作为交换和支付的手段,用货币储存财富。第三,货币需求是一个存量的概念,即货币需求是指在特定的时点和空间范围内,社会各部门愿意而且能够以货币形式持有其所有的财产或收入的数量或份额。

二、宏观货币需求与微观货币需求

宏观货币需求是指从整个国民经济的宏观角度,考察一个国家在一定时期内的经济发展和商品流通所必需的,能够保持社会经济平稳、健康发展的货币量。从研究动机来看,宏观货币需求是从国民经济总体出发,去探讨一国经济发展所需要的货币量。从包含的内容来看,宏观货币需求一般指货币执行流通手段和支付手段所需要的货币量,不包括货币发挥储藏手段职能所需要的货币量。从研究方法来看,宏观货币需求注重动态的、客观的研究。

微观货币需求是指从个人、家庭或企业的角度,考察其在既定收入水平、利率水平和其他经济条件下、愿意而且能够保持的货币量。从研究动机来看,微观货币需求是从一个经济单位着眼,研究每一经济单位持有的最佳货币量,即机会成本最低和效用最大的货币持有量。从包含的内容来看,微观货币需求是指个人持有现金、企业单位库存现金以及各自在银行保留存款的必要量,强调的是以货币形式持有财产的多少,即货币执行储藏手段职能所需要的货币量。从研究方法来看,微观货币需求注重于静态的、主观的研究。

三、名义货币需求和实际货币需求

名义货币需求是指一个社会或一个经济部门在不考虑价格变动情况下的货币需要量,一般用 M_d 表示,而实际货币需求则是指在剔除价格变动以后的货币需要量,也就是以某一不变价格为基础计算的商品和劳务量对货币的需求。如果将名义货币需求 M_d 用某一具有代表性的物价指数 p(如 GDP 平减指数)进行平减后,就可以得到实际的货币需求,实际货币需求通常可以记作 M_d/p。

在金属货币流通条件下,流通中的货币需求可以自发调节,所以不存在名义货币需求和真实货币需求的矛盾。在价格水平很少变化的条件下,也没有必要区分名义货币需求和实际货币需求。但在价格水平经常变动而且幅度较大的情况下,区分这两种货币需求就显得十分重要。必须指出的是,价格变动的情况很复杂,既有合理的因素(如对商品的合理调价),也有不合理的因素(如通货膨胀)。现实状况往往是:如果根据过高的通货膨胀预计所计算的名义需求量来安排货币供给,过多的货币供给就成为直接加速物价上涨的因素;反之,如果不考虑价格不可避免的波动而简单地按实际需求供给货币,则会因货币供给不足而直接抑制经济增长。物价往往带有刚性,按既定膨胀或紧缩的价格水平计算得到的名义货币需要量和实际货币需要量,也很难就是我们预期的理想货币需要量。所以,区分名义货币需求和实际货币需求固然重要,但根据实际变化了的情况测算这两种货币需求更为重要。

第二节 货币需求理论的发展

一、马克思的货币需求理论

马克思在分析了商品的流通与货币流通的关系之后,揭示了著名的货币流通规律。按照马克思对货币必要量的论述,流通中必需的货币量为实现流通中待售商品价格总额所需的货币量。可以用以下公式表示:

货币必要量＝商品价格总额÷单位货币流通速度

即

$$M = PQ/V$$

式中,M 表示货币必要量;P 表示价格水平;Q 表示商品数量;V 表示货币流通速度。

这一公式表明,在一定时期内,执行流通手段的货币必要量主要取决于商品价格总额和单位货币流通速度两个因素,与商品价格总额成正比,与单位货币流通速度成反比。第一,在商品的价格不变时,由于流通商品数量增加或货币流通速度下降,或是两种情况同时发生,流通中的货币量就会增加;相反情况发生时货币量就减少。第二,在商品价格普遍提高的时候,如果流通商品数量的减少同商品价格的上涨保持相同的比例,或流通的商品数量不变而货币流通速度的加快同商品价格提高保持相同的比例,则流通中的货币量不变;第三,当商品的价格普遍下跌的时候,如果商品量的增加同商品价格的下跌,或货币流通速度的降低同商品价格的下跌,那么流通货币量也不变。

马克思的分析主要是以金币为研究对象的,假定经济中存在一个数量足够大的黄金储藏,当流通中需要较多的金币时,黄金就会从储藏中流出;当流通中金币需要量减少的时候,多余的金币就流回储藏。马克思进而分析了纸币流通条件下货币量与价格的关系。用公式表示就是:

单位纸币代表的金属货币量＝流通中需要的金属货币量÷流通中的纸币总额

马克思同时指出纸币流通规律和金币流通规律的不同:在金币流通条件下,流通所需要的货币量是由商品的价格总额决定的;而在纸币作为唯一流通手段的条件下,商品的价格水平会随纸币数量的增减而涨跌。

二、交易方程式与剑桥方程式

(一)现金交易说

20世纪初,美国经济学家、耶鲁大学教授费雪在其1911年出版的《货币的购买力》一书中,提出了交易方程式

$$MV=PT$$

该式也可以表示成

$$P=MV/T$$

式中,M表示一定时期流通中货币的平均数量;V表示一定时期单位货币的平均周转次数即货币流通速度;P表示商品和劳务价格的加权平均数;T表示商品和劳务的交易数量。

该方程式将名义收入同货币数量和货币流通速度结合起来。费雪认为,M是一个由模型之外的因素决定的外生变量;V是由社会制度和习惯等因素决定的,长期内比较稳定,可以视为常数;在充分就业条件下,T相对产出水平保持固定的比例,也是大体稳定的,也可以视为常数,因此只有P和M的关系最重要。这样,交易方程式就转化为货币数量论。而且,货币数量论提供了对价格水平变动的一种解释:价格水平变动仅源于货币数量的变动,当M变动时,P作同比例的变动。费雪认为人们持有货币的目的在于交易,这样,货币数量论就揭示了既定的名义总收入下人们所持的货币数量。

(二)现金余额说——剑桥方程式

以马歇尔和庇古为代表的剑桥学派,在研究货币需求问题时,重视微观主体的

行为。该学派认为,处于经济体系中的个人对货币的需求,实质是选择以怎样的方式保持自己资产的问题。而决定人们持有货币多少的因素,主要有个人的财富水平、利率变动和持有货币可能拥有的便利等。但是,在其他条件不变的情况下,对于每个人来说,名义货币需求与名义收入水平之间总是保持着一个较为稳定的比例关系。

剑桥学派认为,经济单位在通常情况下持有的货币量或现金余额,与国民收入保持一个固定或稳定的关系。如以 Y 表示实际收入,P 表示平均物价水平,M 表示货币需求,K 代表一个固定常数($0<K<1$),即国民收入中以货币形式持有的比例,那么,货币需求可以表示为

$$M=KPY$$

该方程式就是著名的剑桥方程式。剑桥学派认为,实际生产总量 Y 主要是由人类所能控制的经济资源量、生产的技术水平与生产要素供给等外生因素决定,这些因素短期内是不会改变的,因此是一个相对稳定的量。影响国民收入中以货币形式持有的比例 K 的因素有三个。第一,持有货币所带来的便利和所能避免的风险。持有货币获得的便利越大,风险规避的程度越大,K 值就越大。第二,持有货币的机会成本,即把以货币形式持有的资产用于投资所获得的收益。收益越少,人们愿意以货币持有的资产就越多,K 值就越大。第三,货币的消费效用,即把货币用于消费所能得到的满足程度。满足程度越低,K 值越大。这三个因素在短期内是不易变化的,因而 K 值在短期内也是相对稳定的量。在这种情况下,货币需求量 M 与 P 成正比例关系。

(三)剑桥方程式与交易方程式的主要区别

与费雪的现金交易方程式相比,剑桥方程式对现实经济社会更具指导意义。

交易方程式强调每一单位货币存量的平均持有时间,剑桥方程式则注重总收入中以货币形式持有的比例。前者重视货币的交易手段功能,强调货币的支出,关心人们支出货币的速度和数量;而后者则重视货币作为一种资产的功能,强调货币的持有。交易方程式重视货币流通速度及经济社会等制度因素,却忽视了经济主体在金融市场中的主观意志因素;而剑桥方程式则重视人们持有货币的动机,即持有货币的成本与满足程度之间的比较,强调人的意志及预期等心理因素。

现金交易方程式所指的货币数量是某一时期的货币流通量;而剑桥方程式所指的货币数量是某一时点人们手中所持有的货币存量。

三、凯恩斯的货币需求理论

20 世纪 30 年代,资本主义社会爆发了深刻的经济危机,凯恩斯正是在这种背景下,提出了他的经济理论。凯恩斯认为,人们之所以持有货币,是因为存在流动性偏好这种普遍的心理倾向。所谓流动性偏好,是指人们在心理上偏好流动性,愿意持有流动性最强的货币而不愿持有其他缺乏流动性资产。因此,凯恩斯的货币需求理

论又称为流动性偏好理论。他认为货币具有完全的流动性,而人们总是偏好将一定量的货币资产储存在自己的手中,来应付日常的交易和投机等需求。也就是说,人们的货币需求取决于人们心理上的流动性偏好。

凯恩斯的货币需求理论认为,居民、企业等持有货币是出于不同的动机,包括交易性动机、预防性动机和投机性动机等。与此相对应,货币需求也可以分为交易性货币需求、预防性货币需求和投机性货币需求等。

交易性货币需求是指居民和企业为了交易的目的而形成的对货币的需求,居民和企业为了顺利进行交易活动就必须持有一定的货币量,交易性货币需求是收入的增函数,即随着收入水平的增减,为满足这种需求所持有的实际货币数量将随之增减。

预防性货币需求是指人们为了应付意外事故而形成的对货币的需求。预防性货币需求与收入有密切的关系,当收入低时,人们无法持有较多的货币以预防意外事件的发生;当收入足够高时,人们会增加预防性货币需求。

投机性货币需求是由于未来利息率的不确定,人们为了避免资本损失或增加资本利息,及时调整资产结构而形成的货币需求。货币的投机需求并非作为投机的资产,而是为了降低损失风险而以货币形式保值的资产。货币的投机需求有机会成本。投机性货币需求是利率的减函数,即利率上升,投机性货币需求下降;利率下降,投机性货币需求上升。

凯恩斯还认为,人们产生投机动机的主要原因是未来利率的不确定性。当人们预期利率上升的时候,因为债券的价格和利率成反比,为了避免资本损失,人们更愿意持有货币;同样,当人们预期利率下降的时候,债券价格就会上升,人们就会抛出手中的货币,而买入债券,人们的货币需求就会减少。凯恩斯的货币需求理论强调了货币也是一种资产或价值储藏手段。当利率降低到一定程度,不能再降低的时候,人们就会产生利率上升而债券价格下降的预期,货币需求弹性就会变得无限大,即无论增加多少货币,都会被人们储存起来,这就是所谓的流动性陷阱。而发生流动性陷阱时,再宽松的货币政策也无法改变市场利率,从而使得货币政策失效。

凯恩斯认为,总的货币需求的函数可以表示为

$$M = M_1 + M_2 = L_1(Y) + L_2(r)$$

式中,M 表示总的货币需求;L_1 表示交易性货币需求和预防性货币需求的总和;L_2 表示投机性货币需求;Y 表示收入水平;r 表示市场利率。凯恩斯的分析得出的货币需求的函数是

$$L = L_1(Y) + L_2(r)$$

如图 9-1(a)所示,因为 L_1 和利率没有关系,所以是一条直线;L_2 是利率的减函数。要想得出货币的总需求函数,只需要将 L_1 和 L_2 相加即可,函数式中的 L 部分取决于利率,如图 9-1(b)所示。

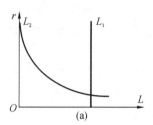 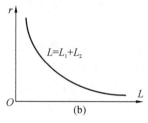

图 9-1 凯恩斯货币需求函数

四、凯恩斯学派对凯恩斯货币需求理论的发展

美国经济学家汉森早在 1949 年就对凯恩斯提出的关于交易性货币需求取决于收入,而与利率基本无关的观点提出异议。汉森认为,当利率上升到相当程度时,交易性货币需求也具有弹性。1952 年,鲍莫尔(W. Baumol)提出交易性货币需求不仅和收入有关,而且与利率的关系也很密切的观点,即交易性货币需求是实际收入的增函数,是市场利率的减函数。鲍莫尔的理论分析假定,每一个消费者每间隔一段时间可获得一定收入 K,并可在一定时间内将其均匀地支出,因而其期初和期末的平均货币的持有量就是 $\frac{K}{2}$。因为持币是没有利息收入的,所以持币的机会成本就是 $\frac{K}{2}$ 与利率的乘积。鲍莫尔认为,如果企业和个人都以收益最大化为最终目标,那么一方面为了保证日常的交易需求就需要保证一定的货币持有量,同时避免浪费资产变现的成本和时间;另一方面过多地持有货币又会造成过大的机会成本。当消费者将全部的收入转化为生息资产时,尽管其可获得利息收入,但投资活动也会产生交易费用。在这种情况下,消费者就会对持币还是投资进行权衡,即对利息收入和交易成本进行权衡。而最优的货币持有量应当是使利息损失和交易费用之和最小。假设最优货币持有量为 M,期初的收入为 Y,每月出售数量为 K 的债券以获得货币;每次交易的费用为 b;利率为 r;总成本为 C。因此出售次数为 $\frac{Y}{K}$,交易费用为 $\frac{Y}{K} \times b$,平均持有货币量而引起的利息损失为 $\frac{K}{2} \times r$。

故总成本公式为

$$C = \frac{Y}{K} \times b + \frac{K}{2} \times r$$

对 K 求极值,得到最优售出债券的数量为 $K = \sqrt{\frac{2bY}{r}}$,可得最优货币持有量为

$$M = \frac{K}{2} = \frac{1}{2}\sqrt{\frac{2bY}{r}}$$

上式就是著名的平方根公式,它表明当交易量或手续费增加时,最优货币持有

量将增加;而当利率上升时,最优货币持有量会下降。最优货币持有量与交易量、手续费以及利率的变化不是成正比例的关系。

鲍莫尔模型的现实经济意义在于阐明了利率对人们的交易需求产生的重要影响。结合我国金融体制改革的现实,我们可以体会到利率市场化和金融工具多样化的重要意义。从理论上讲,利率的市场化有利于吸收居民的交易性货币需求,居民可以根据利率的市场化水平的变动投资于企业,一方面可解决企业的融资问题,另一方面可增加居民的收入,有利于扩大有效需求。同时,金融工具的多样化,有利于投资渠道的多样化,引导居民手中的货币投入生产流通领域,扩大生产,增加就业,增加居民收入,从而促进经济良性循环。

1966年,惠伦及米勒和奥尔先后发表文章,论证了预防性货币需求也是利率的减函数。美国经济学家惠伦认为,预防性货币需求产生于未来的不确定性,为了求得应付收支不确定性的最小成本,人们不能不考虑出售债券的支出和利息的收益,因而利率也就必然进入预防性货币需求的函数之中。

托宾的资产选择理论是对凯恩斯投机性货币需求理论的发展。托宾从金融资产选择的角度来解释投机性货币需求,将凯恩斯的流动性偏好理论扩大,修正为资产偏好或资产组合理论。凯恩斯关于投机性货币需求的理论,实际上隐含着投资者对所谓正常预期利率有一个比较明确的定位,因此只能在两种资产中,即货币和债券中任选一种,而不能二者兼有。托宾认为,投资者对自己的预计往往并不完全有把握,因此,一般人都是既持有货币又持有债券。托宾将前人的资产选择理论和货币需求理论结合起来,用投资者避免风险的行动动机来解释对闲置货币余额的需求。

由于人们对待风险的态度不同,因此他们就可能做出不同的选择,据此,托宾将人们分为三种类型,即风险回避者、风险爱好者和风险中立者。托宾认为,现实生活中前两种人只占少数,绝大多数人都属于风险中立者,因此资产选择理论就以他们为主进行分析。他还认为,收益的正效用随着收益的增加而递减,风险的负效用随风险的增加而增加。若某人的资产构成中只有货币而没有债券时,为了获得收益,他会把一部分货币换成债券,因为减少了货币在资产中的比例就带来收益的正效用。但随着债券比例的增加,收益的边际效用递减而风险的负效用递增,当新增加债券带来的收益正效用与风险负效用之和等于零时,他就会停止将货币换成债券的行为。同理,若某人的全部资产都是债券,为了安全,他就会抛出债券而增加货币持有额,一直到抛出的最后一张债券带来的风险负效用与收益正效用之和等于零时为止。只有这样,人们得到的总效用才能达到最大。

这一理论说明了在不确定状态下人们同时持有货币和债券的原因,以及对二者在量上进行选择的依据。利率越高,预期收益越高,而货币持有量比例越小,这就证实了货币投机性需求与利率之间存在着反方向变动的关系。托宾模型还论证了货币投机性需求的变动是通过人们调整资产组合实现的。这是由于利率的变动引起预期收益率的变动,破坏了原有资产组合中风险负效用与收益正效用的均衡,人们重新调整自己资产组合的行为,导致了货币投机性需求的变动。所以,利率和未来的不确定性对货币投机性需求具有同等重要性。

托宾模型虽然较凯恩斯投机性货币需求理论更切合现实,但许多西方学者也指出该模型存在着许多不足之处。例如:托宾模型忽略了物价波动的因素,只包括两种资产,即货币和债券,而不包括其他金融资产,这显然与当代金融的实际情况不符。

五、弗里德曼的货币需求理论

20世纪50年代以来,世界经济大规模的萧条已经不复存在了,当时凯恩斯学派的理论已经无法解释出现的通货膨胀、20世纪70年代的滞涨等。美国经济学家弗里德曼发表了著名的《货币数量论:一种新的阐释》,标志着现代货币数量论的诞生。弗里德曼在吸收了凯恩斯主义关于收入和利率决定货币需求量的思想的基础上,提出了自己新的观点。他认为,货币数量论并不是关于产量、货币收入或物价水平的理论,而是关于货币需求的理论,即货币需求是由何种因素决定的理论。与凯恩斯学派的货币需求理论不同,弗里德曼在研究货币需求时不是从持有货币的动机开始,而是承认了人们持有货币的事实,并对各种情况下人们持有多少货币的决定因素进行了仔细分析,建立了货币学派的货币需求函数。

弗里德曼认为,影响人们的货币持有量的因素有:恒久收入、非人力财富占总财富的比率、人们保有货币及其他资产时所预期的收益率、与保有货币所得到的效用及影响这种效用的收入以外的其他各种因素等。综合这些因素得出的名义的货币需求函数为

$$M_d = f\left(P, r_m, r_b, r_e, \frac{1}{P}\frac{dp}{dt}, w, Y, u\right)$$

我们将上式左右两边同时除以 P,可得实质货币需求函数,即

$$\frac{M_d}{P} = f\left(r_m, r_b, r_e, \frac{1}{P}\frac{dp}{dt}, w, \frac{Y}{P}, u\right)$$

式中,Y 表示以货币表示的恒久收入,即一个较长时期的平均收入;w 表示非人力财富在总财富中所占的比例;r_m 表示货币的预期收益率;r_b 表示债券的预期收益率;r_e 表示股票的预期收益率;$\frac{1}{P}\frac{dp}{dt}$ 表示物价水平的预期变动率,即价格水平的预期变化率;u 表示其他影响实际货币需求函数的各种各样因素;M_d 表示名义货币需求量;$\frac{Y}{P}$ 表示实质收入;$\frac{M_d}{P}$ 表示实际货币需求量。

弗里德曼认为,恒久收入是决定货币需求的主要因素,货币需求对利率的变动不敏感。弗里德曼强调货币需求函数的稳定性。在公式中,个体恒久收入的上升将导致资产需求的上升,恒久收入和实际货币需求正相关。r_b、r_e 这两个变量与实际货币需求负相关。$\frac{1}{P}\frac{dp}{dt}$ 代表了持有商品所能获得的预期超额回报率,$\frac{1}{P}\frac{dp}{dt}$ 上升,个体将更多地选择持有商品而不是货币,因此,该变量同实际货币需求负相关。

六、凯恩斯货币需求理论和弗里德曼货币需求理论的比较

凯恩斯在分析货币需求函数时从货币需求的动机和目的出发,而弗里德曼的货币需求理论在推导货币需求函数时,主要将货币视为同债券等物质资产一样的财富的可替代形式。

弗里德曼认为,货币需求的利率弹性很低,而收入弹性大,货币需求是稳定的。凯恩斯认为,货币需求仅仅是收入和利率的函数。弗里德曼认为,影响货币需求的因素很多,因此他引入了更多的变量,例如收入、利率、通货膨胀率、个人偏好,等等;货币需求不仅是收入、利率的函数,还是所有资产预期收益率的函数。而且弗里德曼认为,金融市场有多种资产选择,并不仅仅是货币和债券。

弗里德曼认为,影响货币供给和货币需求的因素相互独立;货币流通速度是一个稳定的函数。弗里德曼认为,就长期而言,货币需求是稳定的,因为恒久性收入和持有货币的机会成本都相对稳定。而凯恩斯认为利率和收入的变化,都会很明显地引起货币需求的变化。凯恩斯货币理论认为,投机性货币需求是货币需求的重要组成部分,利率与货币需求呈负相关。在某一利率水平,市场参与者宁可持有货币而不愿持有债券,即通常所说的流动性陷阱。此时政府无法采取扩张性的货币政策,货币需求的不稳定带来经济中的总需求、价格和产出的不确定,引起投资者预期变化的货币政策具有较大的风险。因此,凯恩斯更加支持将财政政策作为稳定经济的手段。

第三节 我国货币需求分析

我国对货币需求问题的研究是建立在马克思货币需求理论的基础上的。我国的货币需求理论的研究大致可以分为两个阶段,即计划经济阶段的货币流通必要量理论和建立社会主义市场经济阶段的货币需求理论。

一、计划经济阶段的货币需求

货币需求的宏观分析,是货币当局决策者为实现一定时期的经济发展目标,确定合理的货币供给增长率,从总体上考察货币需求的方法。在我国计划经济阶段,货币需求基本上是货币供给的一个被动的结果,或者,货币需求外生于货币供给。一方面,由内在机制决定货币需求的基础——货币职能被窒息;另一方面,经济关系、经济变量被扭曲,如收入分配、价格、利率等。更为严格地讲,在计划经济体制下,家庭、企业很少(或没有)形成经济剩余,也不是进行独立决策的经济单位,企业的经营性货币需求受到计划严格管制的财政拨款和银行贷款的影响。企业的投资性货币需求不是由企业的收益率决定的,而是由国家的投资率决定的。因而只能附属于政府或国家,银行则成为国家的出纳机构,金融交易活动基本上被禁止。从而,计划经济体制下不存在典型的进行资产组合选择的货币需求主体。这一切在市场运行过程中必然被重新安排。

二、市场经济阶段的货币需求

如果把我国现阶段的货币需求视作个人、企业等经济主体的货币需求之和,那么,影响我国现阶段货币需求的主要因素有以下几点。

1. 收入

各微观经济主体的收入最初都是以货币形式获得的,其支出也都要以货币形式支付。因此,对货币需求起决定作用的是个人、企业的收入水平,而且收入与货币需求呈同方向变动关系。

2. 价格水平

当价格上涨严重时,人们会减少交易和储备货币的需求,代之以商品的囤积和消费。同样,如果企业预期原材料价格上涨,就会增加原材料的储备,用于交易货币数量就会减少。而价格和货币需求,尤其是交易性货币需求之间,是同方向变动的关系。

3. 利率

由于目前我国个人消费不高、金融市场不是很健全,即使利率提高,人们也很难大幅压缩货币的交易需求而扩大投资需求。利率对企业的交易、储备、投资性的需求的影响较大。如果利率较高,企业就会增加融资成本和生产成本。此时,企业就会压缩存货的投资,而相对的持有更多的货币,增加储备动机的货币需求。当利率过高甚至超过企业预期投资收益率时,整个社会的投资欲望很低,存款余额就会大幅度上升。利率变动与货币需求量之间的关系是反方向的。一般来说,利率越高,各微观经济主体的货币需求将减少;利率越低,货币需求将增加。

4. 货币流通速度

货币流通速度与货币总需求是反向变动的关系,一般在其他条件不变的情况下,二者之间的变化存在相对固定的比例关系。

5. 金融资产收益率

金融资产收益率主要影响个人的储备需求和投资需求及企业的投资需求。当金融资产收益率高时,用于储备的货币转化为证券的可能性大,储备需求降低。例如,当银行存款利率大幅度下调时,人们更多地选择以股票、债券或保险单等有价证券的形式保有资产;而当股票收益率下降时,人们则更倾向于选择银行存款或持币。

6. 其他因素

其他因素有:①信用的发展状况,在一个信用比较发达、信用制度比较健全的社会,经济主体所必需的货币量相对要少一些;②金融机构技术手段的先进程度和服务质量的优劣,先进的金融技术手段和高质量的金融服务往往能提高货币流通速度,减少现实的货币需求;③国家的政治形势。此外,一国的生活习惯、文化传统等也对货币需求有一定的影响。

复习思考题

1. 论述货币需求的含义。
2. 如何理解名义货币需求和实际货币需求？
3. 试述凯恩斯货币需求理论的一般内容及评价。
4. 比较凯恩斯货币需求理论和弗里德曼货币需求理论。
5. 结合我国现阶段经济发展情况，分析影响我国货币需求的宏观因素。

第十章 货币供给

 教学目的与要求

熟悉货币供给的各种口径,掌握划分货币供给层次的依据及意义,掌握市场经济条件下对货币供给的间接调控机制,了解财政收支与货币供给的关系,熟悉外生变量与内生变量的概念,了解货币当局与货币供给变量之间的关系。

第一节 货币供给的口径

一、现金供给与货币供给

在我国,由于历史原因,许多人一直将现金发行视同货币供给,其实现金发行只是货币供给的一部分。1994年,官方才正式使用货币供给概念。由于货币供给中的现金与其余部分的变动并不一致,如果把现金看成货币供给,就会做出错误判断。

二、中国货币层次的划分

目前,中国人民银行将货币供应量划分为三个层次:①流通中的现金,即在社会上流通的现金,用符号 M_0 表示;②狭义货币供应量,即 M_0＋企事业单位活期存款,用符号 M_1 表示;③广义货币供应量,即 M_1＋企事业单位定期存款＋居民储蓄存款＋证券公司客户保证金＋其他定期存款,用符号 M_2 表示。

在这三个层次的货币供应量中,M_0 是最活跃的货币,流动性最强;M_1 反映经济中的现实购买力,流动性仅次于 M_0;M_2 不仅反映社会现实的购买力,还反映潜在购买力,能较好地体现社会总需求的变化。

三、国际货币基金组织货币层次的划分

由于各国公布的货币供给量统计口径各不相同,不利于比较和分析国际经济和金融发展态势,国际货币基金组织制定和公布了自己的货币层次统计口径。按照国际货币基金组织编发的《国际金融统计》中所采用的标准定义,货币供给量是指除银行和政府部门外全社会所保有的通货及存款货币。银行是创造货币信用的机构,所以银行本身持有的通货及相互间的同业存款不计算在货币供给量之中。国际货币基金组织将货币划分为"货币"和"准货币"两类。

货币＝通货＋私人部门的活期存款

准货币＝定期存款＋储蓄存款＋外币存款

四、货币供给口径划分的依据

现金、存款和各种有价证券均属于货币范畴,但它们的流动性是不相同的。现金和活期存款是直接的购买手段和支付手段,随时可以形成现实的购买力。而定期存款到期方能支付,如要提前支付,则要蒙受一定的损失,因而流动性较差。票据、债券、股票等有价证券,必须在金融市场上出售之后,才能转化为现实购买力。

上述各种货币转化为现实购买力的能力不同,从而对商品流通和经济活动的影响也有别。因此,有必要把这些货币形式进行科学的分类,以便中央银行分层次分别对待,从而提高宏观调控的有效性。

各国中央银行在确定货币供给的统计口径时,都以流动性作为划分货币层次的标准。流动性程度不同的货币在流通中转手的次数不同,所形成的购买力也不同,从而对商品交换和商品流通活动的影响程度不同。流动性强的货币如现金、活期存款可以直接进入市场,引起市场供求关系变化;流动性较差的货币,如定期存款,虽然也能形成购买力,但是必须转成活期存款,或者提前支取现金才能购买商品。这类流动性较差的货币对市场的影响,就不如现金或活期存款来得那么直接和迅速。

从 20 世纪 70 年代开始,货币供给量逐渐取代利率而成为一些国家货币政策的中介目标,对货币供给内容的约定则是执行货币供给量政策的前提。货币当局要明确到底控制哪一层次货币及这一层次货币与其他层次的界限。如果没有明确划分货币层次,那么货币政策就成为空谈。按流动性对货币层次的科学划分,有助于中央银行分析经济的动态变化。因为经济活动的任何变化都最先反映在市场供求和物价变化上,而市场供求和物价变化又都集中表现在货币流通状况的变化上。具体来说,每一层次的货币量,都有特定范围的经济活动和商品流通与之对应。通过对货币层次的划分和观察,可以掌握生产、交换、分配、消费与再生产各个环节的变化,摸清不同层次的经济活动的脉搏,预测它们的发展趋势。对货币层次的科学划分,不仅能够为中央银行的宏观金融决策提供一个清晰的货币流通结构图,而且有助于中央银行分别了解不同货币领域的问题,采取不同的措施加以控制。根据不同流动性划分货币层次,中央银行就可以掌握货币政策怎样在不同流动性的货币层次中传递,将主要对哪一层次的货币量发生影响,又将以怎样的方式和程度影响经济。通过货币层次之间的数量变化,中央银行还可以分析市场动向和经济变化趋势,正确估计前期货币政策的效果,做出今后货币政策的决策。总之,只有在对货币层次进行科学划分的基础上,才能真正把握经济增长、物价、投资、国际收支等整个经济状况。

第二节　商业银行与货币供给

一、商业银行存款货币创造的前提条件

存款货币是以银行存款为表现形式的货币,银行存款按其来源性质的不同可以分为原始存款和派生存款。所谓原始存款,是指银行的客户以现金形式存入银行的直接存款。原始存款来源于中央银行通过购买证券、外汇和黄金,以及贴现贷款等渠道投放的基础货币;派生存款则是商业银行在中央银行投放的基础货币的基础上,通过发放贷款和办理贴现等业务活动引申而来的存款。

商业银行对客户的存款,除留下部分准备应付提现外,其余大部分都要通过贷款等资产业务运用出去。而借款人一般都在银行开立了活期存款账户,在非现金结算制度下,人们大多数采用转账方式进行资金收付。因此,银行贷方的资金又会转入银行账户。这种由银行贷款所引起的活期存款的增加,称为存款货币的扩张。相反的情况是,如果客户从银行提取现金,就会减少银行的放款,导致存款货币的减少,称为存款货币的收缩。商业银行存款货币的扩张和收缩须具备以下两个前提条件。

(一) 部分准备制

所谓部分准备制,是指银行对所吸收的存款,不保留百分之百的现金准备,而只保留其中一定百分比以应付客户提现,其余部分则通过贷款等资产业务运用出去的准备制度。部分准备制是相对于十足准备制而言的。在十足准备制下,银行必须保持百分之百的现金准备,这就排斥了商业银行用所吸收的存款去发放贷款的可能性。只有在部分准备制下,商业银行才有创造存款货币的能力。因此,部分准备制是商业银行创造或削减存款货币的首要条件。

商业银行在吸收存款后,提取一定量准备金的制度最初始于18世纪的英国,以法律形式规定金融机构向中央银行交存存款的准备金制度则始于美国。建立法定存款准备金制度的初衷,在于保障客户存款的安全,避免商业银行出现流动性危机。存款准备金制度作为一般性货币政策工具,是在中央银行体制下建立起来的,而其作为货币政策工具真正受到重视则是在20世纪50—80年代。在这期间,人们越来越深刻地认识到货币供给量与存款准备金率之间的密切关系,因此控制货币供给量也就成了实行存款准备金制度的主要目的。

在存款准备金制度下,商业银行在吸收存款后,要按照法律的规定提取一定比例的准备金缴存中央银行,这部分准备金称为法定准备金。通常情况下,商业银行的准备金保有量会大于法定准备金,超过的部分称为超额准备金。商业银行的准备金一般以库存现金和在中央银行存款的形式持有。但由于准备金制度的最初目的就是要求存款机构保持一定比率的流动性较强的资产,以供随时动用来满足提兑、清算等业务需要,保证存款机构具有足够的清偿能力,因此,从理论上来说,在宏观

金融调控允许的范围之内,凡是能够满足这些流动性要求的资产,都可以作为存款机构的准备金来源。

(二)部分非现金结算制

非现金结算又称为转账结算,是指货币结算的双方,通过银行把款项从付款人账户划转到收款人账户而完成的货币收付行为。非现金结算是相对于现金结算而言的。现金结算是指直接的现金收付,银行每笔贷款都必须付现,企业债权债务的结算在银行体系外通过现金收付进行,这就会导致银行创造存款货币变得不可能。部分非现金结算导致了如下特点的经济行为。

(1)客户把现金存入银行之后,并不一定再把现金全数提出。从银行取得贷款的客户也通常并不要求银行给付现金,而是要求把贷给的款项计入自己的存款账户。当他们的存款账户上存有款项时,既可于必要时提取现金,又可开出转账支票履行支付业务。

(2)取得支票者,可能提取现金,也可能不提取现金,而是委托自己开有存款账户的往来银行代收,收到的款项计入存款账户。

(3)各个银行由于自己的客户开出支票,应该付出款项;同时由于自己客户交来支票委托收款,又应该收入款项。应收款、应付款的金额很大,但两者之间的差额却通常较小。经济相互联系越紧密,相互的支付义务就越多,应收、应付之间的差额就越小,至多只是这个差额才需要以现金结清。

(4)各个银行对现金的需要归结为两类:一类是客户从存款中提取先用于发放工资、小额零星支付等必须使用现金的用途;另一类是结清支票结算中应收、应付的差额。在长期的经营活动中,银行认识到现金的需要与存款之间有一定的比例关系,即只要按存款的一定百分比保持现金库存即可应付上述的现金需要。这个百分比就成为银行用以调控自己业务规模的依据。

二、商业银行创造存款货币的过程

商业银行的活期存款是现代信用货币经济中最主要的货币形式。存款货币的创造过程在很大程度上反映了现代经济中货币供给量的决定过程。在实行部分准备制的条件下,商业银行体系可通过其放款和投资等活动创造出数倍于原始存款的派生存款。在这里,存款总额(即原始存款与派生存款之和)与原始存款的倍数,就是通常所说的存款乘数。对这种存款乘数的分析是现代货币供给理论的起点,存款乘数模型也因此成为各种货币供给乘数模型的基础。

存款货币多倍扩张的过程,实际上就是商业银行通过贷款、贴现和投资等行为,引起成倍的派生存款的过程。就整个银行体系而言,一家银行发放贷款,将使另一家银行获得存款,而另一家银行也因此可以发放贷款,从而使第三家银行也获得存款。这些因其他银行发放贷款而引起的存款,就是派生存款。于是,通过整个银行体系的连锁反应,一笔原始存款(或因其他途径获得的剩余准备金)将创造出成倍的派生存款。

例如,甲银行接受了其客户存入的 10 000 元现金(原始存款)。在甲银行原来持有的准备金正好满足中央银行规定的法定存款准备金率的条件下,根据以上假设,如果存款准备金率为 20%,则该银行应提取准备金 2 000 元,并将剩余准备金 8 000 元全部用于发放贷款。这样,甲银行的资产负债表如表 10-1 所示。

表 10-1　甲银行的资产负债表

资产		负债	
准备金	+2 000	存款	+10 000
贷款	+8 000		
总额	+10 000	总额	+10 000

当甲银行贷出 8 000 元后,取得贷款的客户又将这笔款项全部存入其开户的另一家银行——乙银行。乙银行既然已经取得了存款,并且在不留超额准备金的假设下,它也必将根据中央银行规定的法定存款准备金比率,提取准备金 1 600 元,然后,将剩下的 6 400 元用于贷放。于是,乙银行的资产负债表如表 10-2 所示。

表 10-2　乙银行的资产负债表

资产		负债	
准备金	+1 600	存款	+8 000
贷款	+6 400		
总额	+8 000	总额	+8 000

同理,乙银行提供的 6 400 元贷款,又被借款人存入其他银行(如丙银行),从而使丙银行也取得存款 6 400 元。丙银行也同样按照中央银行规定的法定存款准备金率——20%,提取准备金 1280 元,并将余下的 5 120 元用于贷放。这样,丙银行的资产负债表如表 10-3 所示。

表 10-3　丙银行的资产负债表

资产		负债	
准备金	+1 280	存款	+6 400
贷款	+5 120		
总额	+6 400	总额	+6 400

至此,银行存款已由 10 000 元增加到 24 400 元。其中,甲银行的 10 000 元存款是原始存款,而乙银行的 8 000 元存款和丙银行的 6 400 元存款都是派生存款。并且乙银行的 8 000 元存款是由甲银行的贷款所引起的,而丙银行的 6 400 元存款是由乙银行的贷款所引起的。存款货币的多倍扩张正是通过一家银行的贷款引起另一家银行获得存款而实现的。问题是,我们的分析尚未完成,因为存款货币的扩张还将继续进行。从理论上来说,这种扩张将一直进行到全部原始存款都已成为整个银行体系的存款准备金,从而任何一家银行都已没有任何剩余准备金可用于贷款为止。

如以 D 表示存款总额，A 表示原始存款，r 表示中央银行所规定的法定存款准备金率，则存款货币的多倍扩张可用下式来表示

$$D = \frac{A}{r}$$

此即存款乘数模型。

在上述例子中，$A=10\,000$ 元，$r=20\%$，所以

$$D = \frac{A}{r} = \frac{10\,000 \text{ 元}}{20\%} = 50\,000 \text{ 元}$$

可见，存款总额由 10 000 元扩张到 50 000 元，其中，10 000 元是原始存款，40 000 元是派生存款。这就说明，这种多倍扩张将使存款总额增加到原始存款的 5 倍，这一倍数就是我们通常所说的存款乘数，即 $\frac{1}{r}$。

三、商业银行创造存款货币时的其他制约因素

影响商业银行派生存款创造量的因素很多，除法定存款准备金率外，还有现金漏损率、超额准备金率、非活期存款与活期存款的比例等。

1. 现金漏损率对派生存款产生的影响

现金漏损指商业银行吸收存款后有一部分被提取现金，银行就不能用这部分资金贷款了，因此不能产生派生存款。

设现金漏损率为 h（现金流出占原始存款的比例），同时考虑法定准备金率的影响，则存款乘数模型修正为

$$D = \frac{A}{r+h}$$

以 1 000 元原始存款为例，假定现金漏损率为原始存款的 10%，加上 20% 的法定存款准备金率，则创造的存款总额为 3 333.3 元，派生存款为 2 333.3 元。

2. 超额准备金率对派生存款的影响

超额准备金是商业银行除法定存款准备之外没有贷放而存在中央银行的一部分存款，这部分存款占原始存款的比率为超额准备金率。

设超额准备金率为 r_e，同时考虑法定存款准备金率和现金漏损率，则存款乘数模型修正为

$$D = \frac{A}{r+h+r_e}$$

以 1 000 元原始存款为例，假定超额准备金率为 10%，现金漏损率为原始存款的 10%，加上 20% 的法定存款准备金率，则创造的存款总额为 2 500 元，派生存款为 1 500 元。

3. 非活期存款与活期存款的比例对派生存款的影响

通常，非活期存款的准备金率要比活期存款的低，因而非活期存款占存款总额的比例越高，商业银行能用于发放贷款的资金就越多，创造的派生存款就越多；反之

亦然。

分析非活期存款对存款乘数的影响。设用 r_t 表示非活期存款法定准备金率，t' 表示非活期存款占活期存款的比例，则经过修正后的存款乘数模型为

$$D = \frac{A}{r + h + r_e + r_t t'}$$

第三节　中央银行与货币供应

在货币供给过程中，中央银行扮演着重要的角色，它直接控制基础货币的规模。

一、基础货币及其构成

基础货币也称为货币基数，因其具有货币供应总量成倍放大或收缩的能力，所以又被称为高能货币。根据国际货币基金组织《货币与金融统计手册》（2000年版）的定义，基础货币包括中央银行为广义货币和信贷扩张提供支持的各种负债，主要指银行持有的货币（库存现金）和银行外的货币（流通中的现金）及银行与非银行金融机构在货币当局的存款。在货币经济分析中，一般将基础货币定义为流通中的现金与银行准备金（包括银行持有的库存现金及其在中央银行的存款）的总和，即

基础货币（B）＝ 银行准备金（R）＋ 流通中的现金（C）

二、基础货币与原始存款的关系

原始存款来源于中央银行投放的基础货币。中央银行通过收购证券、外汇和黄金，以及发放贴现贷款等渠道投放的基础货币，最终表现为银行准备金和流通中的现金两种形式。如果中央银行投放的基础货币为银行准备金，商业银行又将其放贷给工商企业，工商企业用这笔贷款向其他工商企业购买商品和劳务，其他工商企业将出售商品和劳务所得存入其他商业银行，商业银行因此而获得原始存款；如果中央银行投放的基础货币为流通中的现金，其持有者将现金存入商业银行，商业银行同样也获得了原始存款。下面以中央银行收购证券为例，说明原始存款的形成机制。

假定中央银行向工商银行购买100万元证券，工商银行出售证券后，所持证券减少100万元，准备金则增加了100万元。

工商银行

资产	负债
证券：－100万元	
准备金：＋100万元	

由于工商银行活期存款没有增加，法定准备金不变，这笔增加的100万元准备金是超额准备金。假定工商银行将这笔超额准备金贷出，转入借款人在工商银行开立的活期存款账户。这样操作的结果使工商银行资产负债表做以下调整：

工商银行

资产	负债
证券：-100万元	
准备金：+100万元	活期存款：+100万元
贷款：+100万元	

借款人不会让这笔存款闲置在工商银行的账户上，而是用它来购买其他工商企业的商品和劳务。当借款人用这笔资金支付购买款项后，工商银行账户上借款人的活期存款将不复存在。与此同时，工商银行因出售证券取得的超额准备金也随之消失。假定商品和劳务出售者开户行为建设银行，这样操作的结果使工商银行和建设银行的资产负债表做以下调整：

工商银行

资产	负债
证券：-100万元	
贷款：+100万元	

建设银行

资产	负债
准备金：+100万元	活期存款：+100万元

上述操作的结果是，中央银行投放了100万元的基础货币，商业银行体系内增加了100万元的原始存款。

三、基础货币的投放渠道

中央银行投放基础货币是中央银行的资产业务，具体渠道包括购买证券、购买外汇和黄金、发放贴现贷款及财政放款等。

（一）购买证券与基础货币投放

1. 向商业银行购买证券

假定中央银行向商业银行买入100万元证券，则中央银行所持有的证券增加100万元，商业银行所持有的证券减少100万元。如果商业银行将出售证券所得存入中央银行，则准备金存款增加100万元；如果将出售证券所得兑现，则库存现金增加100万元。无论采取哪种行为，都意味着商业银行准备金增加了100万元。由此导致商业银行和中央银行的资产负债表做以下调整：

商业银行

资产	负债
证券：-100万元	
准备金存款或库存现金：+100万元	

中央银行

资产	负债
证券：+100 万元	银行准备：+100 万元

购买的结果是,银行准备金增加 100 万元,由于流通中的现金没有变化,所以基础货币增加了 100 万元。

2. 向非银行公众购买证券

假定中央银行向非银行公众买入 100 万元证券,则中央银行所持有的证券增加 100 万元,非银行公众所持有的证券减少 100 万元。如果非银行公众将出售证券所得以活期存款方式存入商业银行,则活期存款增加 100 万元,由此导致非银行公众、商业银行和中央银行的资产负债表做以下调整：

非银行公众

资产	负债
证券：-100 万元	
活期存款：+100 万元	

商业银行

资产	负债
银行准备：+100 万元	活期存款：+100 万元

中央银行

资产	负债
证券：+100 万元	银行准备：+100 万元

如果非银行公众将出售证券所得兑现,则流通中的现金增加 100 万元,由此导致非银行公众和中央银行的资产负债表做以下调整：

非银行公众

资产	负债
证券：-100 万元	
流动中的现金：+100 万元	

中央银行

资产	负债
证券：+100 万元	流通中的现金：+100 万元

由此可见,非银行公众向中央银行出售 100 万元证券,同样会使基础货币增加 100 万元。如果非银行公众将出售证券所得存入商业银行,则基础货币的增加表现为银行准备金的增加;如果非银行公众将出售证券所得兑现,则基础货币的增加表现为流通中的现金的增加。

假定中央银行对商业银行或非银行公众卖出100万元证券,则中央银行所持有的证券减少100万元,商业银行或非银行公众所持有的证券增加100万元。与此相对应,银行准备金减少100万元或流通中的现金减少100万元,总之,其结果都会导致基础货币减少100万元。

(二)购买外汇、黄金与基础货币投放

中央银行外汇买卖业务、黄金买卖业务的基础货币投放机制与证券买卖业务的相类似,当一国黄金增加时,不管这些黄金是本国开采所得,还是从外国流入,中央银行收购黄金,出售黄金的人都将获得等值的款项,从而一方面中央银行的黄金储备增加,另一方面也增加了基础货币。在外汇市场上,中央银行用本币购买外汇,将产生基础货币增加的结果。

(三)发放贴现贷款与基础货币投放

假定中央银行向商业银行发放100万元贴现贷款,则中央银行资产增加100万元,商业银行负债增加100万元。如果商业银行将贴现贷款存入中央银行,则准备金存款增加100万元;如果将贴现贷款兑现,则库存现金增加100万元。无论采取哪种行为,都导致商业银行准备金增加了100万元。

这一发放贴现贷款业务活动的结果是,银行准备金增加100万元,由于流通中的现金没有变化,所以基础货币增加了100万元。

假定中央银行向商业银行收回100万元贴现贷款,则中央银行资产减少100万元,商业银行负债减少100万元。

这一收回贴现贷款业务活动的结果是,银行准备金减少100万元,由于流通中的现金没有变化,所以基础货币减少了100万元。

(四)财政放款与基础货币投放

政府的正常收入主要来自税收,当政府的正常收入不足以满足其支出时,则须向中央银行或其他部门(包括一般银行、个人、企业等)借款。政府如果向中央银行借款,则可使基础货币增加,从而使货币供给增加,而且货币供给还会按数倍增加,因为商业银行获得了新增准备金。

四、货币乘数与货币供给公式

理解商业银行体系派生存款的创造过程至关重要,因为它构成了整个货币供给扩张的本质内核。如果没有商业银行体系存款货币的多倍扩张过程,中央银行投放的基础货币将不会增加。但是,商业银行创造的存款货币只是整个社会货币量的一部分,要想考察整个货币供给量,必须求出另一个变量,即货币乘数。

图10-1说明了基础货币B与货币供应量M_s之间的关系。上层为基础货币,下层为货币供给量,两变量之间的联系便是货币乘数。所谓货币乘数,是指反映中央银行的基础货币同整个货币供给量之间的关系的一个系数,即通常所说的货币扩张或收缩倍数,它表示单位基础货币的变动将引起的货币供给量的相应变动幅度。如

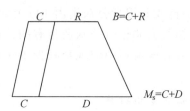

图 10-1　基础货币 B 与货币供应量 M_s 之间的关系

果以 M_s 表示货币供应量,以 B 表示基础货币,以 m 表示货币乘数,则有 $m=\dfrac{M_s}{B}$,可以推出货币供应量的理论公式:$M_s=mB$。货币乘数的作用,主要体现在中央银行投放的基础货币扩张为货币供应量的过程中,因此,货币乘数是货币供应机制中的一个至关重要的因素。

基础货币中的流通现金与货币供应量中的流通现金相等,银行准备金 R 由两个部分组成:一是法定存款准备金;二是超额准备金。$R=(r_d+r_e)D$,其中 r_d 和 r_e 分别为法定准备金率和超额准备金率。因此,货币乘数只是对基础货币中的 R 产生乘数作用。

如果此时货币供给是指 M_1,即现金和全社会活期存款,那么货币乘数可以由以下公式计算

$$m_1=\frac{M_1}{B}=\frac{C+D}{C+R}=\frac{C/D+D/D}{C/D+R/D}=\frac{h+1}{h+r_d+r_e}$$

【例 1】　设一国的法定准备金率为 12%,现金漏损率为 8%,超额准备金率为 11%。该国的流通中的现金为 3 000 亿元。那么,该国的 M_1 多大?货币乘数是多少?

由于流通中的现金为 3 000 亿元,而现金漏损率为 8%,则活期存款总额为 3 000 亿元/8%=37 500 亿元,因此,$M_1=C+D=(3\ 000+37\ 500)$亿元=40 500 亿元。

基础货币 $B=C+R=3\ 000$ 亿元+12%×37 500 亿元+11%×37 500 亿元=11 625 亿元

M_1 的货币乘数为　　$m_1=\dfrac{M_1}{B}=\dfrac{40\ 500\ \text{亿元}}{11\ 625\ \text{亿元}}=3.48$

或者　　$m_1=\dfrac{M_1}{B}=\dfrac{h+1}{h+r_d+r_e}=\dfrac{8\%+1}{8\%+12\%+11\%}=3.48$

当基础货币还是 $B=C+R$,而货币供给是 M_2,且 $M_2=C+D_d+D_t$,这里 D_d、D_t 分别为活期存款和非活期存款。此时,货币乘数可以按下式计算

$$m_2=\frac{M_2}{B}=\frac{C+D_d+D_t}{C+R}=\frac{C+D_d+tD_d}{C+(r_d+r_e)(D_d+D_t)}$$
$$=\frac{C/D_d+D_d/D_d+tD_d/D_d}{C/D_d+(r_d+r_e)(D_d+tD_d)/D_d}=\frac{h+1+t}{h+(r_d+r_e)(1+t)}$$

【例 2】 一国法定的活期与非活期存款的平均准备金率为 12%,平均的超额准备金率为 6%,现金漏损占活期存款的 10%,非活期存款占活期存款的 30%,则该国的货币 M_2 的货币乘数是多少?

$$m_2 = \frac{h+1+t}{h+(r_d+r_e)(1+t)} = \frac{10\%+1+30\%}{10\%+(12\%+6\%)(1+30\%)} = 4.19$$

当已知活期存款法定准备金率为 r_d,活期存款超额准备金率为 r_e,非活期存款的法定准备金率为 r_t,现金漏损率为 h,以及非活期存款与活期存款的比率为 t 时,则 M_2 的货币乘数为

$$m_2 = \frac{M_2}{B} = \frac{C+D_d+D_t}{C+R} = \frac{C+D_d+tD_d}{C+(r_d+r_e)D_d+r_tD_t}$$
$$= \frac{C/D_d+D_d/D_d+tD_d/D_d}{C/D_d+(r_d+r_e)D_d/D_d+r_tD_t/D_d} = \frac{h+1+t}{h+r_d+r_e+r_tt}$$

第四节 其他经济主体与货币供给

一、社会公众与货币供给

经商业银行贷款形成的广义货币总量如何在现金、活期存款和非活期存款三者间分配,其实就是流通中的现金与活期存款的比率(h)和非活期存款与活期存款的比率(t)的决定问题。对于居民和企业来说,此三者都是他们的资产。因此,对货币供给产生影响的 h 和 t,是在公众与企业的资产选择行为决策中形成的。根据资产选择理论,决定居民与企业对某一资产选择的因素有两大类:一是资产或者财富的总规模,当总财富增加后,"资产篮子"里的每一类资产都将会增加,但增加的速度往往并不相同;二是这一资产相对于其他可替代性资产的收益率、风险状况与流动性所发生的变动。用这样的思路,可对居民持币行为如何影响 h 和 t 进行分析,进而达到分析居民、企业行为对货币供给影响的目的。

(一)流通中的现金与活期存款的比率(h)

流通中的现金与活期存款的比率与货币乘数有关,直接取决于公众的意愿,同时间接地受到多种经济条件的影响。

1. 财富效应

当人们的收入或者财富大量增加时,通常他们持有的存款和现金量也会随之增加,但与存款比较,现金的增速会递减,反之亦然。这必然导致 h 随财富增加而出现下降的现象。

2. 预期报酬率变动的效应

主要有两个因素影响预期报酬率。

(1)活期存款利息率。持有现金的预期报酬率为零,而持有活期存款则不仅可

以获得少量利息,还可以享受银行提供的相关服务。显然,活期存款利率提高或银行对活期存款提供的服务增加,都会使 h 下降。

(2)其他资产的预期报酬率。当其他资产的预期报酬率上升时,人们对现金和活期存款的需求都将减少,但是对两者需求的减少比例是不同的。通常,活期存款对其他资产预期报酬率的变化可能较为敏感,即当其他资产预期报酬率上升时,活期存款减少的比例较大,因此 t 将上升,h 下降。

3. 银行恐慌效应

当商业银行出现系统性的不稳定征兆时,存款相对于现金的流动性和风险程度陡然提高,公众提取存款数量会急剧增加,h 因而大幅增加。

流通中的现金与活期存款的比率的提高,会使货币乘数变小,当基础货币不变时,会降低货币供给能力。反之,该比率降低则会放大货币乘数,从而使等量基础货币能够支持更多倍数的货币供给。

(二)定期存款与活期存款的比率(t)

定期存款与活期存款的比率(t)直接取决于公众的资产选择,间接受收入或财富、利率水平和结构、市场风险等因素的影响。一般来说,定期存款的需求有较大的收入或财富弹性,故当收入增加时,t 趋于上升;当收入降低时,t 趋于下降。定期存款相对活期存款而言,利息收益较高但流动性较低,因此,利率结构与市场动态的变化必然会影响 t,即该比率会随着定期存款利率的上升而上升,随着活期存款利率的上升而下降。

定期存款与活期存款的比率与货币乘数呈正相关关系,进而也正向地影响货币供给量。

二、企业与货币供给

企业与货币供给有关的行为主要存在于两个方面:金融投资与实物投资。金融投资并不增加整个社会的资本总量,只是变动各种金融资产的比例。不过企业在这种投资活动中也面临资产选择。其所遵循的原则或规律与居民行为类似。企业的实物投资与金融投资不一样,它将改变整个社会的资本总量。企业在实物投资中,往往会产生对货币资金的大量需求,从而为货币供给创造了基础。企业行为会在以下两个方面对货币资金产生需求效应。

(一)企业经营的扩大或收缩

负债经营是现代企业的特点。企业谋求扩大经营,必然要补充资金的投入,这就需要追加贷款,贷款的扩大又会导致货币供给的增加。因此,企业经营扩大产生的贷款需求是货币供给扩张的基本原因之一。反之,企业经营收缩则会产生与上述相反的影响。

(二)企业经营状况

企业经营状况不好,在资金运用上会表现为资金周转率低下、资金占有时间超长等,从而会扩大对资金的占用额。如果企业此时缩小经营,甚至进行资产清理行为,就会大大缩小对贷款的需求,原有的贷款也会减少,从而降低货币供给压力;如果企业继续维持下去,出于某些原因亏损经营,就必须不断地得到贷款支持,其结果是货币供给不得不被动增加。

三、存款货币银行与货币供给

商业银行和金融机构的行为直接影响超额准备金数量或超额准备金与活期存款的比例。从存款乘数和货币乘数的变化可以看出,银行在持有超额准备金的情况下,所创造的派生存款和货币供应量均小于银行不持有超额准备金的情况。商业银行和金融机构都是以营利为目的的金融企业,那么它们持有超额准备金是否会影响其利润的获得呢?事实正好相反,银行和金融机构持有超额准备金,正是为了满足利润最大化的原则。银行保留超额准备金的目的是防止在突然出现准备金短缺时,必须向中央银行借款而造成的亏损。

银行和金融机构对超额准备金的需求取决于机会成本,即市场利息率减去中央银行贴现率后的差额,其公式为

$$银行持有超额准备金的机会成本＝市场利息率－中央银行贴现率$$

机会成本是经济学的重要概念。它是指人们在进行两种事情的选择时,为了从事某种事情所必须放弃的另一种事情所带来的利益。如果银行持有超额准备金,就必须放弃用这部分货币进行放款或购买债券等金融资产可获得的收益,用以衡量这部分收益的指标是市场利息率,但这部分收益又必须扣除当准备金突然不足时向中央银行贷款必须付出的代价(即中央银行贴现率)。因此,二者之差额便是银行持有超额准备金的机会成本。

银行持有超额准备金的机会成本又可以这样来理解,银行决定其是否保留或保留多少超额准备金时,必须认真做如下考虑:如用这笔多余的资金购买债券或其他金融资产所获得的收益,是否能够弥补当准备金短缺时,向中央银行借款所造成的亏损。因此,银行持有超额准备金的数量与市场利息率成反比,与中央银行的贴现率成正比。

商业银行和金融机构是否保留较多的超额准备金,还取决于经济运行状况。如在金融危机时,银行为了应付客户的挤兑,往往保留较多的超额准备金。又如,在经济萧条时期,工商企业的利润率低,前景暗淡,这时银行一般不愿多发放贷款,而宁愿保留较多的超额准备金。

商业银行和金融机构持有超额准备金的多少,将直接影响货币乘数和货币供应量。

四、财政与货币供给

当财政出现赤字时,政府就要予以弥补。政府弥补财政赤字的方式主要有三种:增加税收、发行债券和向中央银行借款。这些措施最终都将对货币供给产生

影响。

(一)增加税收

增加税收属于紧缩性措施。这是因为增税会降低新投资的积极性,降低对贷款的需求,从而可能成为抑制货币供给增长的因素。如果增加税收所收入的货币不再投出,那将直接压缩货币供给量。

(二)发行政府债券

发行政府债券对货币供给的影响因认购主体的不同而有所不同。首先,如果由公众购买,不会增加货币供给量,但可能引起 M_1 和 M_2 之间的增减变化。具体分析时需要区别两种情况:一种情况是公众用现金和活期存款购买债券,意味着 M_1 相应缩减。财政用通过发行债券获得的收入再支出,通常会形成 M_1 的供应,此时 M_1 是不变的。另一种情况是公众用储蓄或定期存款购买债券,这意味着 M_2 减少,所以,当财政支出形成 M_1 时,虽然按 M_2 计量的货币供给总规模不变,但 M_1 的规模却增加了。这对经济生活中的市场均衡无疑是有影响的。其次,如果由商业银行购买,对货币供给的影响应视购买国债的资金来源是否为超额准备金而定:如果商业银行用自有准备金认购债券,表现为在中央银行资产负债表上就是负债方政府存款增加,同时商业银行存款准备减少,而货币供给量不会因此增加;如果商业银行从中央银行借款来认购债券,则增加超额准备,基础货币等量增加。最后,如果由中央银行购买,对货币供给量的影响非常直接。中央银行认购政府债券的结果是:中央银行持有的政府债券数量增加,同时财政存款增加,反映在中央银行的资产负债表上,资产方余额与负债方余额等量增加,政府将出售债券的收入用于支出,进一步形成公众在商业银行的存款及商业银行在中央银行的准备金存款,从而导致基础货币增加,并使货币供给总量成倍扩张。

(三)向中央银行借款

向中央银行借款是指财政以直接借款的方式从中央银行取得资金,这实质上是透支。财政向中央银行借款,则意味着中央银行对财政的贷款增加而财政存款也等量增加,进而基础货币亦等额增加,并使货币供给总量按乘数成倍扩张。

第五节 货币供给的内生性与外生性

一、货币供给内生性与外生性的概念

内生变量和外生变量是计量经济学术语。内生变量,也称为非政策性变量,是指在经济内部由诸多纯粹经济因素影响而自行变化的变量,这种变量通常不为政策所左右,如市场经济中的价格、利率、汇率等变量;外生变量,也称为政策性变量,是指在经济机制中受外部因素影响,由非经济体系内部因素所决定的变量,这种变量通常能够由政策控制,并以之作为政府实现其政策目标的变量。

所谓货币供给的内生性,是指货币供给取决于社会的货币需求,由经济体系内的经济行为主体的行为所决定的,中央银行难以对货币供给进行绝对控制,从而使货币供给量具有内生变量的性质。货币供给的外生性是指货币供给独立于货币的需求,由中央银行根据政策、意志或由经济过程之外的因素决定,从而使货币供给量具有外生变量的性质。

货币供给的内生性或外生性问题,是货币理论研究中具有较强政策含义的一个问题。如果认定货币供给是内生变量,那就等于说,货币供给总是要被动地取决于客观经济过程,而货币当局并不能有效地控制其变动,自然,货币政策的调节作用,特别是以货币供给变动为操作指标的调节作用,也有很大的局限性。如果肯定地认为货币供给是外生变量,则无异于说,货币当局能够有效地通过对货币供给的调节影响经济进程。

二、货币供给内生论

货币供给内生性理论,最早可追溯至重商主义后期的代表人物詹姆斯·斯图亚特。他在1767年出版的《政治经济学原理的研究》一书中指出,一国流通只能吸取一定量的货币,经济活动水平使货币供给量与之相适应,这一原理后来被亚当·斯密加以继承,又被银行学派加以发展。马克思从劳动价值论出发,认为在金属货币时代是商品和黄金的内在价值决定了商品的价格,从而又与流通的商品量共同决定了社会的必要货币量,这实际上也属于货币供给的内生论。后来,瑞典经济学家米尔达尔打破了传统货币数量说所坚持的货币流通速度稳定的结论,将银行学派的货币供给内生论进一步加以发展,从而把信用货币制度下 M 与 P(或 PY)的单向前因后果重塑为双向的相互作用。

近代货币内生论较具代表性的观点来自1959年英国拉德克利夫报告,以及格利和肖、托宾等人。

托宾认为,由于商业银行与其他金融机构之间、货币与其他资产之间的区别日渐消失,货币越来越多地取决于经济过程的内部变动,即成为内生变量,从而使人为地对货币供给的"外生"控制日渐失去有效性。金融机构的多样化与金融资产的多样化使货币的供给函数变得复杂,银行与其他非银行金融机构的资产负债规模及社会大众对资产结构的选择,都对社会货币供给产生影响,因而并非由货币当局直接控制。他还认为,真正的存款创造过程是一个反映银行与其他私人单位的经济行为的内生过程。他将银行对准备金的需求行为函数与社会大众的货币需求行为函数引进货币乘数的计算,从而得出了货币乘数具有内生性的结论。

现代货币内生论有适应性货币内生论和结构性货币内生论之分。适应性货币内生论认为,当银行和其他金融中介机构的储备不够充足时,中央银行必须适应性地供给,否则金融结构将不稳定,甚至危及整个经济。持这种观点的有温特劳布、卡尔多、莫尔等。

结构性货币内生论认为,中央银行通过公开市场操作来控制非借贷准备金增长,这限制了银行对可得到的准备金数量的约束,此时,金融机构额外的储备通常是通过进行在联邦市场、欧洲美元市场和CD市场上借入资金创新的负债管理在金融机构本身内产生的。持这种观点的有罗西斯(Rousseas Stephen)和派尔利(Palley)等。它与适应性内生供给不同的是引入了银行持有的二级准备金和银行关于资产负债决策的模型。银行二级准备金被视为银行持有的债券,它的存在减缓了在贷款需求、支票需求和定期存款需求上的变化。如果发生公众集体提取存款并变换成现金的未预期行为时,银行就会出售二级准备金来融通这一额外借贷资金。银行资产负债选择模型给银行提供一个寻找最便宜的融资来源的动机。这一动机影响到它们对由于银行借贷增加导致的高利率做出的反应,从而使中央银行对货币供给的控制失灵。结构性内生供给理论强调二级准备金重要的缓冲存量的作用,银行在它的组合资产与非银行公众组合资产之间进行自己内部的公开市场操作,尽管在这些交易中总的准备金存量保持不变,但可使银行系统能融资更多的贷款。同时,他们的另一个重要观点是通过负债管理而产生的储备过程不一定生产出所需求的足够的储备。当货币市场不能生产出足够的储备供应时就会出现流动性不足,中介机构不得不收回贷款、出售资产以满足其储备需要,新贷款的扩张将会消失,这可导致信贷困境和金融危机。

三、货币供给外生论

货币供给外生论的思想,最早可以追溯到19世纪初英国的金块论者。金块论者认为,贵金属货币就其作为贵金属本身的供给来看,它完全受制于自然条件,即贵金属矿藏的有无、多寡及开采的程度等,而这些条件绝非经济活动本身能够决定,因此,货币供给是外生的。在他们看来,贵金属货币的供给机制即是贵金属本身的采掘与生产。另外,他们认为,货币流通速度是稳定的,货币供给决定了名义收入和物价水平,以后的大多数货币数量论者均持相似的观点。

希克斯在其《经济学展望》中认为,休谟时代的货币供给毫无疑问是外生的。萨缪尔逊也认为,早期金矿和银矿的偶然发现使货币供给处于混乱状态。凯恩斯和新古典主义者虽然反对传统的货币数量论,但也是外生论者。至于弗里德曼及以他为代表的新货币数量论者则更是主张货币的外生性。

弗里德曼提出的"不变增长率"的货币控制规则就以货币供给能够被中央银行控制作为必要前提。货币主义者根据一般公认的存款与货币创造模型 $M_s = B \times m$,在统计数据的支持下得出了以下几个结论:①基础货币(B)与货币乘数(m)相互独立,互不影响;②影响货币乘数的各因素在短期内是稳定的,长期而言则常会起反向作用而相互抵消,因而货币乘数可看作是常数;③基础货币对货币供给量的影响比对货币乘数的要大;④中央银行通过公开市场操作等政策工具,不但可以主动增减基础货币量,还可抵消货币乘数内某些系数变动的影响。由此,他们得出了货币供给外生的结论。

四、我国货币供给的内生性与外生性

在现行体制条件下,中国的货币供给到底是内生变量还是外生变量?这一问题是直接从货币供给能否由中央银行有效控制这一角度提出的。

认为货币供给可由中央银行有效控制的观点,其论据有:①经济体系中的全部货币都是从银行流出的,从本源上来说,都是由中央银行资产负债业务决定的,只要控制住每年新增贷款的数量,货币供应的总闸门就可以把牢;②中国的中央银行不是没有控制货币供给增长的有效手段,而是没有利用好这个手段,如果不论来自各方的压力有多大,中央银行始终不渝地按照稳定通货、稳定物价的政策严格掌握信贷计划,那么,货币供给就不会增长过快,等等。

认为货币供给不能由中央银行决定的观点也很普遍。其中有一种观点是从"究竟谁是货币当局"这个角度提出的。这种观点认为,在中国目前的条件下,中央银行没有独立的决策地位,货币紧缩或松动大都是由更高的决策层做出的。因而,只能认为货币政策的执行权在中央银行,但决策权并不在中央银行。这种观点实际上是从另一角度肯定货币供给的外生论。因为他们肯定,是真实经济活动之外或模型以外的因素,即高于中央银行的决策层在决定着货币供给。另一种观点则从"倒逼机制"角度出发,认为在中国现行体制下,工商企业特别是大中型国有企业、地方政府和个人对各自利益的追求形成了一种合力,即偏好经济增长和收入增长的合力,该合力倒逼中央银行吐出基础货币,从而直接影响货币增长速度。对于这种合力,中央银行本身是难以左右的,因此这种倒逼机制说明,货币供给的变动事实上是内生的。

第六节 货币供求均衡与社会总供求均衡

一、货币均衡概述

(一)货币均衡的定义

货币均衡即货币供求均衡,是指在一定时期经济运行中的货币需求与货币供给在动态上保持一致的状态。货币均衡用来说明货币供给与货币需求的关系,货币供给符合经济生活对货币的需求则达到均衡。货币均衡也就是 $M_s = M_d$,而非均衡就是 $M_s \neq M_d$。

(二)货币均衡的特征

货币均衡 $M_s = M_d$ 还必须满足以下特征。

(1)货币均衡是一种状态,是货币供给与货币需求的基本适应,而不是指货币供给与货币需求在数量上的相等。

(2)货币均衡是一个动态过程。它并不要求在某一个时点上货币的供给与货币

的需求完全相适应,它也承认短期内货币供求不一致的状态,但长期内货币供求之间应大体上是基本适应的。

(3)货币均衡在一定程度上反映了国民经济的平衡状况。在现代商品经济条件下,货币不仅是商品交换的媒介,而且是国民经济发展的内在要素。货币收入的运动制约或反映着社会生产的全过程,货币收支把整个经济过程有机地联系在一起,一定时期内的国民经济状况必然要通过货币的均衡状况反映出来。

(三)货币名义均衡与实际均衡

在研究货币供求关系问题上,货币需求的数量在现实中并不能直接地表现出来,也就是说,客观上需要多少货币,这是很难界定的。这是因为,其一,社会经济本身是一个不断发展变化的过程,客观经济过程对货币的需求受到多种因素的制约,且这种需求也是随客观经济形势的变化而不断变化的;其二,在纸币流通条件下,再多的货币都会被流通吸收,因此,不管社会的货币需求状况如何,货币供给量与货币需求量始终都是相等的。也就是说,在货币供给量一定的条件下,不管社会的货币需求状况如何,全社会所持有的货币的名义数量既不可能超过现在的货币供应量,也不可能少于这个量,二者名义上始终是相等的。但是,这种名义上的货币供求均衡关系,并不一定就是实际的货币供求均衡的实现。因为,从社会的角度来看,名义货币总量并不一定就代表了社会经济过程所要求的货币需要量。名义货币量可以反映出三种动态趋势:①$M_s = M_d$,即价格稳定,预期的短缺趋于稳定,国民收入增加;②$M_s < M_d$,即物价上涨,预期的短缺增加,名义国民收入增加,而实际国民收入增加受阻,或增幅下降;③$M_s > M_d$,即物价下跌或趋于稳定,预期的短缺消失,企业库存增加,商品销售不畅,从而国民收入下降,经济处于停滞状态。因此,分析货币供求均衡与否,仅从名义的货币供求状况是难做出判断的,必须深入分析实际的经济过程,才能弄清问题的实质。

(四)货币均衡与非均衡的几种情况

(1)货币供求均衡,社会总供求也处于均衡状态。此时,社会物价稳定,生产发展,资源得到有效利用,这是一种较为理想的状态。在这种情况下,供应多少货币,完全由经济过程中的各种力量来决定,此时中央银行会采取中立的货币政策。

(2)货币供给不足,客观的货币需求得不到满足,整个经济处于萎缩或萧条状态,资源大量闲置,企业开工不足,失业增加。在这种情况下,中央银行往往采取扩张性的货币政策,通过增加信贷供给,降低利率,增加货币供给量,刺激投资,扩大总需求,从而促进生产的恢复发展,以促进货币供求实现其均衡。

(3)货币供给量过多,超过货币需求量,整个经济处于膨胀状态,生产增长速度过快,各种投资急剧增加。市场商品供应不足,物价持续上涨。在这种情况下,中央银行经常采取紧缩性的货币政策,收紧银根,提高利率,减少货币供给量,抑制总需求的增加,从而使物价趋于稳定。

(4)货币供给与货币需求构成不相适应。一些经济部门由于需求不足,商品积压,生产停滞;而另一些部门则需求过度,商品供不应求,价格上涨,利润率上升,高赢利吸引了大量的投资进入这些部门,拉动其过快发展,这表明整个经济结构失调,发展畸形。在这种情况下,中央银行则应采取有紧有松、松紧搭配的货币政策进行调节,通过调节货币供给的结构和流向,改变这种供求结构不相适应的状况,促使供求趋于协调,以促进整个经济的协调发展。

二、货币均衡与社会总供求均衡

(一)货币供应量与社会总需求量的联系与区别

1. 货币供应量与社会总需求量的联系

在现代商品经济条件下,任何需求都表现为有货币支付能力的需求。任何需求的实现,都必须支付货币,如果没有货币的支付,没有实际的购买,那么社会基本的消费需求和投资需求就不能实现。因此,在一定时期内,社会的货币收支流量就构成了当期的社会总需求。社会总需求的变动,一般来说,首先是来源于货币供给量的变动,但是,货币供应量变动以后,能在多大的程度上引起社会总需求的相应变动,则取决于货币持有者的资产偏好和行为,即货币持有者的资产选择行为。当货币供应量增加以后,人们所持有的货币量增加。如果由于种种原因,人们不是把这些增加的货币用于消费或投资,而是全部用于窖藏,那么对社会总需求就不会产生影响,因为,这些增加的货币量并没有形成现实的追加购买支出,所以对商品市场和资本市场都没有直接的影响。如果货币供应量增加以后,人们不是将这些增加的货币用于窖藏,而是用于增加对投资品的购买,从而增加了社会总需求中的投资支出,那么就会直接影响到投资品市场的供求状况。

2. 货币供给量与社会总需求量的区别

货币供给量与社会总需求量是紧密相连,但又有严格区别的两个概念,其区别如下。

第一,货币供给量与社会总需求量二者在质上是不同的。货币供给量是一个存量的概念,是一个时点的货币量;而社会总需求量是一个流量的概念,是一定时期内的货币流通量。此外,在货币供给量中,既含有潜在性货币,也含有流通性货币,而真正构成社会总需求量的只能是流通性的货币。

第二,货币供给量变动与社会总需求量的变动,在量上也是不一致的。货币供给量变动以后,既会引起流通中的货币量变动,也会引起货币流通速度变动。社会总需求量是由流通性货币及其流通速度两个部分决定的,而货币供给量则是由流通性货币与潜在性货币两个部分构成的。因此,一定量的货币供给增加后是否会引起社会总需求量增加及增加的幅度为多大,则主要取决于以下两个因素:一是货币供给量中潜在性货币与流通性货币的比例;二是货币流通速度的变化情况。一般说来,流通性货币所占的比重大,流通速度加快,社会总需求量增加。所以,货币供给量的变动与社会总需求量的变动,在量上往往是不相同的。

第三,货币供给量变动与社会总需求量的变动在时间上也是不一致的。弗里德曼根据美国的实际情况研究表明,货币供给量变动以后,一般要经过6~9个月的时间,才会引起社会总需求量的变动;而引起实际经济的变动,则需18个月左右的时间。从我国的实际情况看,近几年的实际也表明,货币供给量的变动与社会总需求量的变动,在时间上也是有差别的。

(二)货币供给量、社会总需求和社会总供给

如前所述,在现代商品货币经济条件下,社会总需求表现为有现实的货币支付能力的购买需求,社会总供给是市场上以货币表示价格的一切商品的供给。通常,现实的总需求与现实的总供给之间的平衡,只反映了简单再生产的客观要求。而现代商品经济发展的一个内在的动因是现实的总需求略大于现实的总供给。问题是在社会总供求关系中,货币扮演了什么样的角色,它是怎样通过对社会总需求的影响,从而改变社会总供给的。

1. 货币供应量变动影响社会总供给的两个途径

货币供应量变动通过对社会总需求的影响,由两个途径传导到社会的总供给。

一是货币供应量增加,社会总需求相应增加。这时,如果社会有闲置的生产要素,货币量的增加将促使生产要素结合,社会总供给增加,对货币的需求也相应增加,从而货币市场和商品市场恢复均衡。

二是货币供应量增加,社会总需求增加,但由于种种原因的存在,没有引起生产的发展,而是引起物价的上涨,从而引起总供给价格总额增加,而对货币的实际需求并没有增加,货币市场和商品市场只是由于物价的上涨而处于一种强制的均衡状态。在这两条途径中,显然前者是最佳的,是社会最愿意接受的,而后者则是不可取的,社会只能被迫接受。

2. 货币供应量变动怎样提升社会的总供给

货币供应量变动提升社会总供给的前提条件就是社会潜在生产要素的开发和利用,这也是社会总供求平衡的重要条件。我们认为,现实的总需求大于现实的总供给,必须与一定时期内现实的潜在生产要素相适应。现实的潜在生产要素,指的是与现有生产力水平、生产结构和社会经济制度等因素相适应的,短期内可利用的能源、矿藏及劳动力资源等。这些潜在的生产要素通过货币的作用,能很快地转化为现实的生产要素,从而形成生产能力,生产出产品,即商品的短期供应弹性很大。但是,那些由于与现有生产力水平、产业及技术结构及社会经济制度等不相适应而闲置的生产要素,应排除在潜在的生产要素之外。

3. 货币供应量变动如何影响总供给

如果更接近现实地分析,货币供应量增加引起社会总需求增加,可以通过两条途径对总供给产生影响,可能有以下几种情况。

(1)直接引起商品供给增加。在货币量适度增加所引起的社会总需求增加与潜在生产要素完全相适应的情况下,社会总需求的增加就会导致社会生产的发展和市

场商品供给量的增加,因而不会对物价水平产生大的影响。在生产力水平没有较大提高的条件下,生产的发展和实际产出的增加,会导致产品的边际成本上升,从而引起物价的上涨。但是,其上涨的幅度一般很小,属于正常的物价波动。在这种情况下,实际产出对货币的弹性很大,而价格对货币的弹性很小,这说明,货币量的增加引起商品供给增加,这就标志着市场货币量的适度增加和社会经济效益趋好。

(2)过度需求会导致物价上升。在货币量增加引起社会总需求增加,从而超过了潜在生产要素量的情况下,一方面会促使生产的发展,使实际产出增加;另一方面则会引起物价水平的上涨。因为,那些适量的货币已经将那些潜在生产要素动员了起来,转化为现实的生产要素,投入到了现实的生产过程之中,促使生产规模扩大和实际产出增加,而多余的那一部分货币则形成了过度需求。这部分过度的需求必然会冲击社会再生产过程,从而导致一般物价水平的上升。也就是说,在这种情况之下,实际产出和价格对货币的弹性都比较大。货币量的增加所引起的总有效需求量的增加,一方面在短期内能引起市场商品供给的增加,另一方面也会导致物价水平的迅速上涨。

(3)潜在生产要素利用不平衡,物价会上涨。货币量增加所引起的社会总需求增加,与潜在生产要素在量上是相适应的,而在比例和结构上不相适应的情况下,社会总需求增加以后,一方面只能部分地把潜在生产要素动员起来,投入到现实的生产过程中去,以扩大生产规模,增加实际产出;另一方面,有一部分潜在生产要素不能被充分动员起来,转化为现实的生产要素。这部分增加的总需求就会由于结构和比例的不合理,造成货币过多,从而引起物价的上涨。也就是说,由于货币量的增加所形成的社会总需求的比例与潜在生产要素的比例不相适应,潜在生产要素并没有得到很好利用,物价就开始上涨,首先是紧缺商品或资源的价格上涨,然后,由于下述两个原因,而引起一般物价水平的上涨。

第一,部分商品价格上涨以后,改变了原来的物价结构,各商品生产者之间,由于相互看齐和彼此攀比的影响,而引起一般物价水平的上涨。

第二,部分商品和资源的价格上涨以后,如果这些价格上涨的商品或资源与生产资料有关,则势必会增加生产资料的产品成本,从而引起一系列商品价格上涨;如果与生活资料有关,那么,势必会增加使用这部分生活资料的劳动力的再生产成本,由此,劳动者必然会要求增加名义工资,而工资上升必然会引起产品的生产成本上升,从而引起一系列商品价格上涨。实际上,这两种情况往往是同时出现的。

在此情况下,产量对货币的弹性很小,而物价对货币的弹性很大,如果增加的总需求与潜在生产要素比例和结构上完全不相适应,那么在短期内,产量对货币的弹性会趋近于零,而物价对货币的弹性会接近于1。也就是说,由于比例结构的不合理,一方面,潜在生产要素并没有被动员利用起来;而另一方面,物价水平则随着总需求的增加而迅速上涨,这是货币失衡和经济效益差的突出表现。

(三)市场的平衡

市场的平衡包括了商品市场的平衡和货币市场的平衡,也就是说,社会总供求平衡是商品市场和货币市场的统一平衡,包括了几层含义。一是商品的供给决定了一定时期的货币需求。因为,在商品货币经济条件下,任何商品都需要货币来表现或衡量其价值量的大小,并通过与货币的交换实现其价值。因此,有多少商品供给,必然就需要相应的货币量与之对应。二是货币的需求决定了货币的供给。就货币的供求关系而言,客观经济过程的货币需求是基本的前提条件,货币的供给必须以货币的需求为基础,中央银行控制货币供应量的目的,就是要使货币供应与货币需求相适应,以维持货币的均衡。三是货币的供给形成对商品的需求,因为任何需求都是有货币支付能力的需求,只有通过货币的支付,需求才得以实现,因此在货币周转速度不变的情况下,一定时期的货币供给水平,实际上就决定了当期的社会需求水平。四是商品的需求必须与商品的供应保持平衡,这是宏观经济平衡的出发点和复归点。

(四)货币均衡与社会总供求均衡之间的关系

在现代市场经济中,货币均衡与社会总供求均衡之间的关系可以概括如下。

第一,货币的供给决定了一定时期的社会总需求,因为在商品经济条件下,任何需求都是有支付能力的需求,并通过货币来实现其需求。

第二,社会总需求决定了社会总供给,因为社会总供给是投资需求和消费需求拉动产业增长的结果,有效需求引导并促进生产的发展和商品供应的增加。

第三,社会总供给决定了货币的总需求,这是因为任何商品都要用货币来表现、衡量其价值量的大小,并通过与货币交换来实现其价值。所以有多少商品供应到市场,客观上就要求有多少货币与之对应。

第四,货币需求决定货币供给。中央银行必须根据客观货币需求来供应货币,使货币供给与需求之间实现均衡。

在上述关系中,货币均衡是整个宏观经济均衡的关键。也就是说,如果货币供给不平衡,整个宏观经济的均衡就不能实现。而要实现货币供求的均衡,就需要中央银行控制货币供给,使货币供给与客观的货币需求保持一种相互适应的关系,以保证经济的发展有一个良好的货币金融环境,从而促进经济的协调发展和宏观经济平衡的实现。

复习思考题

1. 我国货币层次是如何划分的?
2. 中央银行对基础货币的控制受哪些因素的影响?
3. 简述商业银行存款的多倍创造机制。
4. 你认为货币供给是外生变量还是内生变量?为什么?
5. 概述货币均衡的概念。
6. 阐述货币均衡与社会总供求平衡的关系。

第十一章 通货膨胀与通货紧缩

 教学目的与要求

掌握通货膨胀与通货紧缩的概念；了解通货膨胀的分类和度量方法；结合我国经济现状分析通货膨胀的成因；结合实际思考通货膨胀的社会经济效应及治理对策；要求全面、客观地评价通货紧缩的社会经济效应，并提出相应的对策。

第一节 通货膨胀概述

一、通货膨胀的定义

通货膨胀是一个普遍存在的问题。20世纪70年代，通货膨胀曾困扰过许多国家。什么是通货膨胀？一般人理解的通货膨胀就是"涨价了"或"货币贬值了"。经济学家对其下的定义则多达一百多种。如弗里德曼认为，物价的普遍上涨就叫通货膨胀。萨缪尔森认为，物价和生产要素的价格普遍上升时，工资和租金也在上升，就是通货膨胀。此外，还有其他对通货膨胀概念的诠释。一个普遍被接受的定义是：通货膨胀是商品和劳务的货币价格总水平明显持续上涨的过程。这个定义实际上强调了四层含义。

（1）强调考察对象为"商品和服务"的价格，而不包括股票、债券等金融资产的价格。

（2）强调考察对象为以货币表示的商品、服务的价格，即绝对价格，此时的货币为信用货币，而不是黄金。

（3）强调考察对象是价格总水平（也称为一般物价水平）的变动。价格总水平是一个国家或地区在一定时期内全部商品或服务价格变动状态的平均或综合。

（4）强调通货膨胀应是价格"明显、持续上涨"的现象。所谓"明显"上涨，是指物价总水平的上涨须达到一定的量的界限（例如物价指数每年上涨超过1％）才视为通货膨胀，未达到这个界限的微小的物价普遍上涨，一般不视为通货膨胀。所谓"持续"上涨，是指通货膨胀应是一个持续一段时间的物价上涨的过程，物价水平偶然或间歇性的上涨则不视为通货膨胀。至于价格要上涨多长时间才能称为通货膨胀，对此没有一致意见。有些经济学家认为至少要2年，有些则认为只需要持续1年即可认定为通货膨胀。

二、通货膨胀的分类

在经济分析过程中,人们以不同的标准对通货膨胀进行了分类。

(一)按通货膨胀的程度分类

按通货膨胀的程度,通货膨胀可以分为爬行的通货膨胀、温和的通货膨胀、严重的通货膨胀和恶性的通货膨胀。

爬行的通货膨胀指价格指数年上涨率小于3%的通货膨胀;温和的通货膨胀指价格指数年上涨率徘徊在5%左右时的通货膨胀,人们有明显的通货膨胀的感觉,但总体上还觉得可以忍受;严重的通货膨胀指介于温和的通货膨胀和恶性通货膨胀之间,通货膨胀率达到10%~25%的通货膨胀,在出现这种通货膨胀时,由于物价上涨速度较快,幅度较大,导致人们为了避免遭受损失而尽可能多地储存实物,而不愿持有货币。恶性通货膨胀则是指物价水平的年上涨率达到两位数,甚至超过百分之百的通货膨胀,发生这种通货膨胀时,价格持续猛涨。人们都尽快使手中货币脱手,货币完全失去了人们的信任,购买力猛降,各种正常的经济联系受到破坏,甚至导致整个货币制度的崩溃,严重者还会导致社会动乱。

(二)按市场机制作用分类

按市场机制作用,通货膨胀可以分为公开型的通货膨胀和隐蔽型的通货膨胀。

公开型的通货膨胀是指物价总水平明显的、直接的上涨;隐蔽型的通货膨胀则是指物价总水平没有提高,但民众的实际消费水平却下降了的通货膨胀。

公开型的通货膨胀是在正常的市场经济条件下,过量的货币供给通过物价较大幅度的持续上涨表现出来。在市场经济条件下,特别是较为发达的市场经济中,由于市场机制较为完善,且没有政府的直接干预,货币的多少直接影响着物价水平的升降。因此,通货膨胀便以物价水平的公开上升形式表现出来,物价水平的上升幅度可以准确地反映通货膨胀的程度。

隐蔽型的通货膨胀是在物价受管制的条件下,过量的货币供给不能直接地通过物价反映出来,导致过量的货币供给加大了市场的供求差额,从而造成市场供应发生持续普遍的短缺现象。这时一旦解除了物价管制,就会发生较严重的通货膨胀。

(三)按是否可以预期分类

按是否可以预期,通货膨胀分为预期的通货膨胀和非预期的通货膨胀。

预期的通货膨胀是在通货膨胀发生之前,人们便预见到它以一定的物价上涨率出现,而事实上它又确实以这一上涨率出现;非预期的通货膨胀是指人们对未来通货膨胀无法加以正确预测,既不能确定是否出现,也不能确定其上涨幅度,但通货膨胀又真的发生了。

这种划分与传统的通货膨胀理论的不同之处在于,人们一旦产生了所谓的通货膨胀预期,就会在各种交易、合同、投资中将预期通货膨胀率计算在内,从而使政府的各种政策措施失去效力,并在无形中加重了市场通货膨胀的压力,使得物价进一步上涨。

(四) 按通货膨胀产生的原因分类

按通货膨胀产生的原因,通货膨胀分为需求拉上型通货膨胀、成本推进型通货膨胀、供求混合推进型通货膨胀、结构型通货膨胀等,详见本章第二节。

三、通货膨胀的度量

描述通货膨胀的主要工具是通货膨胀率。通货膨胀率通常被定义为从一个时期到另一个时期价格水平变动的百分比率。价格水平的高低则是通过各种价格指数来反映。常用的价格指数有消费物价指数(CPI)、批发物价指数(WPI)和国民生产总值(GNP)平减指数。

消费物价指数是综合反映一定时期内居民消费品和服务项目价格变动的趋势和程度的价格指数,主要根据衣、食、住、行等日用消费品,以及医疗、娱乐、教育等服务费用编制而成。它反映了不同时期居民生活消费水平变动情况及不同时期生活消费的商品和劳务项目价格变动的趋势和程度。该指数的高低与采用的商品与服务的种类及各自的权重有很大的关系。为了能准确反映价格指数,政府应根据该国的消费结构来调整取样的范围及比例。该指数的优点是资料容易收集,公布次数较频繁,我国统计局每月公布一次,因而能及时地反映影响社会公众生活水平的物价变化。由于它与社会公众的生活密切相关,所以被许多国家使用且备受关注。缺点是该指数只包括社会最终产品的一部分,而不包括公共部门的消费、生产资料及资本产品及进出口商品,因此范围较狭窄。另外,由于它是最终产品的物价变化率,因此当依据它制定政策时,往往有滞后性。

批发物价指数是反映一国生产资料和消费资料批发价格变动和趋势的价格指数。该指数反映包括原材料、中间产品及最终产品在内的各种商品的批发价格的变动情况。它是包括生产资料和消费品在内的全部商品的批发价格,但劳务价格不包括在内。它基本能准确反映商品流通的物价变化情况,而且由于它也能反映企业经营成本的变动,所以又称为生产者物价指数(PPI)。这一指数的优点是比较灵敏地反映了生产者生产成本的变化状况,但是缺点是没有将各种劳务包括在内,另一优点则是能在最终产品价格变动之前获得原材料等价格变动的信号,进而能够判断其对零售商品价格变动可能带来的影响。但是供求关系对其影响要比对消费物价指数的影响小,因而用该指数来判断总供给与总需求关系时,可能会出现信号失真现象。

国民生产总值平减指数是按当年价格计算的国民生产总值与按不变价格计算的国民生产总值的比率计算出来的指数。比如,某国 2011 年的 GNP 按当年价格计算为 100 000 亿元,按 2001 年的价格计算为 80 000 亿元,如以 2001 年的基期指数为 100,则 2011 年的 GNP 平减指数为 100 000/80 000×100=125,表示该国和 2001 年相比,2011 年物价指数上涨了 25%。该指数的优点是覆盖范围全面,既包括消费资料,也包括生产资料;既包括有形商品,也包括无形商品(劳务);既能准确反映物价总体水平的变动情况,也能度量各种商品价格变动对价格结构因素的影响。缺点是资料较难收集,多数国家每年只统计一次,且易受价格结构因素的影响,不能迅速反映通货膨胀的程度和动向。比如,虽然与公众生活密切相关的消费品价格上涨幅度已经很大,但其他商品价格却变动幅度不大,就会出现平减指数虽然不高但公众的日常消费支出已明显增加的状况,因此它不能准确反映物价对居民生活的影响。

以上三种物价指数是衡量通货膨胀的主要指标。由于这三种物价指数涉及的商品和劳务不同,计算口径各异,因此,即使在同一个国家的同一时期,各种物价指数所反映出来的通货膨胀程度也有差别。一般来说,在衡量通货膨胀时,使用最普遍的是消费物价指数。

第二节 通货膨胀的成因

关于通货膨胀的成因的解释,目前比较成熟的主要有以下几种。

一、需求拉上说

需求拉上说产生于20世纪50年代以前,其基本观点是,总需求增加引起通货膨胀。"太多的货币追太少的商品"就是形象的比喻。根据这种理论,需求拉上型通货膨胀是由于商品和劳务的总需求量超过商品和劳务的总供给量所造成的过剩需求拉动了一般物价水平的普遍上涨而造成的。

总需求的增加既可以是来源于实际因素的变化,也可能是来自货币因素的变化。凯恩斯学派和货币主义学派分别从这两个方面进行了论证,提出了各自的需求拉上说。

(一)凯恩斯的需求拉上论

凯恩斯认为,一般物价水平的上升是由总需求的过度增加所引起,而总需求的过度增加却不一定由货币数量增加引起。凯恩斯对充分就业和非充分就业做了区分,他认为当经济中存在大量失业和闲置资源时,如果货币供给数量增加从而使总需求增加,则总需求的增加部分不会使一般物价水平上升,而只能促使就业增加和产出增加。当经济达到充分就业后,由于产出已达到最大化,此时若货币供给量增加,或货币数量不变而货币流通速度加快,则货币流通速度加快和货币供给量增加所形成的过度的总需求会使一般物价水平与货币数量同比例上升,产生真正的通货膨胀;当经济逐渐接近充分就业时,货币供给增加所形成的过度的总需求一方面使产出增加,另一方面又使物价逐渐上升,从而产生所谓"半通货膨胀"现象。凯恩斯的上述理论可用图11-1来说明。

在图11-1中,横轴表示产出;纵轴表示物价水平;Y_f 为充分就业时所能达到的产出;S 为总供给曲线,$D(s=1,2,\cdots)$ 为不同水平的总需求曲线。随着货币供给量

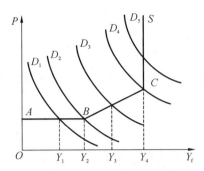

图 11-1 需求拉动型通货膨胀

的增加,总需求随之增加。反映在图 11-1 中,总需求曲线分别从 D_1,依次移至 D_5,在总需求曲线移动过程中,将会出现三种不同情形。在未充分就业阶段(图 11-1 中的 A—B 部分),总需求曲线由 D_1 移至 D_2,产出由 Y_1 增加到 Y_2,与此同时,物价保持不变。这是存在大量失业和闲置资源时所发生的极端情况。因此,凯恩斯认为,在经济萧条时期,通过扩张信用、增加货币供给量以增大总需求不会造成通货膨胀,而只会刺激经济,扩大产出。在经济逐渐接近充分就业时(图 11-1 中的 B—C 部分),总需求曲线由 D_2 移至 D_3,再由 D_3 移到 D_4,产出由 Y_2 增加到 Y_3,再由 Y_3 增加到 Y_f。与此同时,物价水平也不断上升,当经济逐渐接近充分就业时,需求的增加一方面使产出增加,另一方面又使物价逐渐上涨。当经济达到充分就业时(图 11-1 中 C 以上部分),总需求曲线由 D_4 移至 D_5 时,产出始终保持在 Y_f 水平上,而物价水平却上升至更高处,凯恩斯称这种情形才是真正的通货膨胀。

在凯恩斯看来,所谓通货膨胀,就是在充分就业的条件下,因货币供给量增加或货币流通速度过快而形成的过度需求拉动一般物价水平上升的现象。过度的总需求也可能来自消费需求、投资需求或政府支出的过度增加,但必然伴随着货币供给量的增加。

(二)货币学派的需求拉上论

与凯恩斯学派的理论相比,货币学派的"需求拉上论"更强调货币供给量的变化对总需求的影响,他们认为通货膨胀无论何时何地都是一种货币现象。弗里德曼指出,通货膨胀主要是一种货币现象,是由货币量比产量增加得更快造成的,货币量的作用为主,产量的作用为辅。许多现象可以使通货膨胀率发生暂时的波动,但只有当它们影响到货币增长率时才产生持久的影响。弗里德曼认为,如果货币数量与产量以同一比率增长,就不会引起通货膨胀。但如果货币数量的增长率超过了产量的增长率时,就一定会造成通货膨胀。特别是当经济达到充分就业以后,由于产量不能进一步增长,因此,货币数量的任何增长都将引起一般物价水平的上升。而一旦人们对这种物价上升产生预期之后,整个经济就会陷入工资—物价螺旋式上升的过程,致使由货币供给过多而引起的通货膨胀越演越烈。

虽然凯恩斯的需求拉上论和货币学派的需求拉上论都认为通货膨胀的根源在

于总需求方面,但在造成总需求过度的起因上却有着不同的观点。凯恩斯的需求拉上论认为总需求的过度是由于消费、投资、政府支出等因素的过度增加所引起的;而货币学派的需求拉上论却认为货币数量的过度增加是导致总需求过剩的根本原因。两者相比,货币学派的需求拉上论更强调货币供给量的变化对总需求的影响,并强调了货币供给的外生性。

二、成本推进说

成本推进说认为通货膨胀的根源不在于总需求的过度,而在于产品成本的上升。成本推进型通货膨胀就是指在总需求不变的情况下,由于生产要素价格(包括工资、租金及利率等)上涨,致使产品成本上升,从而导致物价总水平持续上涨的现象。该理论从工资推进和利润推进两方面来考察,可以解释滞胀现象。

(一)工资推动型通货膨胀

工资推动型通货膨胀是由于工资提高使生产成本增加而导致的物价上涨。该理论是以存在强大的工会组织,从而存在不完全竞争的劳动市场为假定前提的。在完全竞争的劳动市场条件下,工资率取决于劳动的供求,而当工资是由工会和雇主集体决定时,这种工资则会高于单纯由市场供求竞争决定的工资。在西方国家,普遍存在强大的工会组织,工会代表所有加入工会的工人阶层和雇主谈判,迫于工会组织的压力,雇主可能答应提高工资。如果工资的增长率超过劳动生产率,企业就会因人力成本的加大而提高产品价格,以维持赢利水平。在物价上涨后,如果工会在下一轮谈判中又要求提高工资,而再度使成本增加,便会导致物价再次上涨。这就是从提高工资开始而引发的物价上涨,物价上涨反过来又引起工资提高的循环,在西方经济学中,这被称为工资—价格螺旋。

需要指出的是,尽管货币工资率的提高有可能成为物价水平上涨的原因,但绝不能由此认为,任何货币工资率的提高都会导致工资推动型通货膨胀。这是因为,如果货币工资率的增长没有超过边际劳动生产率的增长,那么,工资推动型通货膨胀就不会发生。而且,即使货币工资率的增长超过了劳动生产率的增长,但如果这种结果并不是由于工会发挥作用,而是由于市场对劳动力的过度需求,那么,它也不是通货膨胀的推进原因,而是由于需求拉上形成了通货膨胀。

(二)利润推动型通货膨胀

利润推动型通货膨胀是由于生产投入品或要素的价格因市场垄断力量的存在而提高,从而导致的物价上涨。它的前提条件是存在物品和服务销售的不完全竞争市场。在完全竞争市场上,商品价格由供求双方共同决定,没有哪一方能任意操纵价格,但在垄断存在的条件下,卖主就有可能操纵价格,寡头企业和垄断企业在追求更大利润时,依靠其垄断势力,可以运用价格上涨的手段来抵消成本的增加,使价格上涨速度超过成本支出的增加速度,从而导致价格总水平上升。一般来说,如果其他社会力量或政府拥有某种垄断力量,那么它们也可以运用这种力量来保持自己在总收入分配中所占的比重,进而导致利润推动型通货膨胀。

无论是工资推动型通货膨胀还是利润推动型通货膨胀,都反映出由于成本增加,导致总供给减少而总需求不变,从而产生了供求均衡情况的调整,促成了通货膨胀的产生。如图11-2所示,由于工会对最低工资额的限制或是垄断企业追求自身利润最大化,原来的供给曲线由 A_1 移至 A_2,在需求不变的情况下,由于供给的减少而使价格由 P_0 上升至 P_1,如果这种供给继续减少会使价格上升到 P_2 甚至更高,就可以认为是由成本推进而产生的通货膨胀。随着生产要素价格的提高,生产成本也不断上升,总供给曲线再由 A_2 上升至 A_3,在总需求不变的条件下,物价水平也由 P_1 上升至 P_2。与此同时,产出由先前的 Y_f 降至 Y_2,再由 Y_2 降至 Y_1。这种理论较好地解释了西方20世纪六七十年代出现的滞胀现象。

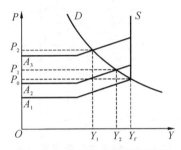

图 11-2 成本推动型通货膨胀

成本推动型的通货膨胀主要从供给和成本角度解释了物价上涨的原因,它与需求拉上型通货膨胀的区别在于:成本推动型的通货膨胀主要是在生产领域形成物价上涨的压力;而需求拉上型的通货膨胀主要是在流通领域直接增加的有效需求造成了通货膨胀。事实上,需求拉上和成本推动这两个因素往往交织在一起并相互影响。

三、供求混合推进说

供求混合推动论者将供求两个方面的因素综合起来,认为通货膨胀是由需求拉上和成本推进共同起作用而引发的。这种观点认为,在现实经济社会中,通货膨胀的原因究竟是需求拉上还是成本推进很难分清,既有来自需求方面的因素,又有来自供给方面的因素,即所谓"拉中有推,推中有拉"。

例如,通货膨胀可能从过度需求开始,但由于过度需求所引起的物价上涨会促使工会要求提高工资,因而转化为成本推进的因素。另一方面,通货膨胀也可能从成本方面开始,如迫于工会的压力而提高工资等。但如果不存在需求和货币收入的增加,那么这种通货膨胀过程是不可能持续下去的。因为工资上升会使失业增加或产量减少,结果将会使成本推进的通货膨胀过程终止。可见,成本推进只有加上需求拉上才可能产生一个持续性的通货膨胀。

在成本推动型通货膨胀发生的条件下,如果政府当局为避免失业和经济恶化而采取扩张性的财政政策来"批准"最初的成本上升的话,则物价将呈现螺旋式上涨趋势。如图11-3所示,假如由于成本上升,导致供给曲线从 A_1 上升到 A_2,物价由 P_C 上涨到 P_E,产量由 Y_f 下降到 Y_1(交点 E),显然会发生失业现象。如果政府为了维持充分就业而运用扩张性财政政策和货币政策,将总需求从 D_1 提升至 D_2,物价由 P_E 上涨到 P_F,产量回到充分就业水平 Y_f。若成本再度上升,总供给曲线上升到 A_3,则物价上涨到 P_G,产量下降到 Y_2(交点 G),又有失业出现。政府再度干预,将需求曲线抬升到 D_3……由于需求拉上和成本推进的共同作用,物价沿着 C、E、F、G、I 点呈螺旋式上升,产量则不断变动。

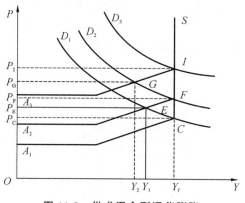

图 11-3　供求混合型通货膨胀

可见,成本推进只有结合需求拉上,才有可能产生一个持续的通货膨胀。现实经济中,这样的论点也得到论证:当非充分就业的均衡存在时,就业的难题往往会引起政府的需求扩张政策,以期缓解矛盾。这样,成本推动和需求拉上并存的混合型通货膨胀就成为经济生活中的现实。

四、结构型通货膨胀

结构型通货膨胀把通货膨胀的起因归结为经济结构本身。部分经济学家认为,在没有需求拉上和成本推动的情况下,只是由于经济结构因素的变动,也会出现一般价格水平的持续上涨,他们把这种价格水平的上涨称为结构型通货膨胀。

结构型通货膨胀的形成原因是:从生产率提高的速度来看,社会经济结构的特点是,一些部门生产率提高的速度快,另一些部门生产率提高的速度慢;从经济发展的过程来看,社会经济结构的特点是,一些部门正在迅速发展,而另一些部门渐趋衰落;从同世界市场的关系来看,社会经济结构的特点是,一些部门(开放部门)同世界市场的联系十分密切,而另一些部门(非开放部门)同世界市场没有密切的联系。

现代社会的经济结构不容易将生产要素从生产率低的部门转移到生产率高的部门,从渐趋衰落的部门转移到新兴部门,从非开放部门转移到开放部门。但是,生产率提高慢的部门、正在渐趋衰落的部门及非开放部门在工资和价格问题上都要求"公平",要求向生产率提高快的部门、正在迅速发展的部门及开放部门"看齐",要求"赶上去",结果使得全社会的工资增长速度超过生产率增长速度,导致一般物价水平的上涨,从而形成所谓的结构型通货膨胀。

北欧学派提出的结构型通货膨胀说是以实行开放经济的小国为研究背景的。他们将一国的经济分为开放部门和非开放部门,前者是外来竞争压力较大的部门,后者是受外来影响较小的部门。开放部门产品的价格由国际市场价格决定,因此其通货膨胀率取决于世界的通货膨胀率。开放部门的通货膨胀率和劳动生产率的增长率又决定了该部门的工资增长率。通过全国性的工资谈判,开放部门的工资增长势必导致非开放部门工资的相应增长,即非开放部门的工资增长率将与开放部门的工资增长率趋于一致。而非开放部门的工资增长率与该部门的劳动生产率的增长率之差,决定该部门的通货膨胀率。由于非开放部门不存在较大的国际竞争压力,因此其投资与技术更新的刺激不如开放部门,故其劳动生产率亦不如开放部门,而在工资增长率趋同的情况下,将导致通货膨胀。

总之,结构型通货膨胀论者认为有四大要素决定着一国通货膨胀的发展趋势:①组成整个经济的两个部门有着不同的劳动生产率的增长率;②各部门的货币工资以同一比率增长;③对不同部门的产品的需求有着不同的价格弹性和收入弹性,即对生产率水平较低部门的产品的需求有着较小的价格弹性和较大的收入弹性;④工资与物价存在着向下的刚性。

第三节　通货膨胀的社会经济效应

一、通货膨胀与经济增长

通货膨胀与经济增长到底是一种怎样的关系?它对一国的产出有什么样的影响?这是两个重大而有争议的问题。对此,西方经济学界大致形成了三类观点:促进论、促退论和中性论。

(一)促进论

所谓促进论,就是通货膨胀具有正的产出效应。不少经济学家认为,对发展中国家来说,通货膨胀促进经济增长的效应尤其明显。其原因有以下三点。①发展中国家的政府,其税收来源有限,但可向中央银行借款作为财政的主要融资来源。财政向中央银行借款,会增加流通中的货币供给。只要政府将这种借款用于增加实际投资,同时采取一定的措施保证私人部门的投资不因政府投资增加而相应地减少,那么这种膨胀性的财政和货币政策就会由于增加了实际投资而促进经济增长。②通货膨胀通过物价上涨中利益的得失调整,实际上进行了一种有利于高收入阶层的国民收入再分配。由于高收入阶层边际储蓄率和投资率都比较高,因而有利于促进经济增长。③通货膨胀出现后,公众预期的调整有一个过程。在这个时滞中,物价上涨了,名义工资依然未发生变化,工资增长往往落后于物价上涨,企业的利润率会有所提高,从而刺激了私人投资的积极性,有利于促进经济增长。

(二)促退论

与促进论相反,促退论认为通货膨胀会损害经济增长。这种理论认为,持续的通货膨胀会经由降低效率的效应阻碍经济增长。其原因有以下几点。①通货膨胀会降低借款成本,从而诱发过度的资金需求,而过度的资金需求会迫使金融机构加强信贷配额管理,从而削弱金融体系的运营效率。②较长时期的通货膨胀会增加生产性投资的风险和经营成本,从而使资金流向生产性部门的比重下降,流向非生产性部门的比重增加。③通货膨胀持续一段时间后,市场价格机制将遭到破坏,扰乱相对价格体系,使价格信号失真,资源配置失调,阻碍经济增长;在公众舆论的压力下,政府可能采取全面价格管制的办法,削弱经济的活力。④在通货膨胀期间,人们会增加现期消费,减少储蓄,使社会储蓄率下降,不利于增加投资。这些都不利于生产性投资和经济增长。

(三)中性论

中性论认为,通货膨胀对经济增长实际上不产生任何影响,两者间没有必然的联系。这主要是由于预期会产生通货膨胀,公众在一段时间内会对物价上涨做出合理的行为调整,从而使通货膨胀各种效应的作用相互抵消,因此通货膨胀对产出、经济增长既不会促进,也不会损害。

我国的大部分经济学家认为,通货膨胀对经济的促进作用只是存在于开始阶段极短的时间内,并且只有在有效需求严重不足时,爬行式或温和型通货膨胀才能对经济发展起一定的促进作用。但从长期来看,通货膨胀对经济发展弊大于利,特别是在总供求基本均衡或总需求大于总供给时,通货膨胀的不良影响极大,危害面很广,对生产、流通、分配、消费都有破坏性作用,因此,必须坚决制止通货膨胀,尤其是恶性通货膨胀。

二、通货膨胀对失业的影响

关于通货膨胀与失业的关系,目前比较公认的观点是:通货膨胀和失业在短期内存在替代关系,而在长期中,通货膨胀对失业基本没有影响。

通货膨胀与失业之间的短期关系通常用菲利普斯曲线来表示。该曲线表明,通货膨胀率和失业率之间呈负相关关系。后来,经济学家弗里德曼和费尔普斯指出,通货膨胀与失业之间的负相关关系只在短期内成立,在长期中则不成立。他们认为

$$失业率=自然失业率-实际通货膨胀率+预期通货膨胀率$$

在短期中,预期通货膨胀率不等于实际通货膨胀率,通常小于实际通货膨胀率,因此失业率与实际通货膨胀率呈负相关关系。在长期中,实际通货膨胀率等于预期通货膨胀率,则失业率等于自然失业率。或者说,在长期中,菲利普斯曲线成为一条垂直线,这意味着无论通货膨胀率如何上升,失业率都只等于自然失业率而不会降低。该结论即为自然率假说。根据此观点,决策者通过利用通货膨胀政策来降低失业率的做法在短期内可能有效,而从长期看则只能导致通货膨胀率的提高,无法将

失业率降低到自然失业率之下。

菲利普斯曲线本身也会发生移动。总供给曲线的移动是引起菲利普斯曲线移动的重要原因。当总供给曲线向左移动时,物价上升而产量同时减少、失业增加,这就意味着通货膨胀率和失业率同时提高,即出现所谓滞胀现象。

三、强制储蓄效应

这里所说的储蓄,是指用于投资的货币积累。这种积累的主要来源有三个:一是家庭;二是企业;三是政府。在正常情况下,上述三个部门的储蓄有各自的形成规律:家庭部门的储蓄由收入剔除消费支出构成;企业储蓄由用于扩张生产的利润和折旧基金构成;政府储蓄从来源说则比较特殊。如果政府用增加税收的办法来筹资搞生产性投资,那么,这部分储蓄是从其他两个部门的储蓄中挤出的,从而全社会的储蓄总量并不增加。如若政府向中央银行借款,从而造成直接或间接增发货币,这种筹措建设资金的办法就会强制增加全社会的储蓄总量,结果将是物价上涨。在公众名义收入不变的条件下,按原来的模式和数量进行消费和储蓄,两者的实际额均减少,而其减少部分大体相当于政府运用通货膨胀强制储蓄的部分。

上面的分析是基于这样的假定,即经济已达到充分就业水平,用扩张货币的政策来强制储蓄会引起物价总水平的上涨。而在实际经济运行中,可能尚未达到充分就业水平,实际国民收入大大低于潜在国民收入,生产要素大量闲置。这时政府运用财政政策或货币政策来扩张有效需求,虽然也是一种强制储蓄,但并不会引发持续的物价上涨。

四、通货膨胀对收入再分配的影响

在通货膨胀时期,人们的名义货币收入与实际货币收入之间会产生差距。只有剔除物价的影响,才能看出人们实际收入的变化,由于社会各阶层收入来源极不相同,因此,在物价总水平上涨时,有些人的收入水平会下降,有些人的收入水平却会提高。这种由物价上涨造成的收入再分配,就是通货膨胀的收入分配效应。

通货膨胀的受害者是货币收入的增长速度低于物价上涨速度的社会阶层,主要是依靠工资生活的人和收入相对固定的人。在通货膨胀时期,如果名义工资水平不变或名义工资的增长率低于通货膨胀率,都会使工资收入者遭受损失。而在现实中,工资水平的调整普遍滞后于物价的上升。因此,依靠工资生活的阶层通常会在通货膨胀中遭受损失,且工资调整滞后的时间越长,损失越大。此外,固定利息的债权人或依靠租金取得收入的人都会遭受损失。

反之,在通货膨胀中受益的则是收入增长速度高于物价上涨速度的社会阶层,主要是从企业利润中取得收入的人。在通货膨胀时期,工资调整的滞后及产品价格上涨速度高于原材料成本上涨速度都会引起企业利润增加,从而使从企业利润中取得收入者受益。此外,固定利息的债务人也会从通货膨胀中受益。

五、资产结构调整效应

资产结构调整效应也称为财富分配效应,即通货膨胀对实物资产和金融资产有不同影响,通货膨胀有利于债务人而不利于债权人。

一个家庭的财富或资产由实物资产和金融资产两个部分构成。许多家庭同时还有负债,如汽车抵押贷款、房地产抵押贷款和银行消费贷款等。因此,一个家庭的资产净值是它的资产价值与债务价值之差。

在通货膨胀环境下,实物资产的货币值大体随通货膨胀率的变动而相应升降。有的货币值增长的幅度高于通货膨胀率,有的则低于通货膨胀率;同一种实物资产,在不同条件下,其货币值的升降,较之通货膨胀率也有时高时低的情况。金融资产则比较复杂。在其中占相当大份额的股票,它的行市是可变的,在通货膨胀之下会呈上升趋势。但影响股市的因素极多,所以股票绝非通货膨胀中稳妥的保值资产形式,尽管有些股票在通货膨胀之中使其持有者获得大大超出保值的收益。至于有确定的货币金额的各种金融资产,这样的名义货币金额并不会随通货膨胀是否存在而变化。显然,物价上涨,实际的货币额减少;物价下跌,实际的货币额增多。在这一领域中,防止通货膨胀损失的办法,通常是提高利息率或采用浮动利率。但在严重的通货膨胀的条件下,这样的措施往往难以弥补损失。所以,一般来说,通货膨胀有利于债务人而不利于债权人。

正是由于以上情况,每个家庭的资产净值,在通货膨胀之下,往往会发生很大变化。

【例1】 设有一人的资产负债情况如下。

(1)存款 10 000 元;

(2)负债 30 000 元;

(3)货币值可随物价变动而相应变动的资产 12 000 元。

当未出现通货膨胀时,其资产净值之和为 −8 000 元(负债)。这时的资产净值既是名义值,也是实际值。

现在出现了通货膨胀,设通货膨胀率为 100%。

其名义值是:

(1)存款 10 000 元;

(2)负债 30 000 元;

(3)货币值可随物价变动而相应变动的资产 24 000 元。

总名义资产净值为 4 000 元。

而实际值则为:

(1)存款 5 000 元;

(2)负债 15 000 元;

(3)货币值可变的资产其实际值仍为 12 000 元。

则实际资产净值为 2 000 元。

一般来说,小额存款人和债券持有人最易受通货膨胀的打击。至于大的债权人,不仅可以采用各种措施避免通货膨胀带来的损失,而且他们往往同时是大的债务人,可享有通货膨胀带来的巨大好处。

六、皮鞋成本和菜单成本

皮鞋成本和菜单成本都是通货膨胀引起的无谓损失。在通货膨胀时期,人们为减少货币贬值所带来的损失,将尽可能减少货币尤其是现金的持有量。通常的做法是更频繁地存取款(将收入尽可能多地放在有息的储蓄账户上,尽可能少地以现金形式持有)、更多地将货币转化为实物或兑换为外币等。这些做法都需要花费时间、精力及其他成本。这些为减少货币持有量而耗费的成本称为通货膨胀的皮鞋成本。在温和的通货膨胀的情况下,皮鞋成本可能会很小;但在高速通货膨胀的情况下,皮鞋成本则不容忽视。

在通货膨胀时期,企业将被迫对其产品和服务的价格进行调整,为此所耗费的成本则称为菜单成本。菜单成本包括印刷新价格清单和目录的成本、把这些价格表和目录送给中间商和顾客的成本、为新价格做广告的成本、决定新价格的成本,甚至还包括处理顾客对价格变动抱怨的成本。

需要指出的是,上述分析都是针对一定限度之内的通货膨胀而言的。当物价持续上涨超过一定限度成为恶性通货膨胀时,可能使整个经济运行陷入混乱状态,诱发政治动荡甚至导致整个信用制度和货币流通制度崩溃。

第四节 通货膨胀的治理对策

一、紧缩的财政政策和货币政策

紧缩的财政政策和货币政策统称为宏观紧缩政策,是传统的治理通货膨胀的手段。其政策的基本思路是:通过采取紧缩的财政政策和货币政策,抑制总需求,从而降低物价。采用宏观紧缩的手段治理通货膨胀的成本是产出减少、失业率增加、经济增长减缓、宏观经济达不到充分就业状态下的均衡等。宏观紧缩政策一方面减少了总需求,另一方面也使失业率增加,工资水平会相应降低。因此,宏观紧缩政策无论对需求拉上型通货膨胀还是对成本推动型通货膨胀都有一定的治理效果。

紧缩的货币政策具体实施手段主要包括以下三种。①提高商业银行的法定存款准备金率,缩小货币乘数,降低商业银行创造货币的能力以减少货币量。②提高贴现利率,影响商业银行的借款成本,并进而引起整个市场利率水平的提高,抑制货币供给。在利率受到直接管制的国家,也可通过直接提高利率来达到目的。③中央银行通过公开市场操作出售政府债券,减少基础货币投放,通过货币乘数的作用,多倍紧缩货币供给量。

紧缩的财政政策的手段主要包括减少政府支出和增加税收。政府支出是总需求的直接组成部分,削减政府支出等于直接减少总需求。增加税收可以减少个人或企业的可支配收入,进而减少其投资需求和消费需求。

二、紧缩的收入政策和价格政策

紧缩的收入政策是指通过控制工资的增长来控制收入和产品成本的增加,并进而控制物价水平。价格政策则是指直接作用于价格的各项政策。紧缩的收入政策和价格政策的目的在于限制物价和工资的上涨率,以降低通货膨胀率,同时又不造成大规模的失业。显然,这种政策适合成本推进型的通货膨胀。

紧缩的收入政策和价格政策的主要内容包括以下两个方面。

(一)采用行政或法律手段直接控制工资与价格

例如:强行将职工工资总额或增长率固定在一定水平上,对多增加工资的企业按工资超额增长比率征收特别税,利用反托拉斯法限制垄断高价,直接限定各类商品的最高限价等。这些措施的优点在于可能会起到立竿见影的作用,但大多数经济学家都反对这样的做法,其理由如下。首先,这只是治标而不能治本,因此难以长期执行下去。其次,由于职位和商品的种类千差万别,要对不同职位的工资和不同商品的价格进行合理的控制,这在现实中很难实施,而且实施的结果通常会导致不同程度的低效率。因为强制性的政策会妨碍市场机制对资源的有效配置,而市场是通过价格信号来指导生产和要素流动的,如果禁止价格上涨,价格限制也就等于取消了资源转移的动力。最后,各种商品的相对价格总在不断地变化,如果物价控制持续相当长的时间,就必须要考虑和反映相对价格的变动;否则,低于均衡价格的那些商品就要发生短缺。如果在价格管制的同时没有采取相应的紧缩需求的措施,公开型的通货膨胀变为隐蔽型的,一旦重新开放价格,通货膨胀会以更猛烈的方式爆发出来。

(二)采用道义劝说的方法非正式地控制工资和物价

例如:政府编制工资指导线,即根据估计的平均生产率的增长所确定的在一定年份内允许总货币收入增加的一个目标数值线,每个部门的工资增长率根据此目标数值线相应制定;编制物价指导线,即各类商品和服务的指导价格目录,希望工会和企业遵守。这种指导是非强制性的,但政府可以用某种方式来威胁那些不听从劝告的企业,如用不购买该企业的产品相威胁。此外,道义劝告还可以通过改变人们对通货膨胀的预期来控制通货膨胀。如果工会和企业相信每个人都屈服于政府的压力,他们就会愿意缓和自己对工资和提价的要求。当然,道义劝告的这一作用并不十分可靠,因为很难准确预测市场的心理反应。

20世纪六七十年代,西欧和日本都实行过类似的收入政策,美国在20世纪60年代中期以前也分别实施过控制工资增长的工资—价格指导线方案和冻结工资政策。

三、增加供给政策

增加供给是凯恩斯学派和供给学派针对经济滞胀而提出来的,他们都认为,总供给减少是导致经济滞胀的主要原因。

凯恩斯学派认为总供给减少的最主要原因是影响供给的一些重要因素发生了变化,如战争、石油或重要原材料短缺、主要农作物歉收、劳动力市场条件变化、产品市场需求结构变化,以及政府财政支出结构、税收结构、转移支付等方面的变化,造成了总供给减少并引起通货膨胀。因此,治理经济滞胀必须从增加供给着手。凯恩斯学派提出的对策主要包括:政府减少失业津贴的支付、改善劳动条件、加强职业培训和职业教育、改进就业信息服务、调整财政支出结构和税收结构等,其目的是降低自然失业率,使总体经济恢复到正常状态。

供给学派则认为,政府税率偏高是总供给减少、菲利普斯曲线右移的主要原因。过高的税率降低了就业者的税后收入和工作意愿,同时也降低了企业的投资意愿,并助长了逃税行为,造成资源浪费,阻碍了社会生产力的提高和总供给的增长。因此,治理滞胀必须首先降低税率,以提高劳动者的工作意愿和劳动生产率,增加储蓄和企业投资,提高资金的运用效率,刺激经济增长和降低失业率,从而走出经济滞胀的困境。

美国在卡特时代和里根时代都曾采用这一手段来降低物价水平。不过,也有些经济学家认为,产生供给效应所需要的时间可能太长。因此,把供给政策作为控制短期通货膨胀的工具并不合适。

四、指数化政策

在通货膨胀的条件下,为了维持经济的稳定成长,人们想出各种各样的办法对付物价持续上涨趋势,其中,指数化方案占了一席之地。

所谓指数化方案,是指以条文规定的形式把工资等收入和某种物价指数联系起来。收入指数化是按物价变动情况自动调整收入的一种分配方案。指数化的范围包括工资、政府债券和其他货币性收入。实施的办法是使各种收入按物价指数滑动或根据物价指数对各种收入进行调整,可以是百分之百的指数化,也可以是部分指数化。

这种指数化措施主要有两个功效:一是能借此剥夺政府从通货膨胀中所获得的收益,杜绝其制造通货膨胀动机;二是可以借此抵消或缓解物价波动对个人收入水平的影响,克服由通货膨胀造成的分配不公。借此还可以稳定通货膨胀环境下的微观主体行为,避免出现抢购商品、储物保值等使通货膨胀加剧的行为。

这一政策主要是针对经济开放的小国而言的,小国通常是世界通货膨胀的受害者而不是发源地。因此,对于经济开放的小国来说,主要问题是如何抵御外来通货膨胀的侵袭和干扰。由于经济开放的小国中,外贸所占比重很大,对外依赖程度高,通货膨胀主要是由外生变量所决定的,因此收入政策和阻止工资增长政策并不能有效地抵御世界通货膨胀的输入,况且限制工资增长会受到工人或工会的强烈抵制,而实行稳定本国货币供给增长率的政策也并不能防止世界通货膨胀的冲击,因此也不能用稳定的货币政策对付通货膨胀。其最有效的办法是采取指数化政策,由于收入和利率等与价格指数相关联,可以消除通货膨胀对经济发展、收入分配和资源配置的影响。

但对于指数化政策,也有尖锐的反对意见:①全面实行收入指数化会提出很高的技术性要求,因此任何政府都难以实施包罗万象的指数化政策;②收入指数化会造成工资—物价的螺旋上升,进一步加剧通货膨胀。因而,它对于成本推进型的通货膨胀是不适用的。

五、货币改革

当发生恶性通货膨胀并且原有的货币体系已不能正常运行时,上述各项政策措施将不再奏效。由于原有的货币已不能执行货币的职能,此时就必须进行货币改革,废除旧货币,发行新货币,并辅以其他严厉的政治、经济措施,以便尽快摆脱恶性通货膨胀所造成的混乱局面。

总之,治理通货膨胀是一个十分复杂的问题,不仅造成通货膨胀的原因及其影响是多方面的,而且其治理的过程也必然会牵涉到社会生活的方方面面,影响到各个产业部门、各个企业、社会各阶层和个人的既得利益,因此,必须根据具体情况采取多种措施相配合,才能达到良好的治理效果。

第五节 通货紧缩

1997年的东南亚金融危机成为全球经济的转折点,世界经济在经历了50年左右的反通货膨胀斗争之后,又开始面对通货紧缩的挑战。我国也不例外,1997年10月份,我国零售商品价格指数开始出现持续下降的现象,在此之前生产资料价格指数和工业品出厂价格指数已经持续下降了一段时间。这种现象说明我国已经进入通货紧缩阶段。

一、通货紧缩的含义

经济学界对通货紧缩这一现象争论得沸沸扬扬,对如何定义通货紧缩依然存在很大分歧。国内经济学界关于通货紧缩的定义有四种不同的观点。第一种观点认为,通货紧缩是指价格水平的持续下降,称为单因素论;第二种观点认为,通货紧缩是指价格水平和货币供给量同时持续下降的一种现象,称为双因素论;第三种观点认为,通货紧缩是指价格水平、货币供给和经济增长三项指标的持续下降,称为三因素论;第四种观点认为,通货紧缩是指价格持续负增长、经济实际增长率持续低于潜在增长率的现象。

虽然经济学界对通货紧缩是否也是一种货币现象这一问题还未达成共识,但是,从上述定义中,我们可以总结出通货紧缩的主要特征:①通货紧缩表现为物价水平的持续、普遍地下跌;②货币供给量下降或者货币流通速度减缓;③它通常与经济衰退相伴,表现为投资的边际收益下降和投资机会相对减少,信贷增长乏力,消费和投资需求减少,企业普遍开工不足,非自愿失业增加,收入增加速度持续放慢,市场普遍低迷。

巴塞尔国际清算银行提出的标准是:一国消费的价格连续两年下降可被视为通货紧缩。

二、通货紧缩的成因

引发通货紧缩的原因较多,既有货币因素,又有非货币因素;既有生产方面的原因,又有管理方面的原因;既有国外的原因,又有国内的原因。根据近代世界各国发生通货紧缩的情况分析,通货紧缩的产生大体有以下几个方面的原因。

(一)财政货币紧缩

一国当局采取紧缩性的货币政策或财政政策,大量减少货币发行或削减政府开支以减少赤字,会直接导致货币供应不足,或加剧商品和劳务市场的供求失衡,使"太多的商品追逐太少的货币",从而引起物价下跌,出现政策紧缩型的通货紧缩。

如经济学家弗里德曼和舒尔茨认为,美国1920—1921年出现的严重的通货紧缩完全是货币紧缩的结果。在1919年4月到1920年6月期间,纽约联邦储备银行曾经多次提高贴现率,先后从4%提高到7%。大萧条期间出现的通货紧缩也是同样的原因。当然,货币紧缩往往是货币政策从紧的结果。货币当局为追求价格稳定,中央银行往往把政策目标定为零通货膨胀,从而采取提高利率等手段减少货币供应量。这样的政策效果可能从一个极端走向另一个极端(治理了通货膨胀,但却引起了通货紧缩)。因此,不少学者认为,把货币政策目标定为零通货膨胀是非常危险的。

(二)经济周期的变化

经济周期达到繁荣的高峰阶段,生产能力大量过剩产生供过于求,可引起物价下跌,出现经济周期型通货紧缩。

(三)生产力水平的提高和生产成本的降低

技术进步提高了生产力水平,放松管制和改进管理降低了生产成本,产品价格下降,出现成本压低型的通货紧缩。

(四)供给结构不合理

如果由于前期经济中的盲目扩张和投资,造成了不合理的供给结构和过多的无效供给,当积累到一定程度时必然会加剧供求之间的矛盾,一方面许多商品无法实现其价值会迫使价格下跌,另一方面大量货币收入不能转变为消费和投资,减少了有效需求,就会导致结构型通货紧缩。

(五)有效需求不足

当预期实际利率进一步降低和经济走势不佳时,消费和投资会出现有效需求不足,导致物价下跌,形成需求拉下型通货紧缩。金融体系的效率降低或信贷扩张过快导致出现大量不良资产和坏账时,金融机构"惜贷"或"慎贷"引起信用紧缩,也会减少社会总需求,导致通货紧缩。

(六)体制和制度因素

体制和制度方面的因素也会加重通货紧缩。如企业制度由国有制向市场机制转轨时,精简下来的大量工人现期和预期收入减少,导致有效需求下降,还有住房、养老、医疗、保险、教育等方面的制度变迁和转型,都可能影响到个人和家庭的收支和消费行为,引起有效需求不足,导致物价下降,形成体制转轨型的通货紧缩。

(七)本币高估和其他外部因素的冲击

一国实行盯住强势货币的汇率制度时,本币汇率高估,会减少出口,扩大进口,加剧国内企业经营困难,促使消费需求趋减,导致物价持续下跌,出现外部冲击型的通货紧缩。此外,国际市场的动荡也会引起国际收支逆差或资本外流,形成外部冲击型的通货紧缩压力。

三、通货紧缩的社会经济效应

通货紧缩的正效应表现为持续的物价下跌和使人们的实际货币购买力提高。与通货紧缩的正效应相比,通货紧缩对经济的负面影响要大得多。

(一)财富缩水效应

通货紧缩发生时,全社会总体物价水平下降,企业的产品价格自然也跟着下降,企业的利润随之减少。企业赢利能力的下降使得企业资产的市场价格也相应降低。而且,产品价格水平的下降使得单个企业的产品难以卖出,企业为了维持生产周转不得不增加负债,负债率的提高又进一步使企业资产的价格下降。企业资产价格的下降意味着企业净值的下降,财富的减少。

在通货紧缩的条件下,供给的相对过剩必然会使众多劳动者失业,此时劳动力市场供过于求的状况将使工人的工资降低,个人财富减少。即使工资不降低,失业人数的增多也使社会居民总体的收入减少,导致社会个体的财富缩水。

(二)经济衰退效应

通货紧缩导致的经济衰退效应表现在三个方面:一是物价的持续、普遍下跌使得企业产品价格下跌,企业利润减少甚至亏损,这将严重打击生产者的积极性,使生产者减少生产甚至停产,结果社会的经济增长受到抑制。二是物价的持续、普遍下跌使实际利率升高,这将有利于债权人而损害债务人的利益。而社会上的债务人大多是生产者和投资者,债务负担的加重无疑会影响他们的生产与投资活动,从而给经济增长带来负面影响。三是物价下跌引起的企业利润减少和生产积极性降低,将使失业率上升,实际就业率低于充分就业率,实际经济增长低于自然增长。

(三)财富分配效应

在通货紧缩下,由于名义利率的下降幅度小于物价的下降幅度,实际利率水平提高。在这种情况下,债务人实际偿还的金额增多,债务人的还款负担加重。同时,为了保持生产或生活的流动性,债务人不得不借入新的债务,因此陷入债务泥潭。正如费雪所说,在通货紧缩的条件下,负债人越是还债,他们的债就越多。这种现象是社会财富从债务人向债权人转移的财富分配效应。

(四)失业效应

通货紧缩导致失业上升。一方面,通货紧缩意味着投资机会减少,相应的就业机会减少;另一方面,通货紧缩抑制了生产者的积极性,企业减产甚至停产,失业人员自然增加。

四、通货紧缩的治理

(一)凯恩斯主义的主张

20世纪30年代大危机后,针对西方世界通货紧缩、经济萧条的状况,凯恩斯主义者提出了一套有效需求不足理论和相应的扩张性财政金融政策,并力求通过国家干预来解决问题。这些政策主要有:①膨胀性的货币政策,即增加货币供应量,压低利率,以刺激投资与消费;②赤字财政政策,即政府要用举债的办法发展经济,扩大有效需求。不过,凯恩斯认为应以财政政策为主,以货币政策为辅,其理由是货币政策有局限性,存在流动性陷阱。

凯恩斯主义的经济政策是刺激经济增长的扩张性财政货币政策,对付因通货紧缩带来的经济萧条、失业增加十分有效。以美国为例,20世纪30年代中期失业率最高曾达到24.9%,1942年实行凯恩斯主义的膨胀性经济政策后,当年政府开支比上年增长了一倍,而失业率则从上年的9.9%降到4.7%。此后30年间美国经济一直保持平衡增长的势头,失业率也基本在4%左右徘徊。于是,许多凯恩斯主义者把这段岁月称为"凯恩斯时代",凯恩斯本人也被誉为"战后繁荣之父"。

(二)货币主义的建议

货币主义在猛烈抨击凯恩斯主义经济理论与政策主张的同时,提出了坚持经济自由主义,反对国家干预货币政策的经济思想,提出以稳定货币、反对通货膨胀为中心的政策主张。

由于货币主义的政策主张是以稳定货币币值、反对通货膨胀为前提条件的,是以经济自由化和反对政府干预为思想基础的,因此,似乎看不出货币主义在反通货紧缩中有何作为。但仔细分析货币主义的政策主张,有两点值得重视:其一,认为货币数量是经济中唯一起支配作用的经济变量,货币政策是一切经济政策中唯一重要的法宝;其二,扩张性的财政政策如果没有相应的货币政策配合,就只能产生"挤出效应",而不可能产生"乘数效应"。可见,财政政策和其他政策(收入政策、外贸政策、就业政策等)如无货币政策配合,就不可能生效。从这个意义上讲,货币主义实际上是主张通过扩大购买政府债券,降低存款准备金率等手段扩大货币供应量,压低市场利率,配合扩张性财政政策以达到刺激消费与投资、振兴经济的目的。因而,绝不能认为货币政策对付通货紧缩无能为力。

总之，引发通货紧缩的原因较多，治理的难度也很大，绝不是实行财政、货币政策双扩张就能完全解决问题的，而必须借助如收入政策、产业政策、外贸政策、就业政策等宏观经济政策，并相互配合，方能奏效。

复习思考题

1. 什么是通货膨胀？为什么不能将它与货币发行过多画等号？
2. 如何度量通货膨胀？
3. 试分析通货膨胀的社会经济效应。
4. 温和的通货膨胀是否有利于经济增长？请谈谈你的看法。
5. 试分析通货膨胀的成因，并提出相应对策。
6. 试全面、客观地评价通货紧缩的社会经济效应，并提出相应的对策。

第四篇
政策与监管

第十二章 货币政策

 教学目的与要求

正确理解货币政策的含义;重点掌握一般性货币政策工具,熟悉选择性货币政策工具;正确分析目前中国主要运用的货币政策工具;了解凯恩斯学派与货币学派的货币政策传导机制理论,掌握货币政策中介指标的作用与选择标准,熟悉利率、货币供应量、基础货币作为中介指标的优缺点;掌握货币政策与财政政策的异同点,能够结合实际经济情况协调配合货币政策与财政政策;了解中国货币政策的实践。

第一节 货币政策工具

一、货币政策的定义

货币政策是指中央银行为实现特定的经济目标而采取的各种控制、调节货币供应量或信用量的方针、政策、措施的总称。其构成要素主要有货币政策目标(包括最终目标、中介目标、操作目标)、货币政策工具等。货币政策不是中央银行的金融行业管理政策,而是国家宏观经济政策的重要组成部分。

货币政策有广义和狭义之分。广义的货币政策包括与货币、银行有关的一切政策措施。例如:发展中国家的货币政策还包括促进本国金融深化改革的各类措施,如扶植金融机构发展,完善金融市场,促进与协调金融业的效率与竞争,推动信用票据化,等等。狭义的货币政策则主要是研究货币的发行与调控,货币量与产出、收入、价格、国际收支等宏观经济变量的相互联系与相互影响,并围绕这些经济联系与影响制定一系列的政策措施。

通常人们所说的货币政策是指狭义的货币政策。但无论是广义的货币政策还是狭义的货币政策,其制定者和执行者主要是中央银行,中央银行代表国家对国民经济活动进行调控。

二、货币政策工具的含义

货币政策工具是货币当局为实现货币政策最终目标而采取的措施或手段,又称为货币政策措施或货币政策手段。货币政策工具类型如表12-1所示。

表 12-1　货币政策工具类型

一般性货币政策工具	选择性货币政策工具	其他货币政策工具
法定存款准备金制度	消费者信用控制	直接信用控制
再贴现政策	不动产信用控制	间接信用控制
公开市场业务	证券市场信用控制	
	优惠利率	

三、一般性货币政策工具

一般性货币政策工具是市场经济国家普遍采用传统政策工具，其主要作用在于对货币供应量进行总量调控，对整个经济产生影响。因此，一般性货币政策工具又称为数量工具，包括法定存款准备金制度、再贴现政策和公开市场业务三大工具，即所谓的"三大法宝"。

（一）法定存款准备金制度

法定存款准备金制度，是指中央银行依据法律所赋予的权力，要求商业银行和其他金融机构按规定的比率在其吸收的存款总额中提取一定的金额缴存中央银行，并借以间接地对社会货币供应量进行控制的制度。提取的金额被称为法定存款准备金，其占存款总额的比率被称为法定存款准备金率。

1. 法定存款准备金制度的主要内容

规定法定存款准备金计提的基础，即需要提交准备金的存款的种类和数额；规定法定存款准备金率，即中央银行依据法律规定商业银行对所拥有的法定存款提取准备金的比例；规定法定存款准备金的构成，只能是在中央银行的存款，商业银行持有的其他资产不能充作法定存款准备金；规定法定存款准备金提取的时间。

2. 法定存款准备金率对经济的影响

法定存款准备金率通常被认为是货币政策最猛烈的工具之一。其作用于经济的影响有以下几点。

（1）法定存款准备金率的调整有较强的告示效应。法定存款准备金率的升降是中央银行货币政策的预示器，中央银行调整存款准备金率是公开的、家喻户晓的行动，并立即影响各商业银行的准备金头寸。因此，调整存款准备金率实际上是中央银行的一种有效宣言："这是我们的政策所采取的方向，我们确确实实是要这样做的。"

（2）法定存款准备金率的调整有强制性的影响，一经公布，任何存款性金融机构必须执行。

（3）法定存款准备金率的调整对货币供应量有显著的影响效果。按货币供给理论，货币乘数是中央银行法定存款准备金率的倒数，所以，在商业银行及其他金融机构没有超额准备金的情况下，1%的法定存款准备金率的升降，都可能会导致货币供应量的巨额变动。

3. 法定存款准备金率的确定

各国规定的法定存款准备金率各不相同,通常考虑以下几个方面的因素。

(1)存款种类。由于不同性质的存款的流动性不同,由此产生的派生能力及对货币流通的影响也就不同。一般说来,活期存款比定期存款法定存款准备金率高,定期存款中期限短的比期限长的高。

(2)银行规模和存款金额。银行规模的大小与吸收存款金额的多少对货币流通的影响也是不同的。规模较小的银行提缴法定存款准备金的比率比大银行的低,存款规模金额小的比存款规模金额大的法定存款准备金率要低。

(3)经济运行状况。中央银行常常根据一国经济情况来调整法定存款准备金率。一般在经济繁荣时期,为避免过度扩张信贷、引起通货膨胀,就提高法定存款准备金率;在经济停滞时期,为鼓励投资,需要放松银根,就降低法定存款准备金比率。

4. 法定存款准备金率的优缺点

法定存款准确金率作为货币政策工具的优点是:①中央银行具有完全的自主权,它是三大货币政策工具中最容易实施的一个工具;②对货币供应量的作用迅速,一旦确定,各商业银行及其他金融机构必须立即执行;③对松紧信用较公平,一旦变动,能同时影响所有的金融机构。

其缺点包括以下几点。①法定存款准备金率的调整缺乏应有的灵活性。正因为该货币政策工具有较强的告示效应和影响效果,它不能作为一项日常的调节工具,供中央银行频繁地加以运用。所以,作为一种货币政策工具,中央银行并不经常运用它,只有当中央银行打算大规模地调整货币供给,并且尽可能少地扰乱政府的有价证券市场时,法定存款准备金率的改变才是较为理想的方法。②政策效果在很大程度上受超额准备金的影响。如果商业银行有大量超额准备金,当中央银行提高法定存款准备金率时,商业银行可将部分超额准备金充抵法定存款准备金,而不必收缩信贷。

(二)再贴现政策

1. 再贴现的含义

商业银行或其他金融机构以贴现方式将所获得的未到期票据向中央银行所做的票据转让,称为再贴现。对于中央银行而言,再贴现是买进票据,让渡资金;对于商业银行而言,再贴现是卖出票据,获得资金,它是商业银行获取资金的一种融资方式。

中央银行是商业银行的最后贷款者。当商业银行发生准备金不足时,一个重要的补充途径就是向中央银行借款。它可以拿银行贴现的未到期的票据向中央银行要求再贴现,或者以中央银行同意接受的抵押品作担保申请借款,中央银行的抵押贷款通常以政府债券作抵押,也可用经过审查的"合格的证券"即商业票据作担保办理再贴现和抵押贷款,这两种方式在西方国家的中央银行被习惯地称为再贴现。且以后一种方式为主,中央银行的贷款多数是短期的,一般为1天到2周。

再贴现政策是中央银行最早拥有的货币政策工具,在整个19世纪和20世纪的前30年,再贴现被认为是中央银行的主要工具。

2.再贴现的主要内容

再贴现的主要内容有:再贴现率的调整;影响商业银行借贷中央银行资金的成本;确定何种票据有贴现或抵押资格;规定向中央银行申请再贴现的资格,即对再贴现的票据种类和申请机构区别对待,或抑制或扶持,以影响金融机构借入资金的流向。

3.再贴现作用于经济的途径

(1)借款成本效果。中央银行通过提高或降低再贴现率来影响金融机构向中央银行借款的成本,从而影响基础货币投放量,进而影响货币供应量和其他经济变量。比如,中央银行认为货币供应量过多时可提高再贴现率,使商业银行减少向中央银行借款,中央银行基础货币投放减少,若货币乘数不变,则货币供应量相应减少,会使商业银行相应提高贷款利率,从而抑制客户对信贷的需求,收缩了货币供应量。

(2)宣示效果。中央银行提高再贴现率,表示货币供应量将趋于减少,市场利率将会提高,人们为了避免因利率上升所造成的收益减少,可能会自动紧缩所需信用,减少投资和消费需求;反之则相反。

(3)结构调节效果。中央银行不仅可用再贴现影响货币总量,还可用区别对待的再贴现政策影响信贷结构,贯彻产业政策。一是规定再贴现票据的种类,以支持或限制不同用途的信贷,促进经济"短线"部门发展,抑制经济"长线"部门扩张;二是按国家产业政策对不同类的再贴现票据制定差别再贴现率,以影响各类再贴现的数额,从而使货币供给结构符合中央银行的政策意图。

4.再贴现作为货币政策工具运用的前提条件

(1)要求在金融领域以票据业务为融资的主要方式之一,这样才能形成一定数量的再贴现票据,没有普遍的客户票据贴现,就不可能有商业银行的再贴现。

(2)商业银行要以再贴现方式向中央银行借款,因为商业银行解决资金短缺的办法不仅是再贴现,还可以出售有价证券、收回贷款、同业拆借等。

(3)若再贴现率低于市场利率,则商业银行会更愿意向中央银行再贴现。

5.再贴现的优缺点

再贴现的优点主要有:①有利于中央银行发挥最后贷款者的作用;②比存款准备金率的调整更机动、灵活,既可调节总量,又可以调节结构;③以票据融资,风险较小。

尽管再贴现政策工具是一项有效的政策工具,但其本身仍存在着一定的局限。①在实施再贴现政策过程中,中央银行处于被动等待的地位。商业银行或其他金融机构是否愿意到中央银行申请再贴现或借款,完全由商业银行及其他金融机构自己来决定。②该工具的灵活性较小。再贴现率的频繁调整会引起市场利率的经常波动,使大众和商业银行无所适从。若再贴现率不经常调整又不宜于中央银行灵活地调节市场货币供应量。因此,这一工具本身有被动、缺乏灵活性的缺点。

(三)公开市场业务

1. 公开市场业务的含义

公开市场业务是指中央银行在公开市场上买进或卖出有价证券(主要是买卖政府债券)用以增加或减少货币供应量的一种政策手段。当金融市场上资金短缺时,中央银行通过公开市场业务买进有价证券,这相当于向社会投入一笔基础货币,从而会增加货币供应量;相反,当金融市场上货币过多时,中央银行就通过公开市场业务卖出有价证券以达到回笼货币,收缩信贷规模,减少货币供应量的目的。

公开市场业务有防御性公开市场业务和主动性公开市场业务之分。前者是指中央银行买卖证券,只是用于抵消那些非中央银行所能控制的因素对银行准备金水平的影响,后者指中央银行买卖证券是为了改变银行准备金总水平,从而稳定社会经济。

公开市场业务是目前西方国家中央银行重要的货币政策工具,这固然与西方国家证券市场发达有关,但主要还是因为公开市场业务有其他政策工具不能替代的优点。

2. 公开市场业务作用于经济的途径

(1)通过影响利率来影响经济。中央银行在公开市场上买进证券,形成多头市场,证券价格上升,随之,货币供应扩大,利率下降,刺激投资,对经济产生扩张性影响。相反,则货币供应缩小,利率上升,抑制投资,对经济产生收缩性影响。

(2)通过影响银行存款准备金来影响经济。中央银行若买进了商业银行的证券,则直接增加商业银行在中央银行的超额准备金,商业银行运用这些超额准备金则使货币供应按乘数扩张,刺激经济增长;反之则相反。中央银行若买进了一般公众的证券,则增加公众在商业银行的存款,商业银行按所增存款计提法定准备金后运用剩余部分,货币供应再按乘数扩张;反之则相反。两种情况都会导致基础货币增加,从而扩大货币供应量,不过前者的作用更大。

决定银行准备金水平的要素是多种多样的,概括起来主要有八项:中央银行持有的政府债券、中央银行对商业银行和其他金融机构的贷款、中央银行应收款项、黄金存量、公众持有的通货、中央银行应付款项、财政部存款和中央银行其他资产净值。这八项中,任何一项的单独变动都会导致银行准备金发生相等数额的变动,前五项要素变动时,准备金会在同一方向上发生变化;后三个要素的变化,会导致准备金发生相反方向变化。这八项要素中,只有前面两个是中央银行可以通过公开市场业务和再贴现政策加以控制的,而后面的六个要素则是中央银行无法充分控制的。他们的变动对银行准备金的影响有时可能会抵消中央银行货币政策的影响力。因此,中央银行必须事先对这些要素的变动加以预测,通过防御性的公开市场业务来抵消外来影响,从而使银行和金融机构的准备金水平维持在预定的目标水平上。

3. 运用公开市场业务的条件

中央银行和商业银行都须持有相当数量的有价证券;要有一个独立、统一、发达的金融市场；信用制度健全。

4.公开市场业务的优缺点

公开市场操作相对于其他货币政策工具(改变再贴现率和准备金比率)有一些优势。这些优势包括对准备金和基础货币产生影响的精确性、公开市场操作的灵活性、变化的主动性完全掌握在中央银行手中能够稳定证券市场等。

(1)精确性。公开市场操作使中央银行能够对总的银行准备金和基础货币进行有力而准确地控制,尤其是计算这些数字的周或月平均值时更是这样。如果中央银行向银行系统注入1.15亿元的准备金,就可以简单地购买1.15亿元的政府债券。而使用再贴现率或法定存款准备金率则不可能达到这么高的精确程度。例如:中央银行想通过再贴现政策降低准备金,它可以做的只是提高再贴现率,甚至发表声明警告银行不要从中央银行大量借款,这一举措使准备金和基础货币下降的程度是不可能预测的。法定存款准备金率的变化是通过货币乘数而不是直接通过基础货币量和准备金量来影响货币供给的。

(2)灵活性。中央银行每天都在公开市场上买卖大量的政府债券。对于中央银行来说,通过公开市场操作改变货币政策的基调,甚至完全调转方向都是很容易的。但这只有最敏感的观察家才能发现这一变化。而再贴现率和法定存款准备金率的变化就不能产生这种效果,因为对于公众来说,这些变化太显而易见了。因此,再贴现率和法定存款准备金率工具在短期内很不灵活,一般来说,法定存款准备金率多年才改变一次,再贴现率的调整相对频繁一些,通常每年两三次。相反,中央银行每天都进行巨额的政府债券交易。

(3)主动性。如果中央银行要通过法定存款准备金、基础货币或超额准备金等变量来影响经济活动,那么这些变量的变化一定源于中央银行的政策决策,而不会受到外界因素的影响。也就是说,改变法定存款准备金的主动权留在中央银行。公开市场操作也是这样主动进行的。而如前所述,贴现窗口就比较被动。

(4)稳定证券市场。根据证券市场供求波动,主动买卖证券,可以起到稳定证券市场的作用。

公开市场业务的主要缺点是从政策实施到影响最终目标,时滞较长;干扰其实施效果的因素比法定存款准备金率、再贴现多,往往带来政策效果的不确定性。

四、选择性货币政策工具

选择性货币政策工具是指能影响银行系统的资金运用方向和不同信用的资金比率的各种措施。这些措施旨在在不影响货币供应总量的情况下,对某些具体用途的信贷数量产生影响。它们主要包括:消费者信用控制、证券市场信用控制、不动产信用控制、优惠利率等。

(一)消费者信用控制

消费者信用控制是中央银行对消费者在购买耐用消费品时发生的分期付款信

用所采用的管制措施,包括规定分期付款的第一次最低付款金额、分期付款的最长期限和适用于采用分期付款的耐用消费品的种类等。

中央银行提高法定的第一次最低付款金额就等于降低了最大放款额,势必减少社会对此种商品的需求。缩短偿还期就相当于增大了按期支付额,也会减少对此类商品和贷款的需求。

(二)证券市场信用控制

信用交易又称为保证金交易或垫头交易,是指购买证券者先付一部分保证金,其余不足部分则由证券公司向其提供价款进行垫付,从而使证券的买卖得以实现的一种交易方式。利用信用交易方式可以解决投资者因暂时的资金不足或所持的证券不足而无法获得预期收益的问题。

证券信用交易的法定保证金比率是中央银行对以信用方式购买股票和证券所实施的一种管理措施。中央银行通过规定保证金比率(按百分比表示的,购买人对所购买证券支付的最低现款比率)来控制以信用方式购买股票或证券的交易规模。比如说,中央银行规定信用交易保证金比率为30%,则交易额为20万元的证券购买者,必须至少将6万元以现金形式一次性交付来进行此项交易,其余资金则由金融机构贷款解决。

在一般情况下,中央银行可根据金融市场的状况随时调高或调低法定保证金比率。

证券信用交易的法定保证金比率工具,间接地控制了流入证券市场的信用量,即控制了证券市场的最高放款额(最高放款额=(1-保证金比率)×交易总额)。它既能使中央银行遏制过度的证券投机活动,又不贸然采取紧缩和放松货币供应量的政策,因而有助于避免金融市场的剧烈波动和促进信贷资金的合理运用。

(三)不动产信用控制

不动产信用控制是中央银行对商业银行或其他金融机构不动产贷款的额度和分期付款的期限等规定的各种限制性措施,包括规定商业银行不动产贷款的最高限额、最长期限、第一次付款的最低金额和对分期还款的最低金额等进行管制。

(四)优惠利率

中央银行对国家重点发展的经济部门或产业,如出口工业、农业、能源、交通业等所采取的优惠措施。优惠利率不只在发展中国家被采用,在发达国家也被采用。

五、其他政策工具

(一)直接信用控制的货币政策工具

直接信用控制是指中央银行以行政命令或其他方式,直接控制金融机构尤其是商业银行的信用活动。

(1)贷款限额。中央银行可以对各商业银行规定贷款的最高限额,以控制信贷规模和货币供应量;也可规定商业银行某类贷款的最高限额,以抑制某些部门发展过快。

(2)利率限制。中央银行规定存款利率的上限,规定贷款利率的上下限,以限制商业银行因恶性竞争而造成金融混乱,经营不善而破产倒闭,或牟取暴利。

(3)流动性比率。中央银行规定商业银行全部资产中流动性资产所占的比重。商业银行为了达到流动性比率,必须缩减长期放款,扩大短期放款和增加应付提现的资产。这样虽然会降低收益率,但提高了安全性,也起到了限制信用扩张、保护存款户利益的作用。

(4)直接干预。中央银行直接对商业银行的信贷业务进行合理干预。如限制放款的额度和范围、干涉吸收活期存款、对经营管理不当者拒绝再贴现或采取较高的惩罚性利率等。

(二)间接信用控制的货币政策工具

间接信用控制是指中央银行用道义劝告、窗口指导等办法间接影响商业银行的信用创造。

1.道义劝告

中央银行利用其在金融体系中的特殊地位和声望,以口头或书面的形式对商业银行和其他金融机构发出通告、指示,劝其遵守政策,主动合作。如在国际收支出现赤字时劝告金融机构减少对国外贷款;在房地产与证券市场投机盛行时,要求商业银行缩减对这两个市场的信贷等。

2.窗口指导

中央银行根据产业行情、物价趋势和金融市场动向,规定商业银行季度贷款的增减额,并"指导"执行。如果商业银行不接受"指导"进行贷款,中央银行可削减对其贷款的额度,甚至采取停止提供信用等制裁措施。第二次世界大战结束后,窗口指导曾一度是日本主要的货币政策工具。

以上间接信用控制的优点是比较灵活,省费用;但因缺乏法律约束力,所以要发挥作用,中央银行必须在金融体系中具有较高的地位、声望和控制信用所需的足够的法律权力和手段。

六、中国货币政策工具的选用

由市场经济的共性所决定,我国的货币政策工具与西方国家有相同的方面。但是,中央银行选择什么货币政策工具及怎样运作,并无固定的模式,只能根据不同时期的经济、金融等客观条件而定,这又决定了我国的货币政策工具与西方国家不同的方面。我国主要运用的货币政策工具有如下几种。

(一)信贷计划

在正常情况下,为调动商业银行等金融机构组织资金的积极性,中央银行对信贷总量采取指导性管理的形式,通过编制和下达各地区和各商业银行信贷总量及其构成计划,指导信贷活动,引导资金流向,为各级银行控制贷款规模和调整贷款结构提供依据。但是,在货币、信贷增长过快,需要加强总量控制和紧缩银根的时候,则对信贷计划的主要总量指标采取指令性管理的形式,以期在短期内迅速达到控制货币、信贷过快增长的目标。目前,我国在进行信贷计划管理体制改革后,取消了贷款限额控制,而且在推行资产负债比例管理和风险管理的基础上,实行"计划指导,自求平衡,比例管理,间接调控"的体制。

(二)法定存款准备金

从1984年起,法定存款准备金制度开始成为中国人民银行的货币政策工具。存款准备金制度正式实施后成为中国人民银行再贷款的重要资金来源,也为运用其他货币政策工具,从直接调控转向间接调控打下了一定的基础。

(三)中央银行贷款(又称为再贷款)

中央银行贷款曾是我国最有效的货币政策工具之一。因为中央银行贷款曾经是我国吞吐基础货币的主要手段,占商业银行贷款的比重也一度高达30%左右,所以其增减变化对基础货币、贷款总规模、货币供应量的影响很大。中央银行通过发放或收回中央银行贷款,可以调控商业银行、其他金融机构发放贷款的资金来源,进而调控贷款总规模及货币供应量。但是,近年来需求不足导致商业银行对中央银行信用贷款的需求也在减少,中央银行贷款的调控作用大不如前。

(四)利率政策

在我国,利率水平由国家统一管理。一是中国人民银行对商业银行的存贷款利率(称为基准利率)实行管理。由于我国贴现和再贴现业务发展不充分,中国人民银行对商业银行的融资主要是信用放款,中国人民银行贷款利率就成为与西方发达国家再贴现率相类似的货币政策工具。二是金融机构的存贷款利率也属于管制利率,不能自行变动。因此,我国中央银行贷款利率变动能影响金融机构的融资成本,但并不能控制其利率,金融机构只能在允许的幅度内浮动利率。同时,中央银行通过调整金融机构的存贷款利率,影响金融机构、企业的融资成本,进而对信贷和货币供应起扩大或收缩作用。利率政策发挥作用的条件,一是利率的变动要能真实反映资金供求;二是资金供求双方对利率变动引起的融资成本或收益的变动要敏感。就我国现阶段改革情况来看,这两个条件都在逐步发展完善之中。

(五)窗口指导

中央银行与商业银行行长联席会议制度是我国中央银行对商业银行进行窗口指导的特殊形式。自1987年起,中央银行与专业银行(后改制并称商业银行)建立了比较稳定的行长碰头会制度。碰头会不定期举行。在碰头会上,专业银行向中央银行报告即期的信贷业务进展情况,中央银行则向专业银行说明对经济、金融形势的看法,通报货币政策的意向,提出改进商业银行信贷业务的建议。碰头会采取温和的道义说服、指导性政策建议,不具有强制性,但商业银行一般能够接受。实践证明,联席会议是中央银行与商业银行互通情况,贯彻货币政策的有效途径。除了在总行层次上,中央银行各级分支行和商业银行各级分支行也建立了类似的联席会议制度。

近年来,由于中央银行贷款的作用减弱,而票据、证券发展较快,所以再贴现、公开市场业务有较大进展,而进行基础货币吞吐,弥补中央银行贷款的作用力不足。从我国货币政策工具选择和运用的发展来看,体现了从直接调控为主向间接调控为主的调控方式的转变。

第二节 货币政策传导机制

货币政策的传导机制是指货币政策手段的运用,通过什么样的途径,最终实现既定的货币政策目标。在西方主要有两种货币政策传导机制理论:凯恩斯学派的间接作用传导机制理论与货币学派的直接作用传导机制理论。

一、凯恩斯与弗里德曼货币政策传导机制

(一)凯恩斯学派的货币政策传导机制理论

凯恩斯在《就业、利息和货币通论》中指出,中央银行实施货币政策后,首先引起商业银行的存款准备金数量变动,继而导致货币供应量发生变化,通过货币供应量的变化引起市场利率发生变化,市场利率的变化又导致投资发生增减变动,通过乘数效应,最终影响社会总支出与总收入。用符号表示为

$$R \to M \to r \to I \to E \to Y$$

式中,R 表示存款准备金;M 表示货币供应量;r 表示市场利率;I 表示投资;E 表示总支出;Y 表示总收入。

具体说来,当中央银行采取宽松的货币政策,例如降低法定存款准备金率,降低再贴现率或买入有价证券后,商业银行超额存款准备金增加,贷款能力增强。贷款的增加必然会增加货币供应量,促使利率降低。利率的降低意味着资本边际效率的提高,促使投资增加,通过乘数效应直接增加了社会的总需求,最终导致社会总收入的增加。若此时社会处于非充分就业状态,则货币供应量增加所带来的总需求增加会直接增加社会的产量、就业与收入,导致物价上涨的幅度较小。当社会已达到充分就业状态时,生产资源与劳动力已趋于饱和,随着总需求的增加,物价水平随之同比例上涨。反之,若中央银行采取紧缩的货币政策则会引起相反的效果。

由以上传导机制可以看出,中央银行货币政策的作用是间接的,它的作用大小,主要取决于三个方面的因素:①一定量的货币供给变动能使利率发生多大变化;②一定的利率变化对投资能够产生多大的影响;③货币乘数的大小。

在这一传导机制中,利率是核心。货币供应量的增减首先影响利率,进而通过利率变化最终影响社会总支出和总收入。如果货币供应量增减不能对利率产生一

定的影响,那么货币政策将失败。

上述分析,只显示货币市场对商品市场的影响,而没有表现货币市场与商品市场相互作用循环往复的情况,因此称为局部均衡分析。以后一些学者对局部均衡进行了补充与发展,称为一般性均衡分析,其基本观点如下。

当中央银行采取宽松的货币政策致使货币供应量增加时,在总需求不变的情况下,利率会相应下降,下降的利率会刺激投资,引起总支出与总收入的相应增加。但利率下降后,降低了存款人的存款意愿,借贷资金的供给会减少或不变。与此同时,商品市场上由于收入的增加又提供了更多的货币需求,结果使货币需求量超过货币供应量,致使下降的利率又重新回升,这是商品市场对货币市场的作用。接着上升的利率又促使货币需求下降,利率再次回落,循环往复,最终达到一个均衡点,在这一均衡点上,同时满足了货币市场与商品市场两方面的均衡要求。

(二)弗里德曼货币学派的传导机制理论

与凯恩斯学派不同,货币学派强调货币供应量变动直接影响总支出与总收入,避开了利率的作用。用公式表示为

$$M \rightarrow E \rightarrow Y$$

这一理论认为,当中央银行采取宽松的货币政策时,商业银行存款准备金增加,即基础货币增加。商业银行体系在存款创造机制的影响下,货币供应量增加。在其他经济条件不变的前提下,利率下降。但这只是暂时的,利率下降后由于资本边际效率的提高,刺激生产者生产更多产品,获得更多收入。随着收入增加与货币需求量的增加,利率开始回升,有可能重新恢复到原先水平。因此,货币政策的传导机制主要不是通过利率间接影响支出与收入的,而是通过货币供应量的变动直接影响支出与收入的。

尽管这两种理论在具体分析时存在分歧,但还是有某些共同之处,即货币数量变动后,会引起市场利率发生变化,正是由于利率的变化,企业家的投资欲望或个人的消费欲望才会改变。当投资和消费发生变化后,社会总支出与总收入会发生相应改变。这也是货币政策传导机制的一般模式。

二、货币政策传导机制主要环节

货币政策传导途径一般有三个基本环节,其顺序是:①从中央银行到商业银行等金融机构和金融市场,中央银行的货币政策工具操作,首先影响的是商业银行等金融机构的准备金、融资成本、信用能力和行为,以及金融市场上货币供给与需求的状况;②从商业银行等金融机构和金融市场到企业、居民等非金融部门的各类经济行为主体,商业银行等金融机构根据中央银行的政策操作调整自己的行为,从而对各类经济行为主体的消费、储蓄、投资等经济活动产生影响;③从非金融部门经济行为主体到社会各经济变量,包括总支出量、总产出量、物价和就业等。

金融市场在整个货币的传导过程中发挥着极其重要的作用。首先,中央银行主

要通过市场实施货币政策调控,商业银行等金融机构通过市场了解中央银行货币政策的调控意向;其次,企业、居民等非金融部门经济行为主体通过市场利率的变化,接受金融机构对资金供应的调节进而影响其投资与消费行为;最后,社会各经济变量的变化也通过市场反馈信息,从而影响中央银行、各金融机构的行为。

三、货币政策传导的时滞效应

货币政策从制定到获得主要的或全部的效果,必然要经过一段时间,这段时间即称为时滞。如果收效太迟或难以确定收效时间,则货币政策本身能否成立也就成了问题。

货币政策的时滞有内部时滞与外部时滞两种。

内部时滞是指根据经济形势的变化,需要中央银行采取行动到中央银行实际采取行动所花费的时间过程。内部时滞还可细分为两个阶段。①从经济金融情况发生变化,需要中央银行采取行动到中央银行在主观上认识到这种变化并承认需要采取行动的时间间隔。这一阶段称为认识时滞。②从中央银行认识到需要采取行动到实际采取行动的时间间隔,称为行动时滞。

内部时滞的长短,主要取决于中央银行对经济形势变化和发展的敏感程度、预测能力,以及中央银行制定政策的效率和行动的决心。如果在经济衰退发生之前或通货膨胀明显暴露之前,中央银行就采取扩张的或紧缩的货币政策,则内部时滞就不存在。由此内部时滞的长短与中央银行能否正确预测,能否提前行动高度相关,而这又与决策人员的素质、中央银行权力的大小及经济体制的制约程度等问题紧密联系。

外部时滞是指从中央银行采取行动开始直到对货币政策目标产生影响为止的时间间隔。与内部时滞相比较,外部时滞比较客观,一般情况下,它由社会的经济、金融条件决定,中央银行不能直接控制。例如,由于客观经济条件的限制,货币供应量的增加与利率下降不会立即引起总支出与总收入的增加。就投资而言,企业必须对外部经济信息有较强的敏感性,先做出投资决策,从产生意向到调查再到计划的形成,然后开始订购、运输、再投入生产等,每一步都需要时间。

时滞是影响货币政策效应的重要因素。因此,如果货币政策可能产生的大部分影响能够较快地有所表现,那么货币当局就可根据期初的预测值,考察政策生效的状况,并对政策的取向和力度做必要的调整,从而使政策能够更好地实现预期的目标。

第三节 货币政策中介指标

一、中介指标的作用与基本要求

货币政策中介指标,是指介于货币政策工具与货币政策最终目标之间,由中央银行通过货币政策操作和传导后能够以一定的精确度达到的政策变量。货币政策中介指标又分为近期中介指标和远期中介指标。近期中介指标是中央银行通过货币政策工具操作能够较快地较准确实现的政策变量,如准备金、基础货币;而远期中介指标是离货币政策工具远,离货币政策最终目标近的中介指标。中央银行通过货币政策工具操作首先作用于近期中介指标,其次传导到远期中介指标,再传导到货币政策最终目标,远期中介指标有利率、货币供应量。

(一)货币政策中介指标的作用

为什么要设置中介指标?因为货币政策有三种功能需要其承担。

1. 测度功能

货币政策最终目标是一个长期目标,从货币政策工具的运用到最终目标的实现,要有一个较长的作用过程。因此,在这个过程中间,必须设置短期的、数量化的政策变量来测定货币政策工具的作用和效果,预计最终目标的实现程度。

2. 传导功能

事实上,货币当局本身并不能直接控制和实现货币政策最终目标,只能通过直接操作货币政策工具来影响最终目标。因此,在这个过程中间,需要一个承前启后的中介或桥梁来传导。

3. 缓冲功能

中介目标的设置是实现货币政策间接调控的基本条件之一。它能使货币政策工具对宏观经济的影响有一个缓冲过程,货币当局可根据其反映出来的信息,及时调整货币政策工具及其操作力度,从而避免经济的急剧波动。

(二)货币政策中介指标的基本要求

为了灵活地调整货币政策工具的方向和力度,以便更好地实现货币政策的最终目标,中央银行通常在货币政策工具与货币政策的最终目标之间设置中介指标。多数经济学家认为,要使中介指标能有效地发挥作用,必须具备五个条件。

1. 相关性

货币政策中介指标与货币政策最终目标要有密切关系,即统计上的高度相关。只有如此,货币政策中介指标才能被当作货币政策的监测指标,才能使货币当局的调控向最终目标传导,才能有利于最终目标的实现。

2. 可测性

货币政策中介指标的内涵和外延要明确,有关的指标数据要能连续、准确、及时地获得。只有如此,才便于观察、分析和监测。

3. 可控性

货币政策中介指标要能通过货币政策工具进行调控,即处于货币当局政策操作的作用范围内。这就要求它与货币政策工具有更密切的关系。只有如此,它才具备中间传导功能,从而使短期的调控活动效果更逼近最终目标。

4. 抗干扰性

货币政策中介指标要能对非货币政策因素的干扰反应迟钝。只有如此,其反映出来的信息才真实、可靠,以避免货币当局的判断失误,导致决策失误。

5. 适应性

货币政策中介目标要与当前的经济体制、金融体制相适应,否则就实现不了它的功能。

二、可作为近期中介指标的政策变量

(一)准备金

从需求来看,准备金可分为法定存款准备金和超额准备金;从供给来看,准备金可分为借入性准备金和非借入性准备金。准备金多,说明金融机构创造信用的能力强;反之,则弱。作为近期中介目标,准备金有利于检测政策工具的调控效果。金融机构的存款准备金总量取决于中央银行的再贴现率和再抵押贷款,以及法定存款准备金率水平,有较强的可控性。

(二)基础货币

作为近期中介目标,基础货币同样符合中介目标可测性、可控性和相关性的要求。首先,从可测性来看,基础货币表现为中央银行的负债,其数额多少在中央银行的资产负债表上反映出来,中央银行很容易掌握这些资料;其次,基础货币中的通货是中央银行向社会注入的现金量,中央银行愿意注入多少现金,是可以直接控制的。在金融市场发育程度较低、现金流通比例较高的情况下,控制基础货币显然比只控制准备金更重要。中央银行对基础货币的影响方式是多样的。但中央银行对基础货币的控制也是不完全的,其通过公开市场业务形成的那部分基础货币可控性较强,而通过再贴现和再贷款业务投放的基础货币的可控性则较弱。最后,根据货币乘数理论,货币供应量是基础货币与货币乘数的乘积,由此,基础货币与货币供应量呈明显的正相关关系。

三、可作为远期中介指标的政策变量

(一)利率

货币政策时常运用的短期利率是银行同业拆借利率。中央银行随时可在货币市场上观察到短期利率的水平,然后通过公开市场业务操作和再贴现率影响短期利率的水平和结构。出于资金成本的考虑,银行和金融机构一般会对再贴现率与同业拆借利率之间的差额做出反应。中央银行在公开市场上出售证券,必然会减少银行准备金,从而导致同业拆借利率提高,迫使银行到贴现窗口借入中央银行资金或降低其借款意愿。这必然会对银行的信用扩张产生影响,相应地引起长期利率的追随性变动。

以长期利率作为货币政策的中介目标,从可测性来看,中央银行在任何时候都

可以观察到资本市场上的利率水平和结构,并及时进行分析。从可控性来看,中央银行只要借助公开市场业务的作用来影响商业银行准备金数量、商业银行的信用创造,就可以影响短期利率,相应地引起长期利率的追随性变动,以达到对长期利率的控制。从相关性来看,利率的变化与经济周期的变化有密切关系:当经济处于萧条阶段时,利率呈下降趋势;当经济转向复苏以至高涨时,利率则趋于上升。但是,利率抗干扰性不强,因为当经济处于萧条阶段时,利率作为内生变量呈下降趋势,而此时的中央银行也会调低利率,于是无法辨别利率的下降是哪个因素作用的结果。

(二)货币供应量

首先,货币供应量有明确的外延和内涵的规定,通过中央银行自身和金融机构的资产负债表,中央银行可以对货币供应量进行量的测算和分析,以满足可测性的要求。

其次,按照界定,货币供应量一般由通货和各种存款货币构成。前者是直接由中央银行产生并投入流通,中央银行对其有一定的控制能力;后者则是商业银行和其他金融机构的负债,中央银行通过货币政策工具的操作也可以间接地加以控制。

最后,就相关性而言,一定时期的货币供应量代表了整个社会的购买力,直接影响着货币政策目标(稳定物价、经济增长、充分就业)的实现,因此,货币供应量与货币政策最终目标之间存在着密切的联系。

第四节 货币政策目标

一、货币政策的目标

货币政策的目标是中央银行执行货币政策在一个较长时期内所要达到的目的,它基本上与一个国家宏观经济目标相一致。因此,货币政策的目标也称为货币政策的战略目标。

货币政策目标的建立与某一特定历史条件下所要解决的经济问题有密切的连带关系,是由实际经济问题的需要决定的。一般而言,货币政策的目标包括:稳定物价、充分就业、经济增长、国际收支平衡等。

(一)稳定物价

稳定物价是中央银行货币政策的首要目标,而稳定物价的前提或实质是币值的稳定。在金本位制时代,币值意指单位货币的含金量,币值变动即单位货币的黄金量变动,而黄金价格的变动是引起币值变动的主要原因。因此,大多数经济学家以黄金价格的涨跌幅度来测度币值变动的程度。20世纪30年代,世界发生经济大危机之后,各国政府相继放弃金本位制,纷纷宣布纸币与黄金脱钩,不规定纸币的含金量,这样便无法继续以黄金价格的变动来作为币值稳定的标准。由于物价的变动是纸币币值变动的指示器,是衡量货币流通正常与否的主要标志,所以目前世界各国政府和经济学家改用综合物价指数来衡量币值是否稳定。物价指数上涨,表示货币贬值;物价指数下跌,表示货币升值。所谓稳定物价,就是要使一般物价水平在短期内不发生急剧的波动。

经常被用来测度一般物价水平波动的物价指数主要有三个:消费物价指数、批发物价指数、GNP 平减指数。在现代经济社会里,一般物价水平呈上升的趋势。因此,中央银行货币政策的首要目标就是稳定物价,将一般物价水平的上涨幅度控制在一定的范围之内,以防止通货膨胀。

对于应把一般物价水平上升的幅度控制在何种范围之内,不同的经济学家有不同的看法,不同的国家也有不同的标准。从各国实际情况来看,在制定货币政策时,中央银行都显得十分保守,一般要求物价上涨率必须控制在 2%~3%。

(二)充分就业

充分就业指一国所有资源都得到充分合理的运用。由于测度各种经济资源的利用程度非常困难,而其中只有测度劳动力的利用程度比较容易,因此,西方学者通常以失业率作为衡量社会经济资源是否充分利用的指标。所谓失业率,就是失业人数与愿意就业的劳动力之比。西方学者认为,失业率为零的充分就业是不可能的,在正常情况下难免会有失业出现。因此,有些学者认为只要失业率低于 5% 就可视为充分就业,另一些学者则认为,失业率在 2%~3%,社会才算达到充分就业。

(三)经济增长

在西方经济学中,对经济增长的含义有两种不同的理解。一种观点认为,经济增长是指国民生产总值的增加,即一国在一定时期内所生产的商品和劳务的总量的增加,或者是人均国民生产总值的增加。另一种观点则认为,经济增长是指一国生产商品和劳务的能力的增长。实际上,大多数国家都采用国民生产总值来反映经济增长的程度。

(四)国际收支平衡

国际收支平衡是指一定时期内(通常指 1 年),一国对其他国家或地区的全部货币收支保持基本平衡。目前,经济学家普遍认为,国际收支平衡应当是一种动态的平衡,在若干年的时间内,如 3~5 年,一国国际收支平衡表主要项目的变动接近于平衡,大致上就可以认为国际收支平衡,因为在这一时期,某一年份的不平衡可以由另一年份加以弥补。

二、货币政策诸目标的关系

尽管货币政策所追求的目标有四个,但就任何一个国家的中央银行而论,上述各种目标往往不能同时兼顾。通常的情况是,为实现某一货币政策目标所采用的货币政策措施很可能阻挠另一货币政策目标的实现。因此,在承认若干目标间的互补性的同时,也应注意货币政策目标之间存在的冲突性。主要冲突有:稳定物价与充分就业的冲突;稳定物价与国际收支平衡的冲突;经济增长与国际收支平衡的冲突;

稳定物价同经济增长之间的冲突。

(一)稳定物价与充分就业的冲突

失业率与物价上涨率之间存在着一种此消彼长的相互替代关系。降低失业率与稳定物价不能并行,要实现充分就业就要牺牲一定程度的物价稳定;为了维持物价稳定,就必须以提高失业率为代价。一个国家要实现充分就业,就得增加货币供应量,降低税率,增加政府支出,以刺激社会总需求的增加,而总需求的增加,在一定程度上又引起一般物价水平的上涨;如果要稳定物价,就会压抑社会总需求的增长,而社会总需求的缩减则必然导致失业率的提高。因此,货币政策在稳定物价与充分就业之间就陷入两者不能兼顾的境地。

但是,进入20世纪60年代后期,西方各国经济发展的现实多与这个原理相悖。因为这些国家自那以来的很长时间里,伴随着失业率的提高,各国通货膨胀率并没有相应降低,而是相反。美国著名经济学家弗里德曼认为:通货膨胀与失业率在长期没有交替关系。

然而,不管长期来看这种替换关系是否存在,至少在短期内,充分就业与稳定物价在现实经济生活中的确是两个相互冲突的目标。

(二)稳定物价与国际收支平衡的冲突

一般来说,若国内物价上涨,则外国商品的价格相对降低,将导致本国输出减少,输入增加,国际收支恶化;若本国维持物价稳定,而外国发生通货膨胀,则本国输出增加,输入减少,会发生贸易顺差。

因此,只有全球都维持大致相同的物价水平,稳定物价才可能与国际收支平衡同时存在。然而在国际经济关系日益复杂,世界经济发展极不平衡的现实经济生活里,这两个条件并存是不可能的。因此,稳定物价与国际收支平衡的目标也就很难兼顾了。

(三)经济增长与国际收支平衡的冲突

在正常情况下,随着国内经济的增长、国民收入的增加及支付能力的增强,通常会增加对进口品的需要,此时,如果出口贸易不能随进口贸易的增加而增加,就会使贸易收支情况恶化,发生大量的贸易逆差。尽管有时由于经济繁荣而吸收若干外国资本,这种外资的注入可以在一定程度上弥补贸易逆差造成的国际收支失衡,但并不一定就能确保经济增长与国际收支平衡目标能够同时达到。

尤其是在国际收支出现失衡、国内经济出现衰退时,货币政策很难在两者之间做出合理的选择。在国际收支逆差的情况下,通常必须压抑国内有效需求,其结果可能消除逆差失衡,但同时也带来经济衰退;而面对经济衰退,通常采取扩张性货币政策,其结果可能刺激经济增长,但也可能因输入增加导致国际收支逆差。

(四)稳定物价与经济增长的冲突

在货币流通速度基本稳定的情况下,货币供给的数量若偏多,势必刺激物价上涨。因此，有可能出现这样一种情况，即经济增长需要有货币的超前供给，而超前的货币供给量可能带来物价的上涨与币值的下跌，进而造成经济增长与稳定物价两者的冲突。

如何在这些相互冲突的矛盾中，做出最恰当的选择和取舍，是当代各国金融当局所面对的最大难题。

三、中国货币政策目标的选择

长期以来，中国理论界和实务界对货币政策最终目标的理解与认识一直存在分歧。比较有代表性的观点有两种：单一目标论和双重目标论。前者主张以稳定币值或稳定物价为货币政策目标，后者又包括各种主张如"稳定币值，发展经济"、"就业优先，兼顾物价稳定"和"发展优先，兼顾物价稳定"。从实践来看，对政策目标的提法也有很大变化。在 1986 年的《中华人民共和国银行管理暂行条例》中，明确规定（中央银行）其金融业务活动都应当以发展经济、稳定货币、提高社会经济效益为目标。1995 年《中国人民银行法》又做了一个很大转折：货币政策目标是保持货币币值的稳定，并以此促进经济增长。以法律形式对货币政策目标做出上述规定，是中国银行制度走向成熟的显著标志，也符合 20 世纪 70 年代以来世界很多国家中央银行的普遍做法。

四、货币政策的运行流程

以上四节内容可以用图 12-1 来总结，以说明货币政策的运行流程。

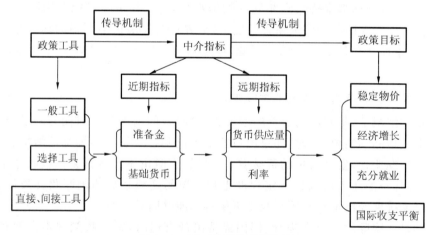

图 12-1　货币政策的运行流程

第五节　财政政策与货币政策的协调配合

财政政策与货币政策是市场经济条件下政府进行宏观经济调控的主要手段，在宏观调控中二者的协调配合一直是经济学家和政府关注的焦点。当前我国已步入经济发展的新阶段,为保持宏观经济平稳运行,财政政策和货币政策既要满足经济形势的需要而致力于各自目标的实现,又要注重协调配合,从而形成政策合力,以便更好地服务于经济发展。

一、财政政策与货币政策的不同作用

(一)两种政策作用机制不同

财政政策更多地偏重于公平。财政政策是影响和制约社会总产品和国民收入分配的重要环节,它的主要责任是直接参与国民收入的分配并对集中起来的国民收入在全社会范围内进行再分配,调节各经济主体间的利益差别,保持适当合理的分配差距,以防止过度的收入悬殊,并从收入和支出两个部分影响社会总需求的形成。货币政策则更多地偏重于效率。货币政策的实施是国家再分配货币资金的主要渠道,是在国民收入分配和财政再分配基础上的一种再分配,主要通过信贷规模的伸缩来影响消费需求和投资需求,进而引导资源流向效益好的领域。

(二)两种政策调节的方式和途径不同

财政政策可以由政府通过直接控制和调节来实现,如要控制总需求,可通过提高税率,增加财政收入,压缩财政支出,特别是基本建设支出等措施来实现,可立见成效;而要刺激需求,则可通过减税,扩大国债发行规模,增加固定资产投资等手段以较快实现政策目标。而货币政策首先是中央银行运用各种调节手段,调节法定存款准备金率和对商业银行贷款数量,以影响商业银行的行为。若要抑制总需求则应调高法定存款准备金率及再贴现率;若要刺激总需求,则应降低法定存款准备金率及再贴现率,商业银行则立即做出反应,相应调整对企业和居民的贷款规模,影响社会需求,从而利于政策目标的实现。

(三)两种政策调节的领域不同

财政政策主要通过参与社会产品和国民收入的分配来实现对国民经济的调节。货币政策主要从流通领域出发对国民经济进行调节。货币政策的核心内容是通过货币供应量的调节来对国民经济施以影响,其功能是向流通领域提供既能满足经济发展需要,又能保证物价稳定的流通手段和支付手段。

(四)两种政策调节的侧重点不同

财政政策直接作用于社会经济结构,间接作用于供需总量平衡;而货币政策则直接作用于经济总量,间接作用于经济结构。从财政政策来看,它对总供给的调节,首先表现为对经济结构的调节,财政政策对总需求的调节主要通过扩大或缩小支出规模,以达到增加或抑制社会总需求的目的,但这种调节从根本上来说也是以调节社会经济结构为前提的。货币政策则通过货币投放和再贷款等措施控制基础货币量,通过法定存款准备金率和再贴现率等手段控制货币乘数,以实现对社会总需求的直接调节,从而达到稳定币值和稳定物价的目的。货币政策也可以根据国家产业政策,通过选择贷款方向,间接对结构产生调节作用。

(五)两种政策的效应时滞不同

从政策制定上来看,财政政策的时滞较货币政策的长,因为在决定财政政策时,政府提出的有关税收变动和支出调整财政措施,往往要经过一个较长的批准过程。而货币政策制定则不需要那么长的批准过程。而从政策的执行上来看,货币政策的时滞则要比财政政策的长,因为货币政策无论是通过扩张货币供给量降低利率来刺激有效需求的增长,还是通过紧缩货币供给量提高利率来抑制有效需求增长,都需要一个较长的过程。而财政政策只要能使政府扩大或紧缩支出,便可以较快地对社会总供求产生影响。

(六)两种政策的作用过程不同

财政政策的直接对象是国民收入再分配过程,以改变国民收入再分配的数量和结构为初步目标,进而影响整个社会经济生活;货币政策的直接对象则是货币运动过程,以调控货币供给的结构和数量为初步目标,进而影响整个社会经济生活。

(七)两种政策使用的工具不同

财政政策所使用的工具一般与政府的税收和收支活动相关,主要是税收和政府支出、政府转移性支出和补贴。财政政策短期内强有力的调节手段是增加或削弱政府支出,通过平衡的、有盈余的或有赤字的财政政策来调节总需求。财政政策运用得是否得当,不仅与财政收支在总量上是否平衡有关,而且受到财政收支结构是否合理的影响。货币政策使用的工具通常与中央银行的货币管理、业务活动相关,主要有法定存款准备金率、再贴现率、公开市场业务等。

二、财政政策与货币政策协调运用的必要性

财政政策与货币政策调节范围的不同要求两者必须协调配合。财政政策和货币政策都是以调节社会总需求为基点来实现社会总供求平衡的政策,但两者的调节范围却不尽相同。具体表现为:财政政策主要在分配领域实施调节,而货币政策对社会总需求的影响则主要是通过影响流通中的货币量来实现的,其调节行为主要发生在流通领域。正是这种调节范围的不同,才使得不论是财政政策还是货币政策,对社会总供求的调节都有局限性。

财政政策与货币政策目标的侧重点不同要求两者协调配合。财政政策与货币政策都对总量和结构进行调节,但在资源配置和经济结构上,财政政策比货币政策更强调资源配置的优化和经济结构的调整,具有结构特征。而货币政策的重点则是调节社会需求总量,具有总量特征。

财政政策与货币政策时滞性不同要求两者协调配合。财政政策的决策时滞一般比货币政策要长,但财政政策的效果时滞比货币政策短。

由此看来,无论是财政政策,还是货币政策,都有一定的局限性,如果单纯运用其中某一项政策,则很难全面实现宏观调控的目标。这就要求两者互相协调、密切

配合,从而充分发挥它们的综合调控能力。

三、我国货币政策与财政政策的协调配合

自1979年至今,我国的财政、货币政策协调的历史实践可以划分为六个阶段。

1979—1986年,总体上是"双松"的配合,其间表现为多次模式转换和由"双松"到"双紧"又由"双紧"到"双松"的螺旋式循环。1979年、1980年为"双松"配合。财政政策上采取了一系列改革措施,结果使这两年财政支出连续大幅度增长,造成了高额财政赤字;货币政策则是大幅度增加现金和贷款投放,使全国零售物价总指数大幅上涨。面对高赤字、高通货膨胀的威胁,1981年采取了"紧财政松货币"的政策配合。在财政方面,压缩了当年财政基建投资,财政赤字有所降低;在银行方面,实行紧中有松的政策。1982—1984年又实行了"双松"的政策配合。由于财政方面实行一系列的财税改革,财政收入占国民收入的比重下降;银行方面实行了"拨改贷"和企业流动资金由银行信贷供应的体制,增发货币和贷款。1985年,开始实行"双紧"的政策配合。在财政方面,采取措施增加收入,控制支出,当年实现盈余;在银行方面,紧缩银根,严格控制贷款规模和货币投放。

1986—1988年,再次实行"双松"的政策配合,财政政策方面扩大国债发行规模,财政收入占国民收入的比重再次下降;银行方面提出"稳中求松"、"紧中有活",银行信贷和货币投放失控,到1988年通货膨胀率已达1 815%。在这一阶段,我国政府驾驭两种政策的能力是不足的。两种政策虽有配合,但这种协调配合是"本能"的和滞后的,有时甚至对经济波动起到推波助澜的作用。在这3年间,财政、货币政策大的变动达6次之多,这在市场经济国家的宏观经济调控史上是罕见的。如果再加上微调的次数,其调整的频率之快已达到了经济难以承受的程度。当然,开始运用财政政策和货币政策进行宏观调控,这本身就具有划时代的意义。这一时期的教训是,财政政策和货币政策必须配合使用;财政政策和货币政策应相机抉择,但必须有一定的稳定性;政策的前瞻性和时效性非常重要。

1989—1997年,总体上是"双紧"的政策配合,其间同样表现为"双紧"与"双松"的螺旋式循环。1989年实行的是"双紧"配合,针对1988年出现的经济过热和严重的通货膨胀,1989年中央提出了"治理整顿"的方针,减少固定资产投资和现金投放。1990—1993年实行的是"双紧"基调下的"双松"配合,银行增加了货币供给,3次下调存贷款利率;财政增加基础设施支出和支农支出,调整经济结构,但财政支出的增长速度超过了财政收入的增长速度,结果致使财政赤字大幅度增加,通货膨胀率达2 117%。1994—1997年,再次实行"双紧"的政策配合。财政方面结合分税制改革,强化了增值税、消费税的调控作用,通过发行国债引导社会资金流向;货币政策方面,严格控制信贷规模,大幅提高存贷款利率,银行收回乱拆借的资金,使宏观经济在快车道上稳刹车,最终顺利实现了"软着陆"。这一时期我国政府运用财政政策和货币政策调控经济运行的能力得到较大提高,两种政策的协调配合机制开始形成。这一时期的财政调控措施已经开始多样化,通过增加基础设施投资和支农支出

来调整经济结构。货币政策中的利率机制开始发挥作用,改变了以前主要依靠货币发行和控制贷款规模调节经济运行的简单做法。更为重要的是,国债的发行作为两大政策的结合点开始出现,使得两种政策的运作空间大大拓展。尽管两种政策配合的模式除了"双松"就是"双紧",比较单一,但经济波动频率降低、幅度变小,尤其是1997年经济的"软着陆",标志着财政政策和货币政策的协调配合机制已经开始形成并在我国的经济运行中产生了积极的作用。

1998—2002年,总体上是"双松"的政策配合,即积极的财政政策与稳健的货币政策相配合。1998年东南亚金融危机爆发,在通货紧缩和有效需求不足的宏观环境下,我国财政、货币政策采取了"双松"的积极政策,在货币政策方面取消贷款限额控制,降低法定存款准备金率,连续5次下调存贷款利率,扩大对中小企业贷款利率的浮动幅度;在财政政策方面,加快"费改税"进度,对一些产品提高出口退税率并加快出口退税进度,加大政府投资的力度并积极引导社会投资。1998年下半年,中央又决定实行更积极的财政政策,向国有商业银行发行1 000亿元长期国债,国有商业银行增加1 000亿元配套贷款,定向用于公共设施和基础产业建设。1999年进一步加大财政政策的调控力度,大幅度提高职工的工资,开征储蓄存款利息所得税。在这一阶段在我国经济宏观调控史上具有划时代的意义,它标志着两种政策的协调配合机制已基本形成。在总量方面,财政政策和货币政策同向松动;在结构方面,财政支出结构与税收结构的优化同信贷投入结构的调整并行不悖。这种财政、货币政策的协调配合至少反映在如下三个方面。一是以基础设施建设为重点的财政建设性支出的扩大与重点领域的信贷投入的增加遥相呼应;二是在下调小企业增值税征收率的同时,银行也开始消除对中小企业的金融歧视,一再强调改善和加强对中小企业的信贷服务;三是在财政增加国有企业下岗职工生活费和离退休人员养老金等经济性支出的同时,银行对个人消费信贷的投入比重也大幅上升。在手段方面,政策性支出、信贷规模、外汇管制等直接调控工具与税收、利率、准备金率等间接调控工具相互融合,优势互补。财政适当增加财政贴息资金的规模,扩大贴息政策的适用范围,建立全国性的中小企业贷款担保基金,以拓展货币政策作用的空间。货币政策也通过一定手段与积极的财政政策相互配合,形成合力。积极的财政政策所带来的消费需求的扩大,同样离不开稳健的货币政策的支持。这一阶段,住房贷款、汽车贷款、教育贷款均有了大幅度增长,这不仅使积极的财政政策的效应落到实处,而且直接扩大了内需。

2002—2003年,实行"松财政紧货币"的政策配合,即积极财政政策与稳健趋紧的货币政策相配合。2003年我国宏观经济形势发生了一些出人意料的变化,在财政政策和货币政策的具体实施中出现了政策冲突现象。2003年以来,我国货币供应量增长较快,金融机构贷款大幅度增加。2003年下半年,中央银行加大了票据的发行力度,力图压缩货币信贷量过快增长的态势,然而货币信贷快速增长的趋势并没有因此而明显减弱。在这种情况下,中央银行被迫从2003年9月21日起将存款准备金率由6%提高到7%。可见,2003年货币政策已开始走向紧缩,而财政政策仍然是积极的。之所以把这两年作为一个独立的阶段,不仅因为我国政府主动采取了松紧搭配的财政政策和货币政策,更重要的是,在宏观调控中出现了财政政策与货币政策冲突的现象。这对于我国刚刚形成的两种政策协调配合的机制来说,无疑是一次严峻的考验。这种冲突主要表现在三个方面。第一,以增发国债为主要特征的积极财政政策会在一定程度上带动货币供应量和银行贷款的增加。银行机构是国债的主要买家,银行机构购买了大量国债,会增加货币投放。据估算,银行增持国债而创造的货币约占货币供应量的10%。另外,银行机构为国债投资项目提供配套贷款以及财政贴息而带动一部分银行贷款,也会推动银行贷款的增加和货币供应量的扩大。第二,2003年趋紧的货币政策导致国债发行成本上升,影响了国债的发行。第三,作为两大宏观经济政策衔接的重要工具的国债,在市场化运行中存在一些突出的问题,如国债市场被分割成银行间债券市场、交易所债券市场和商业银行柜台市场。国债发行体制在国债利率市场化、国债品种多样化、国债期限分布平缓化等方面也存在很多问题,因此使中央银行利用公开市场业务进行货币政策的微调难以达到预期的效果,也使国债管理部门难以根据市场状况,灵活、有效地实施国债发行和债务管理操作。另外,我国财政投融资体制存在的财政投融资与商业银行投融资界限不清,效益低下,盲目、重复建设现象普遍,以及财政融资渠道单一,资金不足等问题,导致了财政、金融部门的职能界定不清,进而影响了财政、货币政策的协调、配合。

从2003年开始,中国经济步入了快速增长的轨道,经济出现了过热迹象。如果积极的财政政策继续实施,必然对已经过热的投资"火上浇油"。中央银行从2004年4月25日起实行差别存款准备金率制度,同时实行再贷款浮息制度。2004年12月召开的中央经济工作会议提出2005年实行稳健的财政政策。时任财政部部长的金人庆将稳健的财政政策解释为"控制赤字、调整结构、推进改革、增收节支"。"双稳健"政策的提出标志着具有中国特色的财政政策与货币政策配合协调的机制已经形成,我国政府面对市场失灵时的宏观调控艺术趋于成熟。2005年,在中央一系列政策措施的作用下,宏观调控取得了明显成效,国民经济继续保持了增长比较快、效益比较好、活力比较强的良好势头。然而制约经济健康发展的一些突出矛盾并未完全消除,一些新问题又开始出现,影响经济健康发展的深层次矛盾和问题主要表现在:投资需求膨胀压力仍然较大,在建和新上项目过多,投资扩张的冲动还很强烈;物价上涨的压力比较明显,主要是生产资料价格上涨较多;煤电油运紧张,资源约束矛盾仍很突出;在解决"瓶颈"制约的过程中,又出现了电站项目无序建设的现象。国家采用宽松的货币政策以及稳健的财政政策安排好中央政府投资,并继续将政府投资的功能和使用方向,由最初的带动社会投资、拉动经济增长转向推动结构调整以及加强薄弱环节。2006年和2007年宏观调控的总体目标是防止经济从偏快转向过热的风险,并解决经济结构失衡的矛盾。具体的重心和焦点主要有三个方面的内容:一是贯穿全年的对外贸顺差、信贷、固定资产投资和流动性过剩的总量调控;二是下半年开始的对通货膨胀风险和房地产、股票市场等资产泡沫的重点调控;三是对节能减排、节能降耗等关系经济增长质量和可持续增长方面的结构性调控。调控手段包括货币政策等市场化政策和土地调控等行政政策,但总体上以市场化手段为主导,行政手段则侧重于对非市场化领域和部门的调节。2007年的宏观调控在手段上体现为总体偏紧、多管齐下的政策组合,在策略上体现为总量控制、结构优化、相机抉择的政策有序轮动。宏观调控坚持总量适度从紧、注重结构优化升级的调控主线,强调财政政策在推动结构优化方面的作用和价值,以此促进经济稳健、均衡增长。2008年,随着美国次贷危机升级为世界金融危机,西方主要经济体陷入衰退的风险不断加大,国内房地产、钢铁、汽车等重要支柱产业产销大幅度下滑。为保证我国经济保持平稳较快增长,国家采取了一系列的措施,我国宏观调控政策经历了迅速而大幅度的调整:从"双防"转向"一保一控",再转向"保增长、扩内需";而财政政策从"稳健"转为"积极",货币政策从"从紧"转为"适度宽松"。政府的财政政策主要体现在教育、医疗、住房、社保和节能五个方面,而与此同时货币政策也出台了一系列的鼓励投资及解决中小企业投资难的措施,为提高人民群众生活质量,拉动内需,促进经济又好又快发展做出巨大贡献。

我国财政、货币政策协调的历史实践告诉我们,一些在成熟市场经济中的政策模式不一定在我国行得通。我国的财政、货币政策协调机制更多地是要基于我国体制转型时期的自身体制状况和我国的基本国情。因此,必须认真总结我国财政、货币政策协调过程中的历史经验和教训,并在不断探索中创新,从而建立起具有中国特色的财政、货币政策协调机制。

复习思考题

1. 货币政策的最终目标有哪些?论述货币政策诸目标的关系。
2. 试比较三种一般性货币政策工具的优缺点。
3. 货币政策中介目标的基本要求是什么?可作为中介指标的金融变量有哪些?
4. 选择性货币政策工具有哪些?
5. 公开市场业务是如何改变货币供应量的?

第十三章 金融监管

 教学目的与要求

理解金融监管的含义,了解金融监管的必要性和原则;理解国家对商银行、证券、保险业的监管体制。

第一节 金融监管概述

金融业是一个高风险的行业,金融监管对金融市场及社会经济的发展至关重要。随着科技的发展、金融创新和金融全球化,金融业的风险越来越大,导致全球不断爆发金融危机。经验表明,缺乏完善的金融监管体系和科学的金融监管是爆发金融危机的主要原因。因此,要不断加强和完善金融监管,以降低金融风险、化解金融危机,这也是各国监管当局面临的共同课题。

一、金融监管的含义

金融监管是指金融监管当局根据金融法规对各类金融机构及其金融活动实施监督与管理,以保证金融体系的安全、稳定,保证公众利益。金融监管是金融监督与金融管理的复合称谓。金融监督是指金融监管当局对金融机构实施全面的、经常性的检查和督促,并以此促使金融机构依法稳健地经营、安全可靠和健康地发展;金融管理是指金融监管当局依法对金融机构及其经营活动实行的领导、组织、协调和控制等一系列的活动。

狭义的金融监管是指金融监管当局依据国家法律法规的授权对整个金融业(包括金融机构及金融机构在金融市场上所有的业务活动)实施的监督管理。广义的金融监管除了上述监管之外,还包括金融机构内部控制与稽核的自律性监管、同业组织的互律性监管、社会中介组织和舆论的社会性监管等。在现代经济运行中,凡是实行市场经济体制的国家,都会存在着政府对金融体系的监督与管理。

二、金融监管的必要性

(一)金融业是现代经济的核心

金融业在现代经济的核心地位决定了金融监管的重要地位。金融体系是全社会货币的供给者和货币运行及信用活动的中心,金融业稳定对社会经济的运行和发展起着至关重要的作用。

首先,金融业在市场资源配置中起着核心作用。现代经济中,在一国或整个世界经济范围内,金融业不可避免地受到客观经济环境和条件的制约,经济决定金融。但与此同时,金融作为现代经济运行中最基本的战略资源,广泛、深刻地渗透到社会经济生活的各个方面,在市场资源配置中起着核心作用。其次,金融是调控宏观经济的重要杠杆。宏观经济管理的基本要求是社会总供给与总需求基本平衡,以促进国民经济均衡增长。金融在建立和完善国家宏观调控体系中具有十分重要的地位。最后,金融业是国民经济的信贷收支、外汇收支、现金收支和结算中心,是国民经济活动的资金枢纽和神经中枢;金融运行情况是国民经济活动的晴雨表,透过金融现象,可以反映国民经济运行中出现的新情况、新问题、新矛盾和新趋势。金融业的风吹草动,都会因涉及各行各业的利益,而牵动社会方方面面的神经。

金融业在国民经济中的核心地位,决定了对金融业的监管是一个国家社会经济稳定发展的必然要求。

(二)金融安全是国家经济安全的核心

金融业不仅本身存在着诸多风险,而且关系到千家万户和国民经济的方方面面,因此如果金融机构出现问题,将会对整个经济与社会产生很大的影响。金融业的行业特殊性决定了金融监管的重要性。金融业是个风险较大的行业。金融业的风险来自方方面面,不仅有一般行业共有的信用风险、经营风险、市场风险、管理风险,还有金融行业特有的利率风险、汇率风险、国际游资冲击风险等。经济发展、体制改革、宏观经济调控都要求对金融风险进行有效的控制,因此金融稳定是改革和发展的基础。一旦金融机构发生危机或破产倒闭,将直接损害众多债权人的利益,后果是十分严重的。金融业自身又是一个脆弱的行业,表现为金融体系内在的脆弱性、金融机构内在的脆弱性和金融资产价格内在的波动性。金融监管可以将风险控制在一定范围之内,以保证金融体系的安全、金融机构的稳定和金融资产价格的泡沫不至于过多。金融体系安全运行,能够保持公众的信心,进而保证国民经济的健康发展。

(三)金融体系的脆弱性

金融业是经营风险的行业,因为其以较少的资本经营较多的资产存在着很大的风险,同时,个别银行的破产也很容易导致整个金融体系的崩溃而引发金融危机。金融危机具有很大的隐蔽性和突发性,一般难以预测和驾驭,因此稍有不慎,就会危及经济发展,破坏社会稳定。1980年以来,世界上已先后有120多个国家发生过严重的金融风险和危机,这些国家为解决金融问题所直接耗费的资金高达3 000多亿美元。维护金融秩序,保护公平竞争,提高金融效率,是金融业自身发展的需要。这是因为,良好的金融秩序是保证金融安全的重要前提,公平竞争是保持金融秩序和金融效率的重要条件。因此,为了金融业健康发展,金融机构都应该按照有关法律的规定规范地经营,而不能搞无序竞争和不公平竞争。

(四)金融业的信息不对称

存款者与银行、银行与贷款者、银行与监管者之间存在着很大的信息不对称,从而产生了逆向选择和道德风险,这不仅降低了金融效率,而且增加了金融风险。由于金融业具有相对垄断性,金融机构有可能做出不利于债权人或债务人的安排,或向客户提供不公平的歧视性服务,这就提出了这样的监管要求,即对信息优势方(主要是金融机构及其相关管理人员)的行为加以规范和约束,为投资者创造公平、公正的投资环境。因此,就需要通过金融监管,维护金融业的公共秩序,提高金融效率。

三、金融监管的原则

(一)监管主体的独立性原则

在一个有效的监管体系下,参与监管的每一个机构都要有明确的责任和目标,并享有操作上的充分的自主权和资源。同时,要为促进监管创造条件,这些条件有:稳健和可持续的经济政策;完善的公共金融基础设施;有效的市场体制等。

(二)依法管理原则

各国金融管理体制不同,但是在依法管理上是一致的,包含两个方面,一是对金融机构进行监督管理,必须以法律、法规为依据;二是实施监管也必须依法。只有这样才能保证管理的权威性、严肃性、强制性、一贯性、有效性,而不能有例外。

(三)合理适度竞争原则

竞争和优胜劣汰是一种有效机制。金融管理既要避免金融高度垄断、排斥竞争,从而丧失效率和活力,又要防止过度竞争、恶性竞争,从而波及金融业的安全稳定,引起经常性的银行破产及剧烈的社会动荡。

(四)自我约束和外部强制相结合原则

外部强制管理的作用是相对有限的,因为如果金融机构不配合,将难以收到预期效果,所以,不能完全依靠外部强制管理,但也不能完全寄希望于金融机构自身自觉的自我约束来避免冒险经营和大的风险,两者应该有效结合。

(五)安全稳健与经济效益结合的原则

金融监管不是单纯地防范风险,而是要和提高金融效率结合起来。为此所设的一系列金融法规和指标体系都应着眼于金融业的安全稳健和风险防范。但是金融业的发展毕竟是为了满足社会经济的需要,要讲求效益,所以金融监管要切实把风险防范和促进效益协调起来。

(六)母国与东道国共同监管原则

在金融全球化的背景下,跨国金融机构数量不断增多,其经营活动超越了国家的地域限制,因此有必要协调和加强母国与东道国的协调与共同监管。为了维护国际金融业的平稳运营与公平竞争,保护国际投资者的利益,各国应该联手进行金融监管。国际性金融机构的母国与东道国要建立联系、交换信息,共同完成对跨国金融机构和金融业务的监管,从而逐步实现金融监管的国际化。

此外,金融监管还应坚持综合监管原则和机构一元化原则。前者是指应将行政、经济、法律等管理手段配套使用;后者则是指行使金融监管职能的各级机构应该一元化。只有这样,才能做到金融监管的原则、目标、体制和管理口径统一标准。

第二节 国家对商业银行的监管

银行业监管是一国金融监管体系的重要组成部分。尽管在不同的历史时期,各国金融监管的内容、手段及程度有所变化,但与其他行业相比,以银行业为主体的金融业从来都是各国管制最严格的行业。究其原因,主要是由金融业本身的特殊性及其在现代市场经济中的重要地位所决定的。

各国对商业银行的监管主要包括以下几方面:对商业银行市场准入的监管;对商业银行市场运作的监管;对商业银行危机与市场退出的监管;存款保险制度。

一、对商业银行市场准入的监管

商业银行的成立必须经过管理当局的批准,经审查通过,获准成立并注册登记后,才能获得营业执照。通过注册这一道防线,能够有效地防止商业银行被具有高风险的投机者利用和控制。申请开办商业银行者在取得营业执照的时候,必须向管理当局提交一份申请书,说明商业银行的业务经营计划。货币管理当局通过审查商业银行未来的管理质量、可能的收益和初始资本金等情况后,对申请书做出评价,以确定是否批准其设立。

二、对商业银行市场运作的监管

(一)资产限制

资产限制主要包括两项内容:一是以法律形式对商业银行必须保持的现金资产最低数额做出规定,即法定存款准备金规定,目的是保证商业银行的流动性以满足存款者的提款需要;二是为了防范商业银行风险,对商业银行资产的种类和数量做出限制性的规定,如禁止商业银行持有股票之类的风险资产,限制各类贷款的数量,鼓励商业银行持有多样化的资产等,这是防范商业银行经营风险的直接手段。

(二)资本要求

资本要求是指以法律形式对商业银行必须持有的资本最低限额做出规定,即法定资本金规定。这是对银行资本充足率提出的最低要求。

(三)贷款集中度管理

各国监管当局对商业银行贷款集中度加以限制,避免贷款风险过于集中,同时也对关系贷款人贷款予以限制。各国的限制比例有所不同,如我国要求商业银行对同一借款人的贷款余额与银行资本余额的比率不得超过10%,对最大十家客户的贷款总额不得超过银行资本净额的50%,商业银行不得向关系人发放信用贷款,向关系人发放担保贷款的条件不得优于其他贷款人。

(四)呆账准备金

商业银行的呆账准备金分为两个部分:一是根据当年贷款余额按固定比例提取的普通呆账准备金;二是根据贷款的实际风险程度提取的特别呆账准备金。目前国际上广泛使用的是以美国为代表的5级分类方法,该方法根据风险程度将银行资产分为正常、关注、次级、可疑、损失五类,最后确定商业银行资产质量等级。

(五)流动性监管

各国监管机构对银行流动性的管理大体分为两种:一种是以各种流动性比率作为考核流动性的指标,并要求商业银行流动性比率达到一定标准;另一种是向商业银行发布衡量和管理流动性的指导方针,并无强制性的流动性比率要求。我国在《商业银行资产负债比例管理考核暂行办法》和《中华人民共和国商业银行法》中对流动性比率做了具体规定,包括存贷比例、流动性资产负债比例、拆借资金比例等。

(六)内部控制

内部控制主要包括:对审批和职责分配的安排;有效的资产保护措施;完善、独立具备检查上述控制措施和有关法律规章遵守情况的职能的内部、外部审计。中国人民银行要求商业银行建立三条内部监控防线,并且明确了商业银行内部监督部门的职能定位。

(七)业务活动范围监管

在不同的历史时期,由于各国经济环境和金融市场的发展状况各有差异,因此在商业银行业务范围的规定上也各不相同,各国对银行业与证券业的界限问题的处理也各不相同。有实行混业经营的,商业银行可提供全面的银行、证券、保险业务;有实行分业经营的。国家对实行混业经营的商业银行的业务范围限制较少,而对实行分业经营的商业银行的业务范围则进行较为严格的限制。

(八)对商业银行有关人员的监管

为了防止商业银行内部人员滥用职权,减少和降低商业银行信贷风险,各国都对发放贷款的人员提出了一定的管理要求。

三、对商业银行危机与市场退出的监管

(一)危机处理

金融监管并不能完全消除商业银行的危机,为了将商业银行的破产损失降到最低,监管当局建立了一系列危机处理制度。

(1)资金援助。对面临流动性困难的商业银行,货币当局可给予资金援助。中央银行作为最后贷款人可进行直接贷款;组织大商业银行对陷入困境的商业银行提

供流动性援助；设立特别机构和专项基金间接提供财务援助。

(2)担保。由中央银行或者政府出面担保，帮助有问题的商业银行渡过难关。

(3)接管。财务困难的危机商业银行在继续经营的状态下的价值若大于立即破产清算时的价值，为保护商业银行债权人的利益，避免商业银行倒闭造成的震荡，监管当局可对其予以接管。危机商业银行可由金融监管当局直接接管或由存款保险机构接管，也可能被特设机构接管。在一定的接管期限内，被接管商业银行经过整顿、改组后可能恢复正常经营能力，或被其他金融机构兼并或收购，也可能无法恢复正常经营而最终破产。

(4)并购。监管当局可以组织其他健全商业银行来兼并或收购危机商业银行，承担部分或者全部债务。并购分为援助性和非援助性两种。如果属于非援助性的兼并收购，兼并者将对被并购商业银行的存款和损失负全责，监管当局不提供资金援助；如果属于援助性收购，监管当局将向兼并者提供资金援助。

(二)市场退出管理

如果监管当局对濒临破产的商业银行采取挽救措施后，并没有达到避免商业银行破产的目的，商业银行已经没有继续存在的价值，那么将依法宣告其破产。此外，商业银行在经营中违法、违规，监管机构会令其限期整改，情节严重的或不加以改正的商业银行，监管机构将吊销其营业执照，关闭该商业银行。商业银行也可由于合并、分立或由于规定的解散事由而自行解散。

四、存款保险制度

存款保险制度是一种金融保障制度，是由符合条件的各类存款性金融机构集中起来建立一个保险机构，各存款机构作为投保人按一定存款比例向其缴纳保险费，建立存款保险准备金，当投保机构发生经营危机无力支付时，存款保险机构向其提供财务救助或直接向存款人支付部分或全部存款，从而保护存款人利益，维护信用，稳定金融秩序的一种制度。

存款保险制度始于20世纪30年代的美国，为了挽救在经济危机的冲击下已濒临崩溃的银行体系，美国联邦存款保险公司(FDIC)作为一家为商业银行存款保险的政府机构于1934年成立并开始实行存款保险，以避免挤兑，保障商业银行体系的稳定。

银行存款保险的组织形式大体上有三种类型。①由政府出资组建存款保险机构，如美国、英国、加拿大。美国联邦存款保险公司(FDIC)成立时，自有资本的一部分来自财政部拨款，一部分由各联储银行认股。加拿大存款保险公司也是由联邦政府出资建立的。②由政府与银行业共同建立，如日本、比利时、荷兰。日本于1971年设立存款保险机构，由日本银行、政府、民间金融机构共同出资设立。③银行同业联合建立，如英国、意大利。英国于1982年开始实行存款保护计划，由参加计划的商业银行出资建立基金。意大利也于1972年设立了银行间存款保险基金。

第三节　国家对证券业的监管

证券业监管是指证券管理机构运用法律的、经济的及必要的行政手段,对证券的发行、交易等行为及证券投资中介机构的行为进行的监督管理。证券市场是一个高风险的市场,为了保证投资者的利益,保证证券市场的高效运行,对证券市场的监管十分必要。

一、证券市场监管的重点内容

(一)强化信息披露

制定证券发行信息披露制度的目的是通过充分和公开、公正的制度来保护公众投资者,使其免受欺诈行为的损害。

信息披露的意义在于:有利于价值判断;防止信息滥用;有利于监督经营管理;防止不正当竞争;有利于提高证券市场效率。

信息披露的基本要求是:全面性、真实性、时效性。对信息披露的监管主要是制定证券发行与上市的信息公开制度,包括证券发行信息的公开、证券上市信息的公开、持续信息公开制度及披露虚假信息或重大遗漏的法律责任。

(二)防止操纵市场

操纵市场是指某一组织或个人以获取利益或减少损失为目的,利用其资金、信息等优势,或者滥用职权,影响证券市场价格,诱导或致使投资者在不了解事实真相的情况下做出证券投资决定,进而扰乱证券市场的行为。

操纵市场行为的监管包括事前监管和事后处理。事前监管是指在发生操纵行为前,证券管理机构采取必要的手段予以防止损害发生。为实现这一目的,各国证券立法和证券管理机构都在寻求有效的约束机制。事后处理是指证券管理机关对市场操纵行为者的处理及操纵者对受害当事人的损害赔偿。主要包括两个方面:第一,对操纵行为的处罚,根据《中华人民共和国证券法》,操纵证券交易价格或制造证券交易的虚假价格或证券交易量,获取不正当利益或转嫁风险的,没收违法所得,并处违法所得1倍以上5倍以下的罚款;构成犯罪的,依法追究刑事责任。证券经营机构的操纵行为被查实后,证券管理机构有权暂停或取消其注册资格,取消其交易所会员资格,或对其交易数量加以限制,或令其停止部分或全部交易。第二,操纵行为受害者可以通过民事诉讼获得损害赔偿。

(三)防止欺诈行为

欺诈行为是指以获取非法利益为目的,违反证券管理法规,在证券发行、交易等活动中从事欺诈客户的行为。对欺诈行为的监管主要包括禁止任何单位或个人在发行或交易活动中有欺诈客户的行为;将根据不同情况,限制或暂停证券业务或者其他处罚;因欺诈行为给投资者造成损失的,应当依法承担赔偿责任。

（四）防止内幕交易

内幕交易是指公司董事、监事、经理、职员、主要股东、证券市场内部人员或市场管理人员，以获得利益或减少经济损失为目的，利用地位、职务等便利，获取发行人未公开的、可以影响证券价格的重要信息，进行有价证券交易，或泄露该信息的行为。《中华人民共和国证券法》规定：知悉证券交易内幕信息的知情人员或者非法获取内幕信息的其他人员，不得买入或者卖出所持有的该公司的证券，或者泄露该信息或者建议他人买卖该证券。

对内幕交易的监管包括界定内幕交易的行为主体、内幕信息、内幕交易行为方式及内幕交易的法律责任。内幕人员和以不正当手段或者其他途径获得内幕信息的其他人员违反法律规定，泄露内幕信息，根据内幕信息买卖证券或者建议他人买卖证券的，将根据不同情况予以处罚，并追究有关人员的责任。

二、对证券发行市场的监管

对证券发行市场的管理是指金融管理部门对新证券的发行的审查、控制和监督，对证券市场的稳定发展具有重要意义。证券发行市场的监管主要体现在对市场准入的监管，而对市场准入的监管往往又是与发行审核制度紧密联系在一起的，而不同的审核制度又有不同的监管方式。

（一）注册制

证券发行注册制，即公开管理原则，实质上是发行人的财务公布制度。要求发行证券的公司提供关于证券发行有关的一切信息，并且要求这些信息完全公开并不得有遗漏，目的在于帮助投资者进行投资决策，避免误导投资者。在注册制下，发行人只要充分披露信息，无须政府批准，就可进行证券发行。证券注册的目的是向投资者提供证券投资的有关资料，而并不保证发行的证券资质优良、价格适当等。证券监管部门基本不承担实质性监管的职责。注册制适用于证券市场发展已经进入成熟阶段的国家。

（二）核准制

证券发行核准制采用实质性管理原则，在实施核准制的国家，证券发行不仅要以充分公开真实的状况为条件，而且证券发行者在发行证券时必须满足监管部门的若干实质性条件。如发行公司的性质、股本结构、赢利能力、管理人员素质等。只有符合发行条件的公司，经证券监管机构批准方可在证券市场上发行证券，取得发行资格。在这种体制下，监管部门承担着较多的监管职责，尽可能保证发行的证券符合公共利益和社会安定的需要，将质量低劣的证券拒之门外。

现在大多数国家都倾向于综合运用这两种制度，我国股票发行实行核准制，公司债券发行也实行核准制。

三、对证券流通市场的监管

(一)对交易场所的监管

1. 对证券交易所的监管

证券交易所不论是采用会员制的组织形式,还是公司制的组织形式,都要接受主管机关的监管。主管机关对证券交易所进行的行政性监管活动,虽然不直接干涉证券交易所的具体业务活动,但有权对其进行定期或不定期的检查,并要求证券交易所定期汇报自己的营业状况和财务报告。同时主管机关有权审查证券交易所的各项文件及活动的合法性。证券交易所如有违法行为,损害公共利益,监管当局可给予警告、令其停业或解散的处分。

2. 证券上市制度的监管

为保证上市证券的质量和流通性,各国都规定了证券的上市条件。对证券交易市场的监管主要通过证券上市制度来实施。证券上市制度是证券交易所和证券监管机构制定的有关证券上市规则的总称。各国在证券上市时的审核存在差异,西方国家证券上市主要由证券交易所审核,向官方证券监管机构申请注册或取得其认可。《中华人民共和国公司法》和《股票发行与交易管理暂行条例》都对上市条件做了规定,《中华人民共和国证券法》对公司债券的上市条件做了规定,其所要求内容基本与国外的相似。

3. 证券市场的交易规则

交易规则具体包括:证券交易程序、竞价方式、委托方式、交易单位、成交规则、清算与交割制度。此外,监管部门还禁止各种不正当交易行为,这些不正当交易行为违反市场公平、公正、公开、诚信的原则,破坏市场秩序。

(二)对上市公司的监管

各国证券法规要规范上市公司及其关联人员在证券发行和交易中的行为,督促上市公司按照法规要求,及时、准确、完整地履行信息披露义务,各国均以强制的方式要求上市公司披露信息,目的是通过充分和公正、公开的制度来保护投资者,使其免受欺诈和不法行为的损害。上市公司信息披露包括证券发行信息披露和上市后的持续披露两个方面。证券发行信息披露制度要求发行人通过招股说明书等信息披露文件,公开股份公司的经营业绩、财务资料、管理人员及大股东的情况等。证券上市以后,上市公司有持续披露信息的义务,持续信息披露包括定期报告和临时报告。上市公司信息披露文件是向证券监管机构或公众投资者提交的法律文件,证券发行人要对披露的信息的真实性、准确性、完整性承担相应的责任。

(三)对证券商的监管

1. 证券商准入管理

各国对证券商的审批有两种模式。一是注册制,申请人只要符合法定条件,其申请就可获得批准,以美国为代表。二是特许制,证券商从事经营活动除了需要具备法定的各种实质性要件外,还需要经过各主管机关准许,主管机关有权根据证券市场的情况及经济金融形势做出决定,以日本等国为代表,例如要规定证券商的最低资本额度、管理人员和从业人员的素质、营业场所、交易设施等。证券商按照业务不同可分为承销商、自营商、经纪商等。各国对证券商是否可以兼营多种业务有不同的态度,这与各国的经营模式有一定关系,实行混业经营的国家,对证券商经营范围限制的较少,而实行分业经营的国家对证券商经营范围的限制较多。

2. 证券商经营状况监管

监管部门要求证券商建立健全的财务制度,一般通过一系列监控指标来进行监管。如设定证券商净资本规模和比例、最低流动性标准、准备金或损失准备计提标准等,以防止证券商过度进行高风险投资活动。许多国家还建立了证券商报告制度,以便监管部门全面掌握其经营情况。

(四)对证券从业人员的监管

实行资格考试制度:证券从业人员在上岗之前要通过监管部门组织的资格考试。

(五)对投资者的监管

审查机构投资者和个人投资者的资格是否符合规定,审查机构投资者的资金来源是否符合规定,审查机构投资者和个人投资者买卖行为是否合法。通过监管以维护公平交易活动,禁止内幕交易、操纵市场等欺诈活动,维护市场秩序。

第四节 国家对保险业的监管

保险业监管可以从广义和狭义两个方面理解。广义的保险监管是指有法定监管权力的政府机构、保险行业自律组织、保险企业内部的监管部门对保险市场及市场主体的组织和经营活动的监督和管理;狭义的保险监管专指政府保险监管机构依法对保险市场及保险市场主体的组织和经营活动进行的监督和管理。如果没有特别指明,一般是指狭义的保险监管。

保险监管涉及保险业和保险市场等方面,具体包括保险机构监管、保险业务监管,以及财务及保险公司偿付能力监管。

一、保险机构监管

保险机构监管指对保险机构准入、变更与终止活动进行监管。

1. 保险机构的准入

通常保险市场的准入应当着眼于整个国民经济的发展,金融监管部门审查设立时,应当考虑保险业的发展的需要。保险机构的设立应当在资本实力和经营经验上符合保险法的规定。

保险公司应当采取股份有限公司或国有独资公司的组织形式;设立保险公司应当符合公司法的章程,符合最低资本限额,有健全的组织机构和管理制度,有具有专业知识和业务工作经验的管理人员等。

2.保险机构的变更

保险机构在经营业绩良好的情况下才可以更名升级,并且必须要经过金融监管部门的批准。这些变更包括:名称变更、注册资本变更、营业场所的变更、业务范围的变更、公司分立或者合并、修改公司章程、出资人的变更、董事长或者总经理的变更等。

3.保险机构的终止

保险公司因分立、合并或者公司章程规定的解散事由出现应被解散;保险公司违反法律、行政法规、被吊销经营保险业务许可证的将被撤销;不能到期支付债务的保险公司将破产。

二、保险业务的监管

1.分业监管规则

财产保险业务与人身保险业务需要分业经营,一般不允许同一个保险公司同时经营这两类业务;必须按照规定办理法定保险业务;必须贯彻优先在国内分保的原则等。

2.再保险业务规则

再保险业务须经保险监管部门核定,保险公司才可经营财产或人身保险的分出、分入等再保险业务。

3.保险准备金规则

经营非寿险业务,应当从当年自留保费中提取未到期责任准备金。同时,保险公司必须按照有关法律规定提取和结转其他保险准备金。

4.资金运用规则

除国家另有规定外,保险公司的资金仅限于银行存款、买卖政府债券和金融债券、资金拆借,以及债券投资基金等。

5.保险公司及其工作人员的业务行为规则

不得欺骗与保险合同有关的人,不得对投保人隐瞒保险公司的有关情况,不得阻碍投保人履行或诱导其不履行如实告知之义务,不得向承诺的保险公司关系人支付保险合同以外的利益。

三、财务及保险公司偿付能力监管

对财务的监管主要是指对保险公司资产负债进行监管,尤其是对负债进行监管,目的是要保证保险公司的偿付能力。保险公司偿付能力的监管是保险监管的一个重心。保险公司的偿付能力是指其赔偿或给付的能力。保险公司承担着广大被保险人可能发生保险事故而引致的赔偿或给付责任,只有本身具有足够的偿付能力,才能保证被保险人的利益,从而增进投保人的信心。

复习思考题

1. 什么是金融监管?
2. 金融监管的原则是什么?
3. 如何建立适合我国实际的金融监管体系?
4. 对商业银行监管的主要内容是什么?
5. 证券市场监管的主要内容是什么?
6. 保险监管的内容是什么?

参 考 文 献

[1] 武康平.货币银行学[M].2版.北京:清华大学出版社,2006.
[2] 何广文.货币银行学[M].北京:中国农业出版社,2008.
[3] 郭茂佳.金融市场学[M].北京:经济科学出版社,2005.
[4] 谢家智.保险学[M].北京:中国农业出版社,2008.
[5] 艾洪德,范立夫.货币银行学[M].大连:东北财经大学出版社,2005.
[6] 霍文文.证券投资学[M].北京:高等教育出版社,2008.
[7] 易纲,吴有昌.货币银行学[M].18版.上海:上海人民出版社,2010.
[8] 郭庆旺,赵志耘,何乘才[M].积极财政政策及其与货币政策配合研究.北京:中国人民大学出版社.2004.
[9] 黄达.货币银行学[M].北京:中国人民大学出版社,2000.
[10] 汪祖杰.现代货币金融学[M].北京:中国金融出版社,2004.
[11] 戴国强.货币银行学[M].上海:上海财经大学出版社,2001.
[12] 贺晖.论我国财政政策与货币政策的协调配合[J].经济研究参考,2004(86).
[13] 张清太.我国财政货币政策的实践经验分析[J].集团经济研究,2005(21).
[14] 代桂霞.财政货币政策的协调配合的几点认识[J].财政研究,2005(7).
[15] 池玉波.财政政策扩大内需更加有效[J].中国经济周刊,2008(45).
[16] 章和杰.现代货币银行学[M].北京:中国社会科学出版社,2004.
[17] 曹凤岐.货币金融管理学[M].北京:北京大学出版社,2008.
[18] 余力,崔建军.宏观金融学[M].西安:西安交通大学出版社,2003.
[19] 邱继洲.宏观金融学[M].北京:科学出版社,2010.
[20] 王文利,李绚.货币银行学[M].北京:机械工业出版社,2009.
[21] 张兵,牛福增.货币银行学[M].北京:中国农业出版社,2004.
[22] 王文杰.古典学派、凯恩斯主义与现代货币学派货币理论的分析与比较[J].经济师,2010(9).
[23] 杜金富,郭田勇.货币银行学[M].北京:中国金融出版社,2005.
[24] 方显仓.货币银行学[M].北京:北京大学出版社,2009.
[25] 安烨.货币银行学[M].上海:上海财经大学出版社,2006.
[26] 秦艳梅.货币银行学[M].北京:经济科学出版社,2002.
[27] 奚道同,徐丽.货币银行学[M].哈尔滨:哈尔滨工业大学出版社,2010.
[28] 方虹.货币银行学[M].北京:人民邮电出版社,2006.
[29] 叶立新.货币银行学[M].北京:人民邮电出版社,2009.
[30] 张红伟,邓奇志.货币银行学[M].成都:四川出版社,2001.
[31] 朱新蓉.金融学[M].北京:中国金融出版社,2009.

[32] 马亚.金融学[M].北京:中国人民大学出版社,2010.
[33] 范立夫.货币银行学[M].北京:经济科学出版社,2005.
[34] 曹龙骐.金融学[M].北京:高等教育出版社,2003.
[35] 陈燕.中国银行理论与实务[M].北京:北京大学出版社,2005.
[36] 杜佳.货币金融学[M].北京:清华大学出版社,北京交通大学出版社,2005.
[37] 黄宪,江春,赵何敏,等.货币银行学[M].2版.武汉:武汉大学出版社,2008.
[38] 史建平,吴治民.商业银行业务与经营[M].2版.北京:中国人民大学出版社,2010.
[39] 戴国强.货币金融学[M].2版.上海:上海财经大学出版社,2009.
[40] 黄达.货币银行学[M].4版.北京:中国人民大学出版社,2009.
[41] 韩博印,王学信.国际金融[M].北京:北京大学出版社,中国林业出版社,2007.
[42] 原雪梅.国际金融[M].济南:山东人民出版社,2010.
[43] 姜波克.国际金融新编[M].上海:复旦大学出版社,2002.
[44] 肖东生,岳桂宁,高小萍.国际金融[M].武汉:武汉理工大学出版社,2006.
[45] 谢振中.国际金融理论与实务[M].长沙:国防科技大学出版社,2005.
[46] 夏德仁,李念斋.货币银行学[M].2版.北京:中国金融出版社,2005.
[47] 钱晔.货币银行学[M].3版.大连:东北财经大学出版社,2010.
[48] 马瑞华,孙学辉.现代金融学[M].武汉:武汉理工大学出版社,2008.
[49] 殷孟波,曹廷贵.货币金融学[M].重庆:西南财经大学出版社,2007.